QUEIJOS
DO BRASIL E DO MUNDO

PARA INICIANTES E APRECIADORES

CIP-BRASIL. CATALOGAÇÃO-NA-FONTE
SINDICATO NACIONAL DOS EDITORES DE LIVROS, RJ

A52q

Amarante, José Osvaldo do
    Queijos do Brasil e do mundo : para iniciantes e apreciadores / José Osvaldo do Amarante. – São Paulo : Mescla, 2015.
    il.

    Inclui bibliografia e índice
    ISBN 978-85-88641-35-8

    1. Queijo. 2. Culinária (Queijo). I. Título.

15-24784   CDD: 637.3
                                             CDU: 637.3

www.mescla.com.br

Compre em lugar de fotocopiar.
Cada real que você dá por um livro recompensa seus autores
e os convida a produzir mais sobre o tema;
incentiva seus editores a encomendar, traduzir e publicar
outras obras sobre o assunto;
e paga aos livreiros por estocar e levar até você livros
para a sua informação e o seu entretenimento.
Cada real que você dá pela fotocópia não autorizada de um livro
financia o crime
e ajuda a matar a produção intelectual de seu país.

QUEIJOS
DO BRASIL E DO MUNDO

PARA INICIANTES E APRECIADORES

JOSÉ OSVALDO ALBANO DO AMARANTE

QUEIJOS DO BRASIL E DO MUNDO
Para iniciantes e apreciadores
Copyright © 2015 by José Osvaldo Albano do Amarante
Direitos desta edição reservados por Summus Editorial

Editora executiva: **Soraia Bini Cury**
Assistente editorial: **Michelle Neris**
Produção editorial, capa e projeto gráfico: **Crayon Editorial**
Mapas: **Vanderlei Spiandorelo**
Índice remissivo: **Sandra Bernardo**

1ª reimpressão, 2022

Mescla Editorial
Departamento editorial
Rua Itapicuru, 613 – 7º andar
05006-000 – São Paulo – SP
Fone: (11) 3872-3322
http://www.mescla.com.br
e-mail:mescla@mescla.com.br

Atendimento ao consumidor
Summus Editorial
Fone: (11) 3865-9890

Vendas por atacado
Fone: (11) 3873-8638
e-mail: vendas@summus.com.br

Impresso no Brasil

Para a minha querida esposa, Maria Luiza, meus filhos, Gabriela e Henrique, e minha neta, Luiza, que são as minhas maiores riquezas.

E também para o meu saudoso amigo Saul Galvão de França, com o qual tive o prazer e a honra de conviver, e que muito me incentivou em escrever esta obra.

SUMÁRIO

Prefácio 13

Leite 15
   Os tipos de leite 15
   Composição do leite 17
   Fatores de qualidade do leite 18
   A ordenha 19
   O rendimento 20
   Outros derivados do leite 20

Queijo 21
   Definição 21
   Classificação dos queijos 21
      Massa fresca 22
      Massa mole 23
      Massa azul 25
      Massa prensada não cozida ou massa semidura . 26
      Massa prensada cozida ou massa dura 29
      Massa filada 30
      Massa de soro 31
      Massa processada ou massa fundida 32

Meus queijos favoritos 33
   Internacionais 33
   Brasileiros 35

Panorama mundial 39
   Origens do queijo 39
   Produção de queijo no mundo 39
      Produção mundial 39
      Exportação mundial 40
      Consumo *per capita* 41

Brasil 43
- História do queijo no Brasil 43
- Estatísticas 43
- Principais queijos brasileiros 44
- Locais de queijo 44
- Queijos mineiros de vaca 48
    - Queijo Minas artesanal 49
    - Queijo tipo Parmesão Artesanal de Alagoa 66
    - Queijo do Reino 70
    - Queijo Prato 78
    - Queijo Estepe 84
- Queijos nordestinos de vaca 86
    - Queijo de Coalho 86
    - Queijo de Manteiga 102
- Outros queijos de vaca do Brasil 108
    - Queijo Artesanal Serrano 108
    - Queijo Colonial 119
    - Queijo Kochkäse 121
    - Outros queijos 123
- Queijos de cabra do Brasil 126
- Queijos de ovelha do Brasil 135
- Queijos de búfala do Brasil 140

França 151
- Geral 151
- Principais queijos 151
- Queijos favoritos 154
- Dicas de viagem 174

Itália 179
- Geral 179
- Principais queijos 181
- Queijos favoritos 182
- Dicas de viagem 187

Espanha 191
    Geral 191
    Principais queijos 191
    Queijos favoritos 193
    Dicas de viagem 196

Portugal 199
    Geral 199
    Principais queijos 199
    Queijos favoritos 200
    Dicas de viagem 204

Suíça 205
    Geral 205
    Principais queijos 206
    Queijos favoritos 208
    Dicas de viagem 213

Áustria 217
    Geral 217
    Principais queijos 217
    Dicas de viagem 219

Alemanha 221
    Geral 221
    Principais queijos 221
    Queijos favoritos 225
    Dicas de viagem 227

Holanda 231
    Geral 231
    Principais queijos 233
    Queijos favoritos 236
    Dicas de viagem 238

Bélgica 241
Geral 241
Principais queijos. 241
Queijos favoritos 242
Dicas de viagem. 243

Inglaterra 245
Geral 245
Principais queijos 245
Queijos favoritos 248
Dicas de viagem. 250

Dinamarca 253
Geral 253
Principais queijos 253
Queijos favoritos 256
Dicas de viagem. 258

Noruega 259
Geral 259
Principais queijos 259
Queijos favoritos 260
Dicas de viagem. 262

Suécia 263
Geral 263
Principais queijos 263
Dicas de viagem. 264

Finlândia 267
Geral 267
Principais queijos 267
Dicas de viagem. 268

Grécia ... 269
- Geral ... 269
- Principais queijos ... 269
- Queijos favoritos ... 271
- Dicas de viagem ... 272

Estados Unidos ... 273
- Geral ... 273
- Principais queijos ... 273
- Dicas de viagem ... 275

Compra e armazenamento ... 277
- Compra ... 277
- Armazenamento ... 278
- Evolução ... 279

Serviço e consumo ... 281
- Temperatura ... 281
- Corte ... 281
- Valor nutritivo ... 283
- Calorias ... 283
- Lactose ... 284
- Formas de consumo ... 284
- Tábua de queijos ... 285
- Ordem de precedência ... 288
- Harmonização com vinhos ... 289
- Como saborear ... 291

Culinária ... 293
- Uso na culinária ... 293
- Doze receitas famosas ... 294

Produção ... 305
- Padronização ... 308
- Tratamento do leite ... 309

    Inoculação 309
    Fermentação láctica 310
    Coagulação 310
    Tratamento da massa 311
    Dessoramento 312
    Enformação 312
    Prensagem 312
    Desenformação 312
    Salga 312
    Perfuração 313
    Cura 313
    Embalagem 314

Glossário 315
Bibliografia 325
Índice remissivo 331

Prefácio

Meu primeiro contato com queijos especiais finos, isto é, sem ser aqueles tradicionalmente utilizados em sanduíches, deu-se quando estudei por dois anos em Paris, na década de 1960, a verdadeira meca do *fromage*. Meus pais costumavam adquirir diferentes tipos, que provávamos com prazer.

Tempos depois, já graduado em Engenharia Química, trouxe de uma viagem de negócios ao exterior, em 1974, o primeiro livro sobre queijos que comprei, *The complete encyclopedia of french cheese*, a versão inglesa do clássico francês de Pierre Androuët.

Nessa época, já casado, costumava ler muito sobre queijos, inclusive na imprensa, além de consumi-los frequentemente com minha esposa, Maria Luiza, que também aprecia bastante a iguaria. O mercado nacional, na década de 1970, oferecia alguns exemplares importados, principalmente da França, e dos meus dois queijos brasileiros prediletos de então: o Port Salut e o Limburgo, ambos da extinta Luna.

Após anos lendo sobre queijos e provando-os, passei a elaborar um extenso resumo e uma apresentação. A partir de janeiro de 1993, comecei a dar palestras sobre a produção de queijos e sua harmonização com vinhos.

Em agosto de 1998 criei e coordenei a Confraria Caseus, junto com os amigos Ciro Lilla, Clóvis Siqueira, Elie Karmann, Ennio Federico, José Ruy Sampaio e Saul Galvão. Nós nos reuníamos mensalmente no saudoso restaurante Lacave, pertencente a Clóvis, para provarmos queijos, acompanhados por vinhos. Pena que, por diversos motivos, essa rica experiência só durou três anos.

Apesar disso, continuei meu aprendizado *solo*, por meio de leituras, degustações e viagens. Tive a oportunidade de visitar um grande número de queijarias e museus de queijo no exterior. Nessas viagens, muitas vezes minha esposa e eu jantávamos nos quartos dos hotéis, munidos apenas de queijos, frios, pão e vinho. Em restaurantes, quase sempre, a nossa sobremesa era preferencialmente um suculento *plateau de fromages*.

Durante o período de 2007 a 2011 ministrei diversos cursos e degustações de queijos e vinhos na saudosa e bela loja paulistana Caseus, da importadora do meu amigo Luciano Furquim.

Em virtude de toda experiência adquirida ao longo desses anos e de meu resumo ter se tornado tão volumoso e completo, o passo natural seguinte seria escrever um livro sobre esse alimento maravilhoso. Trabalhei nesse intuito em duas ocasiões anteriores: em 2007, quando o iniciei e parei, e em 2011, quando retomei o projeto, avancei mais um pouco, mas novamente o paralisei. Em ambas as ocasiões, não fiquei suficientemente contente com o material gerado, nem considerei o momento oportuno para tal.

Em 2014, finalmente decidi concluir este meu primeiro livro sobre queijo, depois de ter escrito quatro livros sobre vinho. Achei que o momento tornou-se adequado, já que no mercado do Sudeste surgiram diversos novos queijos tupiniquins originados de diversos locais do país, muitos deles artesanais.

Portanto, pude realizar o que almejava: escrever um livro que focasse nos queijos brasileiros, mas também abordasse os melhores do mundo, além de aspectos de sua produção e consumo.

Espero que ele seja útil para todos os que queiram se iniciar nessa iguaria dos deuses. Para os que desejarem se aprofundar ainda mais no assunto, sugiro consultar a Bibliografia relacionada nas páginas finais.

Fevereiro 2015

LEITE

OS TIPOS DE LEITE

Os números da produção mundial dos diversos tipos de leite usados na elaboração de laticínios são os seguintes:

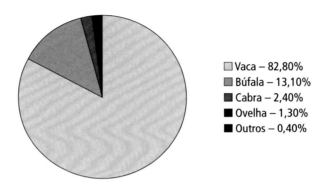

Fonte: Fédération Internationale du Lait (FIL) – 2012

A vaca moderna, *Bos taurus*, é originária da Europa. A búfala, *Bubalus bubalis*, pode ser encontrada no Sul da Itália, nos Bálcãs e na Ásia. A cabra, *Capra aegagrus*, é criada em solos pobres da França, da Itália, da Península Ibérica e dos Bálcãs. Já a ovelha, *Ovis aries*, nos pastos mais pobres da Espanha, de Portugal, da França, da Itália e dos Bálcãs.

Os rebanhos mundiais de vacas leiteiras no ano de 2012, segundo a Fédération Internationale du Lait (FIL) e a Eurostat, eram os seguintes:

Continente/País	Mil cabeças
Ásia	106.413
África	64.833
Américas	51.079
Brasil	23.730
Estados Unidos	9.233
Colômbia	2.693
México	2.382
Argentina	1.748

Continente/País	Mil cabeças
Canadá	960
Outros	10.333
Europa	38.182
Rússia	8.895
Alemanha	4.190
França	3.664
Ucrânia	2.632
Polônia	2.446
Reino Unido	1.800
Itália	1.755
Holanda	1.504
Romênia	1.170
Irlanda	1.036
Espanha	798
Dinamarca	579
Áustria	527
Bélgica	511
Outros	6.675
Oceania	6.312
Nova Zelândia	4.650
Austrália	1.610
Outros	52
Mundo	266.820

Em 2012, os rebanhos franceses, de acordo com o Agreste – Ministère de l'Agriculture, de l'Agroalimentaire et de la Fôret, eram compostos por:

Animais	Mil cabeças
Ovinos	7.446
Vacas leiteiras	3.639
Caprinos	1.269

Na França, o período de lactância varia de 305 dias para a vaca, 240 para a cabra e 180 para a ovelha. Em climas temperados, o período de lactação da ovelha vai do outono até a primavera, e o da cabra, da primavera até o outono.

Uma vaca produz, em média, de 15 a 22 litros de leite por dia, ou seja, de 3.000 a 6.000 litros por ano. Uma búfala produz cerca de 1.000 a 3.000 litros por ano, uma cabra de 500 a 800 litros por ano e uma ovelha de 300 a 500 litros por ano.

Os queijos de cabra e de ovelha são muito brancos, devido à ausência de caroteno na gordura, sendo os de cabra os mais brancos de todos. Já os de vaca são amarelados.

A gordura do leite de cabra difere muito do de vaca. Apresenta maior quantidade de certos ácidos graxos, como caproico, caprílico e cáprico, o que dá o sabor e o aroma típicos desses queijos.

As massas dos queijos de ovelha são mais ásperas e com aspecto um pouco granulado, por serem ricas em cálcio. As de vaca são as mais macias, seguidas das de cabra.

"O queijo é o leite na idade adulta."
RICHARD CONDON

COMPOSIÇÃO DO LEITE

A matéria-prima básica do queijo é o leite, que é uma emulsão de finas partículas em suspensão na água, reunindo em sua composição uma série de substâncias valiosas:

- As proteínas (78% de caseína, 18% de albumina e 4% de globulina), que são matérias azotadas ou nitrogenadas. A caseína está presente em estado coloidal e as demais são solúveis no soro. A primeira é o fosfocaseinato de cálcio e as outras duas são a alfa-lactoalbumina e a beta-lactoglobulina.
- As gorduras se apresentam em estado de emulsão. É o elemento mais nobre, também empregado para produzir a manteiga e o creme de leite. Elas enriquecem o flavor e contribuem para a textura. As matérias gordurosas são de fundamental importância no sabor do queijo.
- Açúcar, sob a forma de lactose.
- Sais minerais, sobretudo cálcio, fósforo, potássio, cloro, sódio e magnésio.
- Vitaminas A, B, B12, E e D. A porcentagem de vitamina C é apenas 0,001%.
- Água, que representa a maior parte do leite.

Entre os leites, o de ovelha e o de búfala são os mais proteicos e gordurosos, como pode-se concluir pela tabela a seguir. São também os mais secos, isto é, os que possuem o maior teor de extrato seco (todos os componentes, exceto a água).

Leite	Proteínas %	Gorduras %	Lactose %	Minerais %	Água %
Vaca	3,2	4,0	5,0	0,7	87,1
Cabra	3,2	3,7	4,9	0,7	87,5
Ovelha	6,2	8,5	4,2	0,85	80,25
Búfala	5,8	9,0	4,2	1,0	80,0

Fonte: Courtine, Robert J. *Dictionaire des fromages*

O leite de vaca apresenta como características físico-químicas: densidade de 1,030 a 1,034 g/cm³, pH de 6,5 a 6,6 e ponto de congelamento de 0,55°C negativos.

FATORES DE QUALIDADE DO LEITE

A qualidade do leite depende de vários fatores: espécie, raça e alimentação do gado, clima, estação do ano e, em especial, se o leite é cru ou pasteurizado.

As leis francesas de Appelattion d'Origine Contrôlée (AOC – Denominação de Origem Controlada) regulam: espécie do gado, raça, área de produção do leite, técnicas de produção, composição do produto, características físicas e atributos específicos.

Espécie e raça de gado • preferencialmente, raças leiteiras.

Clima/estação do ano • o leite de vaca criada no pasto é melhor do que o de vaca em estábulo, onde elas passam o inverno. O outono é a melhor estação para degustar queijos. A altitude também é um fator muito importante. Muitos dos grandes queijos de massa prensada e cozida são elaborados em regiões montanhosas.

Alimentação do gado • envolve a vegetação apropriada e a pureza da água consumida. As ervas e flores dos pastos dão frescor no aroma e sabor incomparável.

Leite cru ou pasteurizado • este último aspecto tem enorme importância na Europa, notadamente na França, já que uma boa parte de seus mais renomados *fromages* é feita, há séculos, de forma tradicional – ou seja, fabricada em fazendas com leite cru, não pasteurizado. Em 1864, o cientista francês Louis Pasteur descobriu o efeito benéfico da aplicação de calor aos alimentos. Estava criada a pasteurização, que permite o transporte do leite a distâncias maiores, estabilizando-o e assegurando uma vida mais longa ao queijo. O processo elimina certos micro-organismos patológicos do leite e destrói a flora natural, possibilitando a inoculação de fermentos selecionados. O seu maior inconveniente é que as características gustativas do produto tornam-se menos marcantes, para desgosto dos amantes de queijo. A diferença entre utilizar leite pasteurizado ou cru não é muito importante para queijos naturalmente suaves, já em um casca lavada é fundamental. Além disso, no inverno, o sabor do queijo de leite cru é muito próximo do de leite pasteurizado. Os maiores defensores do leite cru são a França e a Suíça. Ele não é danoso, se originado de animais sadios e transformado em queijo dentro de 24 horas. No Brasil e nos Estados Unidos, a fabricação de queijo com leite cru só é permitida para aqueles com cura superior a dois meses. Na França, o leite de cabra ou de ovelha, a princípio, não é pasteurizado, pois eles contêm menos bactérias que o de vaca.

TIPOS DE QUEIJARIAS NA FRANÇA

A LEI AOC FRANCESA prevê quatro tipos de queijarias, classificadas de acordo com a origem do leite:

- *Fermier*: Produtor individual. Queijo elaborado em fazendas ou em cabanas de montanha. Leite apenas proveniente da fazenda, como indica o nome e utilizado cru. Método tradicional.
- *Artisanal*: Produtor individual. Utiliza leite de sua fazenda, mas também compra de outros criadores.
- *Coopératives* (*Fruitières*): Laticínio único. Leite de cooperativas.
- *Industriel*: Produção industrial. Leite de vários criadores.

A ORDENHA

A ordenha do leite é realizada duas vezes ao dia, no início da manhã e no final da tarde. Geralmente os queijos são feitos com as duas ordenhas. Caso seja utilizada apenas a ordenha matinal, ele será mais leve do que se feito somente com a da tarde. Para obter o leite desnatado, retira-se a camada cremosa da ordenha da tarde; depois, esse leite desnatado é misturado ao leite fresco da manhã.

O colostro, isto é, o primeiro leite após o nascimento do bezerro, embora de alto teor nutritivo, não pode ser usado para fabricar queijo, por ser rico em albumina.

O RENDIMENTO

São necessários cerca de nove a dez litros de leite para fabricação de um quilo de queijo Prato. Para a mesma quantidade de Parmesão, empregam-se de 14 a 15 litros de leite. Já o Serra da Estrela necessita apenas de cinco a seis litros.

OUTROS DERIVADOS DO LEITE

Além do queijo, alguns outros produtos também são elaborados com leite.

MANTEIGA

A fabricação é realizada em duas fases. Primeiro, providencia-se o desnatamento do leite. Em seguida, o creme resultante é batido, para aglomerar os glóbulos de gordura e separá-los do líquido. O rendimento médio é uma barra de 200 gramas de manteiga para cada cinco litros de leite.

CREME DE LEITE

Produzido a partir do desnatamento do leite. Hoje, é realizado com o auxílio de centrífugas.

IOGURTE

O leite é coagulado pela ação do *Streptococus thermophilus* e do *Lactobacillus bulgaricus*. Rico em micro-organismos vivos, o iogurte não contém estabilizantes.

QUEIJO

DEFINIÇÃO[1]

O queijo é um produto elaborado a partir da coalhada de leite de animais, por meio da coagulação da caseína e pela ação de enzimas (renina e outras) em meio ácido (ácido láctico). Eventualmente, pode passar por tratamentos posteriores com calor, pressão, salga e cura.

É, portanto, um concentrado proteico-gorduroso, resultante da coagulação do leite. A produção de queijo consiste basicamente na concentração do leite, por meio da eliminação de água pelo soro, tornando-o um produto de volume reduzido, fácil conservação, alto teor nutritivo, fácil digestão e, sobretudo, excelente qualidade gustativa.

QUEIJO EM DIVERSOS IDIOMAS

É CONHECIDO POR diversos nomes: *caseus* (latim), *queijo* (português), *queso* (espanhol), *queixo* (galego), *fromage* (francês), *formaggio* ou *cacio* (italiano), *formatge* (catalão), *cheese* (inglês), *käse* (alemão), *kaas* (holandês, flamengo, africâner), *ost* (dinamarquês, norueguês, sueco), *ostur* (islandês), *juusto* (finlandês, estoniano), *sajt* (húngaro), *syr* (russo, checo), *ser* (polonês), *sir* (ucraniano, servo-croata, esloveno), *týri* (grego), *branza* (romeno) e *gasna* (basco). A outra versão do nome latino, que não *caseus*, vem de "formaticus", que, por sua vez, vem do grego "formos" (cesto de vime).

"Uma sobremesa sem queijo é como uma bela mulher a quem falta um olho."
ANTHELME BRILLAT-SAVARIN

CLASSIFICAÇÃO DOS QUEIJOS

Pela Portaria MAPA nº 146, de 7 de março de 1996, os queijos são classificados de acordo com o grau de umidade em:

---

1. Em toda esta obra, os queijos assinalados com (c) são de leite de cabra; com (o), leite de ovelha; com (b), leite de búfala; e com (v) ou sem indicação são os feitos de leite de vaca.

Massa mole (altíssima umidade)	> 55%
Massa macia (alta umidade)	46-54,9%
Massa semidura (média umidade)	36-45,9%
Massa dura (baixa umidade)	< 36%

Os queijos também podem ser classificados de outras diversas formas: por tipo de leite usado, por teor de gordura, por consistência da massa, por tipo de casca, por intensidade de sabor etc. Inclusive, cada país e cada especialista possui a sua classificação predileta. Contudo, acredito que a mais elucidativa seja a da escola francesa, que agrupa os queijos, de acordo com o processo de produção e, parcialmente com a consistência e o tipo de casca – conforme será discriminado e exemplificado mais adiante – em oito classes (1.0 a 8.0) e suas respectivas subclasses.

Embora nem todos os queijos de uma mesma classe tenham sabores similares, eles devem ser mais semelhantes entre si do que entre queijos de outras classes.

Conforme exposto nos parágrafos acima, a classificação de queijos por mim sugerida é a seguinte:

MASSA FRESCA (1.0)

Massa muito mole, não prensada, moldada à mão, não cozida, não curada ou pouco curada (menos de sete dias), muito úmida e porosa, muito branca e praticamente sem casca. Em geral, são queijos elaborados com leite pasteurizado. Possuem sabor ácido, usualmente não salgado, os mais suaves de todos. Devem ser consumidos bem jovens, pois conservam-se mal, devido à alta umidade. Às vezes, adiciona-se creme ou outros ingredientes (pimenta-do-reino, ervas etc.). Muitos são empregados na culinária. Os assinalados a seguir com (*) são os mais gordurosos, por causa do acréscimo de creme.

Minas Frescal – Cruzília

Brasil: Minas Frescal
França: Boursin®*, Petit-Suisse*, Chèvre Frais (c), Chèvre à l'Huile (c)
Itália: Robbiola di Roccaverano Fresco (c/c+o+v), Mascarpone*
Alemanha: Quark
Finlândia: Munajuusto [Ilves®], Juustoleipä ou Leipäjuusto, Kutunjuusto (c)
Estados Unidos: Cottage Cheese, Cream Cheese* [Philadelphia®]

MASSA MOLE (2.0)

Massa mole, não cozida, não prensada ou ligeiramente prensada, e curada por um breve período.

Casca florida (2.1) • Massa mole, não cozida, não prensada e curada pelo mofo branco da superfície, que é causado pela adição à massa do fungo *Penicillium candidum*. Esse fungo, por ser aeróbico, faz que a cura se dê da casca para o centro. Quando o queijo amadurece, a massa torna-se untuosa e com gosto de cogumelos, e a casca escurece, ficando acinzentada. São os queijos mais úmidos da classe de massa mole. Essa subclasse é tipicamente de queijos franceses. Os assinalados com (*) são os mais gordurosos, por causa da adição de creme.

França: Camembert, Brie de Meaux, Brie de Melun, Coulommiers, Neufchâtel, Chaource, Carré de l'Est, Saint-Marcellin, Brillat-Savarin*, Boursault®*, Capriche des Dieux®*, Chamois d'Or®, Gratte-Paille®*, Camembert de Chèvre (c), Brie de Chèvre (c)
Suíça: Tomme Vaudoise
Alemanha: Bergader Cremosissimo®

Casca lavada (2.2) • Massa mole, não cozida, não prensada ou ligeiramente prensada, curada por micro-organismos superficiais da espécie *Brevibacterium linens*, que surgem durante a lavagem, deixando a casca geralmente pegajosa e alaranjada. Visando evitar a formação de mofos indesejáveis pela alta umidade da massa, a lavagem da casca é realizada durante a cura, com água, soro, salmoura, óleo, vinho branco, sidra, cerveja, conhaque, grappa etc. Os queijos são levemente menos moles e úmidos do que os de casca florida. O sabor e o odor estão entre os mais pronunciados de todos. É a minha subclasse favorita de queijos.

Taleggio – Serra das Antas

Bûchette de Cabra – Paulo Capri

França: Pont-l'Évêque, Livarot, Époisses, Mont d'Or ou Vacherin du Haut-Doubs, Munster ou Munster-Geromé, Maroilles, Langres, Tourrée de l'Aubier®, Chaumes®, Niolo (o/c)
Itália: Taleggio, Quartirolo Lombardo
Suíça: Vacherin Mont d'Or
Alemanha: Limburger, Romadur
Bélgica: Herve, Herve Remoudou
Estados Unidos: Liederkranz®

Casca natural (2.3) • Massa mole, não cozida, não prensada e curada a seco, o que deixa a textura inicial, mais ou menos mole, compacta e quebradiça. Alguns não têm casca, e nos que têm ela é fina e adquire um mofo natural esbranquiçado, riscado de azul e cinza. Alguns são cobertos com cinzas, para reduzir a acidez da massa. Geralmente são queijos bem pequenos. A grande maioria é produzida com leite de cabra, sendo sobretudo gauleses. Têm um flavor típico caprino, pungente, principalmente quando mais curado.

França: Rocamadour (c), Crottin de Chavignol (c), Sainte-Maure de Touraine (c), Chabichou du Poitou (c), Valençay (c), Selles-sur-Cher (c), Pouligny-Sainte Pierre (c), Picodon (c), Pélardon (c), Banon (c), Bûche de Chèvre (c), Brique du Forez (c/c+v/v), Lingot des Causses (c), Olivet Cendré
Itália: Robbiola di Roccaverano Affinato (c/c+o+v), Casciotta di Urbino (o+v)
Portugal: Cabra Transmontano (c)
Inglaterra: White Stilton
Alemanha: Handkäse

Grécia: Féta (o/o+c), Galotýri (o/c/o+c)
Estados Unidos: Coupole® (c)

MASSA AZUL (3.0)

A massa vai de mole a semidura, sendo, na maior parte das vezes, não cozida ou semicozida, e não prensada ou ligeiramente prensada. Não são muito prensados para não impedir a proliferação dos veios no interior da massa.

Casca natural (3.1) • A massa é curada com mofo no interior, causado pelo acréscimo do fungo *Penicillium glaucum* ou *Penicillium roqueforti*. O corpo do queijo é perfurado com agulhas, para formar veios azul-esverdeados, pois os fungos são aeróbicos. A cura acontece dos buracos interiores para a periferia. Alguns têm casca naturalmente seca, outros são embalados em papel-alumínio ou em caixas de plástico. Têm flavor muito picante e salgado. Quase todos os queijos azuis pertencem a essa subclasse. Na França, geralmente, o termo "Bleu" é usado para os azuis de leite de vaca e "Persillé" para os de leite de ovelha e de cabra.

França: Roquefort (o), Fourme d'Ambert, Bleu d'Auvergne, Bleu des Causses, Bleu de Gex Haut-Jura ou Bleu de Septmoncel, Bleu du Vercours-Sassenage, Saint-Agur®, Persillé des Aravis (c)
Itália: Gorgonzola
Espanha: Cabrales (v+o+c)
Áustria: Tiroler Graukäse
Alemanha: Edelpilzkäse
Dinamarca: Danablu, Mycella
Inglaterra: Blue Stilton, Cornish Blue, Shropshire Blue
Estados Unidos: Maytag Blue®

Casca mofada (3.2) • A massa é curada por mofo azul, no interior, e fungos superficiais, floridos ou de outro tipo. A cura dá-se nos dois sentidos: de dentro para fora e de fora para dentro. Subclasse com apenas poucos exemplares, a maioria de criação moderna.

França: Bleu de Bresse®
Alemanha: Blauschimmelkäse [Bavaria Blu®, Cambozola®]

Bleu de Bresse – CNIEL

Dinamarca: Blå Castello® ou Castello® Blue
Noruega: Gamalost frå Vik

MASSA PRENSADA NÃO COZIDA OU MASSA SEMIDURA (4.0)

A massa é semidura, não cozida ou semicozida (maioria) entre 37ºC-42ºC, e prensada. A prensagem da massa envolta em panos é feita para acelerar a expulsão do soro, antes que os queijos comecem curar. As marcas de pano ficam visivelmente impressas na casca. A coloração dos queijos de massa não cozida é mais esbranquiçada, diferentemente dos feitos com massa semicozida, que é mais amarelada. Muitos deles, principalmente os de casca natural, são usados em sanduíches.

Casca lavada (4.1) • A massa é curada pelos micro-organismos na superfície, inseridos pela lavagem. Costumam ser levemente prensados. São os mais úmidos da classe da massa semicozida prensada. O sabor é menos pronunciado que o odor, geralmente pungente. Os queijos trapistas ou de monastério são dessa subclasse. É outra das minhas subclasses prediletas.

França: Reblochon, Port-Salut®, Saint-Paulin, Entrammes
Itália: Italico, Bel Paese®
Espanha: Torta del Casar (o), Majorero (c), Garrotxa (c)
Portugal: Serra da Estrela (o), Azeitão (o), Serpa (o), Évora (o), Castelo Branco (o), Amarelo da Beira Baixa (o), Picante da Beira Baixa (o)
Suíça: Appenzell ou Appenzeller®, Obwaldner Bratkäse, Raclette du Valais, Tête de Moine, Tilsit ou Tilsiter, Vacherin Fribourgeois
Áustria: Mondseer

Reblochon – Serra das Antas

Saint Albray – Bongrain

Alemanha: Tilsiter, Steinbuscherkäse, Steppenkäse
Holanda: Kernhem
Bélgica: Maredsous®, Plateau
Dinamarca: Esrom, Havarti
Estados Unidos: Brick

Casca mista (4.2) • A massa é maturada por fungos e micro-organismos na superfície. Os queijos desenvolvem uma casca, com mofo branco entremeado de micro-organismos vermelhos, causados pela adição do *Penicillium candidum* e pela lavagem da casca. O flavor é pronunciado. São os queijos mais raros dessa classe.

França: Saint-Albray®
Alemanha: Altenburger Ziegenkäse (v+c)

Casca natural (4.3) • Em geral, são queijos que apresentam pequenas olhaduras. A casca pode ser natural, parafinada ou pintada. Representam a maioria dos queijos fabricados no mundo.

Brasil: Minas Artesanal (Araxá, Campo das Vertentes, Canastra, Cerrado, Serra do Salitre, Serro e Triângulo Mineiro), Minas Padrão (Meia Cura, curado ou prensado), Reino, Prato (Lanche, Cobocó e Esférico), Estepe, Coalho Artesanal, Artesanal Serrano, Colonial
França: Saint-Nectaire, Morbier, Tomme de Savoie, Abondance, Mimolette ou Boule de Lille, Chevrotin (c), Ossau-Iraty (o), Etorki® (o)

Minas Padrão – Cruzília

Vintage Cheddar – BCB

Itália: Fontina, Fontal, Asiago, Montasio, Fiore Sardo (o), Pecorino Romano (o), Pecorino Sardo (o), Pecorino Siciliano (o), Pecorino Toscano (o)
Espanha: Manchego (o), Idiazábal (o), Zamorano (o), Mahón-Menorca, San Simón da Costa
Suíça: Formaggio d'Alpe Ticinese (v/v+c)
Holanda: Gouda, Edam, Commissiekaas ou Dutch Mimolette, Leiden, Boerenkaas, Proosdij Kaas [Prima Donna Fino® (azul), Prima Donna Maturo® (vermelho)], Hollandse Geitenkaas [Cablanca® (c), Belle de Hollande Geitenkaas® (c)], Schapenkaas [Belle de Hollande Schapenkaas® (o), Ewephoria® (o)]
Dinamarca: Samsoe ou Samsø, Maribo, Danbo, Tybo, Elbo, Fynbo, Molbo
Noruega: Nøkkelost, Norvegia
Suécia: Hushållost, Svecia
Estados Unidos: Monterey Jack ou Jack (Monterey Jack, High Moisture Jack), Vermont Shepherd® (o)

Pasta triturada (4.4) • A massa é submetida à operação de *cheddaring* (em inglês) ou *broyage* (em francês), ou seja, é triturada em pequenos pedaços e, depois, empilhada manualmente ou em máquinas, fazendo com que a pasta se funda e torne-se fibrosa, com uma textura final um pouco dura. Sem olhaduras, esses são os queijos mais calóricos.

França: Cantal, Salers, Laguiole
Portugal: São Jorge
Holanda: Kanterkaas

Inglaterra: Cheddar, Cheshire, Double Gloucester, Lancashire, Red Leicester ou Leicester, Wensleydale
Estados Unidos: Cheddar ou American Cheddar, Colby

MASSA PRENSADA COZIDA OU MASSA DURA (5.0)

A massa é cozida com o próprio soro aquecido ou com água quente, a uma temperatura de 50ºC-57ºC, antes de ser fortemente prensada, envolvida em panos e curada.

Textura normal (5.1) • O queijo é cozido com soro ou água a temperaturas mais elevadas para evaporar os líquidos. Depois, a massa é fortemente prensada, para retirar ainda mais soro. Alguns queijos recebem fermentos, sofrendo a fermentação propiônica, que dá as características olhaduras internas. A casca é esfregada ou lavada enquanto ele é curado, por muitos meses. Ao final são oleados para não secar. São os maiores queijos entre todos, alguns gigantescos, pesando até 100 quilos.

França: Beaufort, Comté, Fol-Epi®
Suíça: Gruyère, Emmental ou Emmentaller, Berner Alpkäse
Áustria: Vorarlberger Bergkäse, Vorarlberger Alpkäse, Tiroler Bergkäse, Tiroler Almkäse ou Tiroler Alpkäse
Alemanha: Allgäuer Bergkäse, Allgäuer Emmentaler, Allgäuer Sennalpkäse
Holanda: Maasdam
Noruega: Jarlsberg
Finlândia: Finland Swiss
Grécia: Graviéra Kritis (o/o+c), Graviéra Agrafon (o/o+c), Graviéra Naxou (v/v+o+c), Kefalograviéra (o/o+c)

Textura granulada (5.2) • Massa de consistência granulada, com textura extradura e quebradiça, só podendo ser cavucada ou ralada, mas não cortada. São os queijos de mais longa cura entre todos, alguns com até três anos. Típicos da Itália, onde são chamados "Grana", que é o seu nome de família. No Brasil, o exemplar mais famoso é o Parmesão.

Brasil: Queijo tipo Parmesão Artesanal de Alagoa
Itália: Parmigiano-Reggiano, Grana Padano

Mozzarela di Bufala Campana – Luigi Guffanti

Suíça: Sbrinz
Grécia: Kefalotýri (o/c)
Estados Unidos: Monterey Dry Jack ou Dry Jack

MASSA FILADA (6.0)

A massa é escaldada a uma temperatura de 80ºC-85ºC, portanto acima da temperatura de cozimento, na água quente ou no próprio soro, para ficar plástica e ser estirada e moldada. Queijo sem olhaduras, que se conserva bem em climas quentes. Geralmente são queijos produzidos na Itália e nos Bálcãs.

Fresca (6.1) • Massa mole e não curada; alguns queijos são defumados. A grafia correta em português é "muçarela", embora alguns fabricantes ainda usem a grafia "mussarela" nas embalagens.

Itália: Mozzarella di Bufala Campana (b), Mozzarella ETG (b), Fior di Latte

Curada (6.2) • Massa curada e geralmente defumada.

Provolone – Tirolez

Caciocavallo – Gioia

Itália: Provolone Valpadano, Caciocavallo Silano, Provola, Scamorza
Grécia: Kasséri (o/o+c)

MASSA DE SORO (7.0)

Massa obtida pelo aquecimento do soro extraído da coalhada, para permitir a precipitação em meio ácido das proteínas restantes (albumina e globulina). Esse queijo – na verdade um subproduto – é de baixo teor de gordura.

Fresca (7.1) • A massa sorada é mole e não curada. Com sabor suave, o queijo deve ser consumido jovem.

França: Brocciu (o/c)
Itália: Ricotta Romana (o), Ricotta di Bufala (b)
Grécia: Manoúri (o/c/o+c)

Prensada (7.2) • A massa sorada é prensada, tornando-se bem dura e seca. Alguns queijos também são defumados.

Itália: Ricotta Secca (o), Ricotta Salata (o), Ricotta di Bufala Salata (b)
Suíça: Glarner Schabziger
Grécia: Xynomyzíthra Krítis (o/c/o+c)

Caramelizada (7.3) • O soro é fervido até que a parte líquida se evapore totalmente, restando as proteínas (albumina e globulina) e um pouco do açúcar (lactose) caramelizado. A massa fica marrom. Subclasse típica da Escandinávia.

Ricota Fresca Light – Gioia

Ricota Secca

Brunost – Tine

Noruega: Brunost [Mysost, Geitost ou Gjetost (c), Gudbrandsdalost (v+c)]
Suécia: Mesost, Getmesost (c)

MASSA PROCESSADA OU MASSA FUNDIDA (8.0)

Produto obtido geralmente de um queijo de massa cozida prensada (que foi descartado), fundido com manteiga, creme, outro queijo ou outro derivado do leite. Não curados, são suaves, podendo ser ou não temperados. Têm boa capacidade de conservação. Na realidade, não é um queijo e sim um subproduto.

Brasil: Queijo de Manteiga ou Requeijão do Nordeste, Queijo do Marajó (tipo Creme e tipo Manteiga) (b), Kochkäse, requeijão de corte (Catupiry®), requeijão cremoso, queijo fundido, queijo pasteurizado
França: Crème de Gruyère, Cancoillotte
Alemanha: Obazda ou Bayerischer Obazda
Estados Unidos: Processed American Cheese

Meus queijos favoritos

INTERNACIONAIS

Confesso que foi uma atividade dificílima fazer esta seleção rigorosa, pois muitos outros queijos, dos quais também gosto bastante, ficaram de fora da listagem. Ao final, cheguei a 50 queijos no total, sendo 22 deles franceses, cinco italianos, cinco suíços, três alemães, três portugueses, três espanhóis, dois dinamarqueses, dois holandeses, dois ingleses, um belga, um norueguês e um grego. Analisando o quadro de acordo com o tipo de leite empregado, são 37 queijos de leite de vaca, oito de ovelha, quatro de cabra e um misto de vaca, cabra e ovelha.

"O Camembert é um queijo que aflora os pés de Deus."
LÉON-PAUL FARGUE

A seguir, minha seleção de queijos favoritos, agrupados por subclasses. As minhas subclasses prediletas são a Massa mole, casca lavada (2.2) e a Massa prensada não cozida, casca lavada (4.1). Esses queijos estão descritos detalhadamente nos capítulos de seus respectivos países de origem.

Classes de queijo	Vaca	Cabra	Ovelha
2.1 Massa mole, casca florida	*** Brie de Meaux (fr)		
	*** Camembert de Normandie (fr)		
	** Chaource (fr)		
	** Brie de Melun (fr)		
	** Bergader Cremosissimo® (de)		
2.2 Massa mole, casca lavada	*** Mont d'Or (fr)		

Classes de queijo	Vaca	Cabra	Ovelha
2.2 Massa mole, casca lavada	*** Époisses (fr)		
	*** Pont l'Évêque (fr)		
	*** Vacherin Mont d'Or (ch)		
	/* Taleggio (it)		
	/* Herve, Herve Remoudou (be)		
	** Livarot (fr)		
	** Munster (fr)		
	** Maroilles (fr)		
	** Limburguer (de)		
2.3 Massa mole, casca natural		*** Rocamadour (fr)	** Féta (gr)
		/* Lingot des Causses (fr)	
		** Sainte-Maure de Touraine (fr)	
3.1 Massa azul, casca natural	*** Blue Stilton (uk)	** Cabrales (es) - (v+c+o)	**/*** Roquefort (fr)
	*** Fourme d'Ambert (fr)		
	/* Gorgonzola (it)		
	** Danablu (dk)		
3.2 Massa azul, casca mofada	** Bavaria Blu® (de)		
	** Gamalost frå Vik (no)		
4.1 Massa prensada não cozida, casca lavada	*** Reblochon de Savoie (fr)		*** Serra da Estrela amanteigado (pt)
	/* Raclette du Valais (ch)		*** Torta del Casar (es)
	/* Tête de Moine (ch)		** Azeitão (pt)
	** Esrom (dk)		** Serpa (pt)

Classes de queijo	Vaca	Cabra	Ovelha
4.2 Massa prensada não cozida, casca natural	**/*** Fontina (it)	** Cablanca® (nl)	** Manchego (es)
	** Morbier (fr)		** Ossau-Iraty (fr)
	** Saint-Nectaire (fr)		
	** Prima Donna Fino Azul® (nl)		
4.3 Massa prensada não cozida, pasta triturada	**/*** Cantal (fr)		
	/* Cheddar (uk)		
5.1 Massa prensada cozida, textura normal	*** Gruyère (ch)		
	*** Emmental (ch)		
	*** Beaufort (fr)		
	/* Comté (fr)		
5.2 Massa prensada cozida, textura granulada	*** Parmigiano-Reggiano (it)		
	** Grana Padano (it)		

Nota: as minhas avaliações da qualidade dos queijos vão de * até ***.

"O Roquefort deveria ser apreciado de joelhos."
Grimod de la Reynière

BRASILEIROS

Em novembro de 2014, aconteceu o 1º Prêmio Queijo Brasil, reunindo 136 queijos artesanais brasileiros. Esse evento, que será realizado a cada dois anos, foi uma iniciativa da Mercearia Mestre Queijeiro e do GT Slow Food de Queijos Artesanais. Vários dos meus queijos favoritos participaram dessa prova.

Entre os queijos genuinamente nacionais, ou seja, os desenvolvidos em nosso país, muitos deles artesanais, destaco:

Tipos	Produtor nacional
Vaca	
Coalho artesanal	Várias fazendas (PE, CE, RN e PB)
Estepe	Tirolez (marca nacional)
Giramundo no estilo "Reino"	Fazenda Santa Luzia (SP)
Minas artesanal Canastra	Várias fazendas (MG)
Minas artesanal Serra do Salitre	Várias fazendas (MG)
Prato Esférico	Boa Nata e Tirolez (marcas nacionais)
Queijo do Reino "em lata"	Palmyra (antigamente), Jong e Tirolez (marcas nacionais)
Serrano Artesanal	Várias fazendas (RS e SC)
Cabra	
Arupiara Real	Fazenda Carnaúba (PB)
Azul do Bosque	Capril do Bosque (SP)
Parmesão Caprino	Capril K-Braz (MG)
Búfala	
Queijo do Marajó tipo Creme	Mironga (PA)

Atualmente, o mercado oferece vários queijos produzidos no Brasil, baseados em tipos consagrados de outros países. Entre eles, eu destacaria os seguintes:

Tipos	Produtor nacional
Vaca	
Bleu de Bresse	Polenghi Sélection (marca mercosulina[1])
Brie	Serra das Antas, Polenghi Sélection, Campo Lindo
Caciocavallo	Gioia (marca nacional)
Camembert	Serra das Antas, Polenghi Sélection, Campo Lindo

1. Polenghi Sélection é uma marca do Mercosul que comercializa queijos brasileiros, argentinos e uruguaios.

Tipos	Produtor nacional
Vaca	
Emmental	Polenghi Sélection (marca mercosulina)
Gorgonzola	Polenghi Sélection, Skandia
Grana	Gran Formaggio RAR (RS)
Gruy no estilo "Gruyère"	Queijaria Alpina (GO)
Gruyère	Polenghi Sélection (marca mercosulina)
Parmesão	Vigor Faixa Azul (marca nacional)
Pont l'Évêque	Serra das Antas (MG)
Provolone	Tânia e Tirolez (marcas nacionais)
Raclette Mineiro	Fazenda São Francisco (MG)
Reblochon	Serra das Antas (MG)
Saint-Marcelin	Serra das Antas (MG)
Taleggio	Serra das Antas (MG)
Palmitos tipo Tomme de Savoie	Queijo com Sotaque (SC)
Cabra	
Chèvre à l'Huile	Chèvre d'Or/Capricoop (MG)
Sainte-Maure	Paulocapri/Capricoop (MG)
Ovelha	
Féta	Lacaune (RS)
Ovelha maturado tipo Pecorino	Gran Paladare (SC)
Roquefort	Lacaune (RS)
Serra da Estrela	Quinta da Pena (RJ), Sítio Solidão (RJ)

Na minha opinião, atualmente, o melhor queijo de leite de vaca brasileiro é o Pont l'Évêque, da Serra das Antas.

O INESQUECÍVEL PORT SALUT

Um queijo brasileiro que se sobressaiu bastante nas décadas de 1970 e 1980 foi o Port Salut, da marca Luna. Ele foi desenvolvido a partir do Esrom dinamarquês, de massa semimole e casca lavada. Era comercializado em formato de paralelepípedo, cortado em pedaços de 400 gramas. O seu sabor tinha algo de acentuado, contudo bem menos que o aroma, muito pungente. Era um queijo para conhecedores, que infelizmente foi descontinuado. Outro que se destacava, nessa época, era o Limburgo, também da Luna. Na realidade, ele era o Port Salut dividido em quatro porções, o que permitia uma cura mais rápida.

Pont l'Évêque – Serra das Antas

Crèvre à l'Huile – Chèvre d'Or

Port Salut – Luna

Panorama mundial

ORIGENS DO QUEIJO

O queijo vem regalando os paladares humanos desde épocas bastante remotas – seguramente a partir do momento em que certos mamíferos passaram a ser domesticados pelo homem, no período Neolítico, há cerca de 10 mil-12 mil anos.

Ele originou-se no Oriente Médio, e em 3000 a.C. os sumérios da Mesopotâmia já registravam cerca de 20 queijos frescos diferentes.

Posteriormente, os queijos penetraram na Europa, pela Grécia. Os helenos o levaram, depois, para a Itália. Daí, os romanos foram responsáveis por disseminá-lo pela Europa. E, desse continente, se espalhou por todo o planeta.

> *"Os queijos da França, entre todos, são tão numerosos e diversos e apresentam uma tal variação de sabores que eles devem agradar a todos os paladares, até mesmo aos paladares dos reis."*
> MAURICE EDMOND SAILLANT, VULGO CURNONSKY

PRODUÇÃO DE QUEIJO NO MUNDO

Atualmente, o queijo é produzido nos cinco continentes, porém ainda existem vastas zonas do globo em que ele não faz parte dos hábitos alimentares, notadamente no Sul da Ásia e em toda a África Subsaariana.

Os quadros a seguir demonstram a situação do mercado mundial de queijos em 2012:

RANKING DOS PAÍSES PRODUTORES DE QUEIJO (2012)

Produção mundial	Mil toneladas/ano
Estados Unidos	4.940
Alemanha	2.161
França	1.929
Itália	1.204
Holanda	764
Polônia	721
Brasil	700

Produção mundial	Mil toneladas/ano
Egito	569
Turquia	564
Argentina	538
Rússia	446
Reino Unido	357
Canadá	341
Austrália	339
Espanha	316
Nova Zelândia	310
Dinamarca	300

Fonte: Fédération Internationale du Lait (FIL), 2012

RANKING DOS PAÍSES EXPORTADORES DE QUEIJO (2012)

Exportação mundial	Mil toneladas/ano
Alemanha	1.124
Holanda	711
França	675
Nova Zelândia	306*
Itália	300
Dinamarca	273
Estados Unidos	260*
Irlanda	192
Polônia	178
Bélgica	171
Austrália	163*
Reino Unido	126
Áustria	109
Lituânia	81
Ucrânia	70*
Argentina	60*
Espanha	59
Grécia	51

Fontes: Eurostat, 2012 e *Usda, 2012

CONSUMO DE QUEIJO *PER CAPITA* (2012)

Consumo *per capita*	kg/hab
França	26,2
Islândia	25,2
Luxemburgo	24,4
Alemanha	24,3
Finlândia	23,7
Malta	22,7
Grécia	22,6
Suíça	21,1*
Itália	20,9
Estônia	20,8
Suécia	19,7
Holanda	19,4
Áustria	19,2
Chipre	18,1
Noruega	17,7*
Israel	17,1*
República Tcheca	16,6
Dinamarca	16,4
Lituânia	16,3
20º Letônia	16,0
Bulgária	15,9
Bélgica	15,3
Estados Unidos	15,2
Eslovênia	14,1
Canadá	12,1
Austrália	11,8
Hungria	11,5
Polônia	11,4
Reino Unido	11,2
Argentina	11,2
Eslováquia	10,1
Portugal	9,6
Croácia	9,6*
Egito	9,4

Consumo *per capita*	kg/hab
Espanha	9,3
Chile	8,1
Turquia	7,2
Irlanda	6,7
Nova Zelândia	6,7*
Rússia	6,6
Uruguai	6,0*
Irã	4,7
Romênia	4,4
Ucrânia	4,2
Brasil	3,6

Fontes: Fédération Internationale du Lait (FIL), 2012 e *International Dairy Federation (IDF), 2012

BRASIL

HISTÓRIA DO QUEIJO NO BRASIL

A indústria queijeira brasileira iniciou-se praticamente em fins do século XIX, em Minas Gerais, graças à imigração de europeus não ibéricos.

Os pioneiros foram dois queijeiros holandeses, que desenvolveram o nosso tão apreciado Queijo do Reino, baseado no Edam holandês. Até então, só dispúnhamos do queijo Minas, elaborado artesanalmente em diversas fazendas espalhadas nesse Estado.

Contudo, o grande salto de qualidade de nossos queijos deu-se com a vinda de várias famílias dinamarquesas, que se instalaram no Sudeste de Minas Gerais, no início do século XX. Esses imigrantes fundaram algumas das mais tradicionais empresas queijeiras do país com projeção, até hoje estabelecidas no mercado nacional de queijos finos: Skandia e Campo Lindo (ambas adquiridas pela francesa Bongrain, também dona da Polenghi), Dana/Luna (extinta) e Símbolo (também extinta). Inicialmente, eles produziram o nosso tão conhecido queijo Prato, em seguida o Estepe, o Gruyère, o Gorgonzola e o Camembert, entre muitos outros.

Paralelamente, os colonos italianos aportados em São Paulo germinaram na nossa república os queijos de massa filada (Muçarela e Provolone).

"Eu quero deixar claro para o país todo. Eu adoro pão de queijo. Eu não passo sem pão de queijo."
FERNANDO HENRIQUE CARDOSO

ESTATÍSTICAS

Segundo a Associação Brasileira das Indústrias de Queijos (Abiq), em 2013 foram produzidas 1.075 mil toneladas de queijo no país em laticínios com fiscalização do Serviço de Inspeção Federal (SIF), assim distribuídos:

Muçarela	26,7%
Requeijão culinário	19,5%
Prato	17,0%
Requeijão cremoso	8,9%
Petit Suisse	6,2%
Outros	11,4%
Especiais	10,3%

A primazia do queijo Muçarela deve-se às inúmeras pizzarias espalhadas por todo o país. A colocação do Prato, que até há pouco era o líder de mercado, deve-se por ser muito utilizado no preparo de sanduíches.

Pelo quadro, percebe-se que quase 90% dos tipos de queijo fabricados no Brasil são classificados como *commodities*, pois, além dos cinco queijos do topo da lista, mais alguns tipos, comuns e processados, estão englobados na rubrica de "outros", como o Minas Frescal, a Ricota e os fundidos. Infelizmente, a parcela dos queijos finos ou especiais é bem menos expressiva, apesar de ser o segmento que mais cresce no país. Entre eles, os mais produzidos foram: Parmesão, Provolone, Minas Padrão, Montanhês, Reino, Gorgonzola, Estepe, Gouda, Gruyère, Camembert e Brie.

Os maiores estados produtores de queijos finos são: Minas Gerais (principalmente na região sul, montanhosa), líder com mais de 75%, São Paulo, Rio Grande do Sul e Santa Catarina.

PRINCIPAIS QUEIJOS BRASILEIROS

Os queijos tipicamente brasileiros apresentados neste livro são: Minas Artesanal, tipo Parmesão Artesanal de Alagoa, Reino, Prato, Estepe, Coalho, Manteiga, Artesanal Serrano, Colonial, Kochkäse, Queijos de Cabra Brasileiros, Queijos de Ovelha Brasileiros e Queijos de Búfala Brasileiros (incluindo o Marajó).

LOJAS DE QUEIJO NO BRASIL

BELO HORIZONTE

» DE LÁ
Especializada em queijos artesanais mineiros
Rua Santa Rita Durão, 919 • 30140-111 • Savassi • tel. (31) 3225 6347
www.produtosdela.com.br

» LOJA DO ITAMAR
Especializada em queijos artesanais mineiros
Mercado Central, Av. Augusto de Lima, 744, loja 148 • 30190-922 • Centro • tel. (31) 3274 9535
www.mercadocentral.com.br/

» VERDEMAR SUPERMERCADO E PADARIA
Queijos nacionais e importados
Av. Nossa Senhora do Carmo, 1900 • 30330-360 • Sion • tel. (31) 2105 0101
(e outros endereços)
www.superverdemar.blogspot.com.br

BRASÍLIA
» BELINI
Queijos nacionais e importados
SCLS 113, Bloco D, loja 35 • Asa Sul • tel. (61) 3345 0777
www.belini-gastronomia.com.br

» CASA DE DOCES E QUEIJOS BRASÍLIA
Queijos nacionais e importados
Loja Ceasa, SIA Trecho 7, 100, Pavilhão B-08, loja 19 • 71205-050 • Guará •
tel. (61) 3234 1008
www.casadedocesequeijosbsb.com.br

CURITIBA
» EMPÓRIO CURITIBANO
Queijos nacionais e importados
Mercado Municipal • Av. 7 de Setembro, 1865, Box 290 • 80060-070 • Cristo Rei •
tel. (41) 3264 3964
www.mercadomunicipaldecuritiba.com.br/comerciante/emporio-curitibano.html

» EMPÓRIO DO QUEIJO PATREGUR
Queijos nacionais e importados
Mercado Municipal • Av. 7 de Setembro, 1865, Box 429 • 80060-070 • Cristo Rei •
tel. (41) 3264 6502
www.mercadomunicipaldecuritiba.com.br/comerciante/emporio-do-queijo-patregur-com-alim-be-imp-ltda-.html

» MERCEARIA RIOGRANDENSE
Queijos nacionais e importados
Av. Manoel Ribas, 660 • 80510-020 • Mercês • tel. (41) 3023 5329

FLORIANÓPOLIS
» CIA DO QUEIJO
Queijos nacionais e importados
Rua Felipe Domingues Petry, 111 • 88103-690 • Praia Comprida, São José •
tel. (48) 3247 0700
www.ciadoqueijodistribuidora.com.br

FORTALEZA

» RAIMUNDO DOS QUEIJOS
Queijos nordestinos
Travessa Crato, 44 • 60030-040 • Centro • tel. (85) 3226 9351

PORTO ALEGRE

» A QUEIJARIA
Queijos nacionais e importados
Av. Plínio Brasil Milano, 1085 • 905-002 • Higienópolis • tel. (51) 3328 3198
www.aqueijaria.blogspot.com.br

» FIAMBRERIA BANCA 43
Queijos nacionais e importados
Mercado Público • Av. Júlio de Castilhos/Av. Borges de Medeiros • 90020-070 • Centro • tel. (51) 3224 3861
www.mercadopublico.com.br/estabelecimento/fiambreria-banca-43

RIO DE JANEIRO

» CASA CARANDAÍ
Queijos artesanais brasileiros e queijos importados
Rua Lopes Quintas, 165 • 22460-010 • Jardim Botânico • tel. (21) 3114 0179
www.casacarandai.com.br

» DELLY GIL
Queijos nacionais e importados
Cobal do Leblon • Rua Gilberto Cardoso, s/n, loja 08 • 22430-070 • Leblon • tel. (21) 2294 1151
www.dellygil.com.br

» O SABOR DO QUEIJO
Queijos nacionais e importados
Rua General Polidoro, 58A • 22280-005 • Botafogo • tel. (21) 2541 2875
https://www.facebook.com/OSabordoQueijo

» ZONA SUL ATENDE
Queijos nacionais e importados
Rua Visconde de Pirajá, 504 • 22410-002 • Ipanema • tel. (21) 2122 7070 (e outros endereços)
www.zonasulatende.com.br/Lojas

SÃO PAULO

» A QUEIJARIA
Especializada em queijos artesanais brasileiros
Rua Aspicuelta, 35 • 05433-010 • Vila Madalena • tel. (11) 3812 6449
www.aqueijaria.com.br

» CASA SANTA LUZIA
Queijos nacionais e importados
Alameda Lorena, 1471 • 01424-001 • Jardim Paulista • tel. (11) 3897 5000
www.santaluzia.com.br

» EMPÓRIO SANTA MARIA
Queijos nacionais e importados
Av. Cidade Jardim, 790 • 01454-000 • Jardim Paulistano • tel. (11) 3706 5211
www.emporiosantamaria.com.br

» MERCEARIA DO MESTRE QUEIJEIRO
Especializada em queijos artesanais brasileiros
Rua Simão Álvares, 112 • 05471-020 • Pinheiros • tel. (11) 2369 1087
www.mestrequeijeiro.com.br

» PÃO DE AÇÚCAR
Queijos nacionais e importados
Alameda Ministro Rocha Azevedo, 1136 • 01410-002 • Jardim Paulista •
tel. (11) 3088 6868 (e outros endereços)
www.paodeacucar.com.br

» VARANDA FRUTAS E MERCEARIA
Queijos nacionais e importados
Praça Deputado Dario de Barros, 401 • 05670-090 • Cidade Jardim • tel. (11) 3035 5857
www.varanda.com.br

QUEIJOS MINEIROS DE VACA
REGIÕES PRODUTORAS DE QUEIJO MINAS ARTESANAL

QUEIJO MINAS ARTESANAL

GERAL
Existem três tipos de queijo Minas, típicos do estado de Minas Gerais.

MINAS FRESCAL
De acordo com o Regulamento Técnico Mercosul nº 145/96, da Anvisa, o Minas Frescal é um queijo semigordo, de alta umidade, a ser consumido fresco, isto é, jovem. É obtido de leite pasteurizado, com a coalhada não cozida, não prensada e não maturada. Características: crosta não existente ou fina; massa de cor esbranquiçada; consistência branda, macia; textura com ou sem olhaduras mecânicas; odor suave característico; sabor suave ou levemente ácido. Dimensões: forma cilíndrica, com peso aproximado de 0,3–5 quilos. Bastante perecível, com validade de 8–10 dias, em refrigeração abaixo de 8ºC.

MINAS PADRÃO (MEIA CURA, CURADO OU PRENSADO)
É obtido também de leite pasteurizado e com coalhada não cozida, porém a massa é prensada e maturada. Características: casca fina e amarelada; massa de cor branco-creme; consistência macia, porém mais seca e firme que o Minas Frescal; textura com poucas e pequenas olhaduras mecânicas, lisas e regulares; aroma fraco; sabor suave e ligeiramente ácido. Cura: 6–8 dias. Dimensões: forma cilíndrica, pesando cerca de 0,8–1,2 quilo. Gordura mínima de 48% GES (gordura no extrato seco). Quando armazenado embalado e refrigerado a 1–3ºC, dura até 90 dias.

MINAS ARTESANAL
Queijo elaborado conforme a tradição histórica e cultural da região do estado em que é produzido, a partir de leite integral de vaca fresco e cru. Atualmente, são sete as regiões tradicionais demarcadas pelo Instituto Mineiro de Agropecuária (IMA): Araxá, Campo das Vertentes, Canastra, Cerrado, Serra do Salitre, Serro e Triângulo Mineiro (a mais recente). No restante do estado, o queijo curado é classificado simplesmente como Minas Padrão.

REGIÕES PRODUTORAS
Em 2014, eram 9.789 os produtores de queijo Minas Artesanal, responsáveis por uma produção de 29.897 toneladas anuais.

Até 2 de agosto de 2012, existiam 228 produtores de Minas Artesanal cadastrados no IMA. Em 20 de dezembro de 2013, esse número subiu para 308.

ENTREPOSTOS REGISTRADOS
Em 8 de setembro de 2013 foi inaugurado, na cidade de Medeiros, o primeiro Centro de Maturação de Queijo de Minas Artesanal. Ele atende alguns dos produtores rurais associados à Associação dos Produtores de Queijo Canastra de Medeiros (Aprocame). Esse centro, além de coletar, maturar e embalar os queijos, é responsável pela sua comercialização para os grandes centros consumidores.

Segundo a Empresa de Assistência Técnica e Extensão Rural do Estado de Minas Gerais (Emater-MG), diversos outros centros de maturação estão sendo construídos nas demais regiões demarcadas.

Araxá
Demarcação: A Portaria IMA nº 594, de 10/6/2003, demarcou a região de Araxá. Essa área encontra-se no Planalto de Araxá, em parte da mesorregião (IBGE) do Triângulo Mineiro/Alto Paranaíba. São dez os municípios abrangidos: Araxá, Campos Altos, Ibiá, Pedrinópolis, Perdizes, Pratinha, Sacramento, Santa Juliana e Tapira (na microrregião do IBGE MR-23 de Araxá), e Conquista (na MR-22 de Uberaba). Área: 13.629 km². Altitude: 910–1.359 metros, 973 metros (Araxá).
História: A região foi ocupada, a partir da segunda metade do século XVIII, por colonizadores portugueses, espanhóis e outros mineiros do Sudeste.

Queijo Araxá

Turismo: O destino turístico principal são as Termas de Araxá, que integram o Circuito das Águas de Minas Gerais.

Características do queijo: Crosta fina, amarelada, sem trincas; massa branco--creme, homogênea; textura compacta; consistência semidura, com tendência a macia, de natureza manteigosa; sabor ligeiramente ácido, não picante e agradável.

Dimensões: Cilíndrico, com 14–17 centímetros de diâmetro, altura de 4–7 centímetros, peso de 1–1,4 quilo. "É um pouco menos maturado, tem menos olhaduras, menos salgado e mais suave que o Canastra", segundo o especialista Bruno Cabral.

Produção: 2.755 toneladas/ano (quarto maior produtor artesanal).

Destino: 70% da produção é comercializada em São Paulo.

ONDE COMPRAR

- **Associação Regional dos Produtores de Queijo Minas Artesanal Araxá (ARPQMAA)** (tel. 34-3661 5580/99955 6402).
- **Entreposto de Laticínios São Pedro** (tel. 34-3884 7301), afinador de queijos em Araxá-MG, comercializa o queijo Minas Artesanal, Araxá da linha Roça ChiQ.
- **Alexandre Honorato** (tel. 34-3661 0090/99116 8660), dono da Fazenda Só Nata, produtor artesanal em Araxá-MG, medalha de prata no I Prêmio Queijo Brasil de 2014, queijo campeão estadual em 2009 e quinto colocado em 2012.
- **Ronaldo José Lemos** (tel. 37-99972 1194), dono da Fazenda Mutuca, produtor artesanal em Campos Altos-MG e medalha de bronze no I Prêmio Queijo Brasil de 2014.
- **Juliano de Oliveira** (tel. 34-3662 1222), dono do Sítio do Pica-Pau e produtor artesanal em Araxá-MG. Seu Araxá Meia Cura foi premiado no Concurso de Araxá de 2010.
- **José Maria Rodrigues** (tel. 34-99824 3130), dono da Chácara N. S. da Abadia e produtor artesanal em Araxá-MG. Queijo premiado no Concurso de Araxá de 2013.
- **Mercearia Mestre Queijeiro** (www.mestrequeijeiro.com.br), loja paulistana de Bruno Cabral, vende o Araxá Meia Cura 21 dias, feito por Alexandre Honorato, de 900 gramas.
- **A Queijaria** (www.aqueijaria.com.br), loja paulistana de Fernando Oliveira, vende o Araxá Meia Cura, feito por Ronaldo Lemos, de um quilo.
- **Queijo Araxá** (tel. 34-3669 8077), produtor industrial em Araxá-MG, elabora outros tipos de queijo usando essa "marca".

Campo das Vertentes

Demarcação: a Portaria IMA nº 1.022, de 3/11/2009, identificou a região do Campo das Vertentes. Nessa área se inicia a Serra da Mantiqueira, uma cadeia montanhosa ao longo das divisas dos estados de Minas Gerais, Rio de Janeiro e São Paulo. Corresponde a toda a mesorregião do IBGE do Campo das Vertentes. São 16 os municípios abrangidos: Chaves, Conceição da Barra de Minas, Coronel Xavier Chaves, Lagoa Dourada, Madre de Deus de Minas, Nazareno, Piedade do Rio Grande, Prados, Resende Costa, Ritápolis, Santa Cruz de Minas, São João del Rey, São Tiago e Tiradentes (na microrregião do IBGE MR-58 de São João del Rey); Barroso (na MR-59 de Barbacena) e Carrancas (na MR-57 de Lavras). Área: 6.254 km². Altitude: 400–1.300 metros, 898 metros (em São João del Rey).

História: O queijo da Mantiqueira começou a ser produzido na região mineira hoje conhecida como Campos das Vertentes ou Vertentes da Mantiqueira, no início do século XVIII, por imigrantes portugueses, "cristãos-novos" oriundos da região do Minho. Alguns produtores dessa região denominam os seus produtos de "Queijo da Mantiqueira".

Turismo: O circuito das cidades históricas de São João del Rey, Tiradentes, Prados, Coronel Xavier Chaves e Resende Costa, berço da Inconfidência Mineira.

Características do queijo: Segundo o produtor João Carlos Dutra, o ideal é vendê-lo ao consumidor com pelo menos 21 dias de maturação, quando ele já está com o sabor bem mais acentuado. Ele diz: "Fizemos alguns testes de queijo com maturação superior a 90 dias e ele adquiriu um sabor excelente".

Queijo Campo das Vertentes

- **Associação dos Queijeiros Artesanais das Vertentes da Mantiqueira (Aquaver)** (tel. 32-3373 2200).
- **João Carlos Dutra de Ávila Carvalho** (tel. 32-3373 2200/queijodamantiqueira@gmail.com), dono do Sítio do Coqueiro, produtor artesanal em Coronel Xavier Chaves-MG; seu Catauá foi medalha de prata no I Prêmio Queijo Brasil de 2014.
- **A Queijaria** (www.aqueijaria.com.br), loja paulistana de Fernando Oliveira, vende o Catauá do Sítio Coqueiro, de 800 gramas.

Canastra

Demarcação: A Indicação de Procedência (IP) foi concedida pelo Inpi em 13 de março de 2012. A Portaria IMA nº 694, de 17/11/2004, identificou a região da Canastra, situada na Serra da Canastra, que ocupa parte das mesorregiões do IBGE do Oeste de Minas e do Sul/Sudoeste de Minas. São sete os municípios abrangidos: Bambuí, Medeiros, Piumhi, São Roque de Minas, Tapiraí e Vargem Bonita (na microrregião do IBGE MR-42 de Piumhi), e Delfinópolis (na MR-47 de Passos). Área: 7.452 km². Altitude: 637–1.485 metros, 930 metros (em Medeiros) e 850 metros (em São Roque de Minas, o principal polo).

História: A região foi ocupada por colonos de outras regiões do estado. É com certeza a área mais conhecida e uma das mais conceituadas de todas.

Turismo: O Parque Nacional da Serra da Canastra é um dos mais importantes parques nacionais brasileiros, local da nascente do rio São Francisco. A cachoeira

Queijo Canastra

Casca d'Anta, com aproximadamente 186 metros de altura, é um dos principais atrativos do Parque.

Características dos queijos: O Canastra tem crosta fina, amarelada, sem trincas; massa branco-amarelada; textura compacta; consistência semidura, com tendência a macia, de natureza manteigosa; sabor ligeiramente ácido, não picante e agradável.

Dimensões: Cilindro, com 15–17 centímetros de diâmetro, altura de 4–6 centímetros, peso de 1–1,2 quilo.

Maturação: O produtor Zé Mário diz que após 14–21 dias ele está bom para consumo, mas excelente aos 30 dias.

Canastra Real ou **Canastrão**:** A sua produção é comum na região, principalmente em São Roque de Minas, Medeiros e Vargem Bonita. É diferenciado, de formato cilíndrico, com 26–30 centímetros de diâmetro, altura de 7–8 centímetros e peso de 5–7 quilos. Antigamente era produzido em ocasiões especiais e, hoje, só por poucas queijarias. Maturação: mínimo de 30 dias na Fazenda Agroserra e mínimo de 60 dias na Chácara Esperança.

Canastrinha ou **Merendeiro:** Com 10 centímetros de diâmetro, altura de 6 centímetros, peso de 300-400 gramas, é o queijo do dia a dia.

Produção: 5.787 toneladas/ano (segundo maior produtor artesanal).

Destino: 80% da produção é comercializada em São Paulo.

ONDE COMPRAR

- **Associação dos Produtores de Queijo Canastra (Aprocan)** (tel. 37-3433 1273 e aprocan_queijocanastra@yahoo.com.br).
- **Associação dos Produtores de Queijo Canastra do Município de Medeiros (Aprocame)** (tel. 37-98831 6319/98816 0196).
- **José Baltazar da Silva (o Zé Mario)** (tel. 37-99903 7247/99964 0614), dono da Fazenda Campo do Meio e produtor artesanal em São Roque de Minas-MG. Fabrica Canastra e Canastrinha. O queijo Canastra foi campeão estadual em 2011 e 2012.
- **Nereu Ramos Martins** (tel. 37-99109 1787), dono da Fazenda São Geraldo, produtor artesanal em Tapiraí-MG e medalha de prata no I Prêmio Queijo Brasil de 2014.

- **Luciano Carvalho Machado** (tel. 37-98831 6319/98816 0196 e lucianocarvalhomachado@gmail.com), dono da Chácara Esperança e produtor artesanal em Medeiros-MG. Recebeu duas medalhas de bronze no I Prêmio Queijo Brasil de 2014 pelos queijos Canastra Real e Canastra temperado. Produz Canastra, Canastrão (ótimo O+) e Canastra *Baby*, de 3 quilos.
- **Wander Evangelista de Carvalho** (tel. 37-99107 1400), dono da Fazenda Boa Vista, produtor artesanal em Tapiraí-MG e medalha de bronze no I Prêmio Queijo Brasil de 2014.
- **João Carlos Leite** (tel. 37-3433 1214/3433 1383/98829 0076), dono da Fazenda Agroserra e produtor artesanal em São Roque de Minas-MG. Produz os queijos Canastra e Canastra Real.
- **Onésio Leite da Silva** (tel. 37-99981 6286/98816 2972 e www.facebook.com.br/QueijoCanastra-SitioNossaSenhoraAparecida), dono do Sítio N. S. da Aparecida e produtor artesanal em São Roque de Minas-MG. Produz o queijo Canastra.
- **Mercearia Mestre Queijeiro** (www.mestrequeijeiro.com.br), loja paulistana de Bruno Cabral. Vende o Canastra Real e o Canastra, fabricados por Luciano Carvalho Machado, de 1 quilo.
- **A Queijaria** (www.aqueijaria.com.br), loja paulistana de Fernando Oliveira, vende os tipos Canastra Real de 6 quilos, Canastra de 1 quilo e Canastrinha de 300 gramas de três produtores mineiros: Zé Mário, João Carlos e Onésio Leite.
- **De Lá** (www.produtosdela.com.br), loja belo-horizontina. Vende o Canastra Real de João Leite e o Canastra Curada do Onésio, do Leonicésar e do Reinaldo.
- **Casca D'Anta** (tel. 37-3433 1275), produtor industrial em São Roque de Minas--MG. Apesar desse nome, é simplesmente um Minas Padrão.

Cerrado (ex-Alto Paranaíba)

Demarcação: A Portaria IMA nº 619, de 1/12/2003, identificou a região do Alto Paranaíba, e a Portaria IMA nº 874, de 2/10/2007, alterou a denominação para Cerrado, situada em parte das mesorregiões do IBGE do Triângulo Mineiro/Alto Paranaíba e do Noroeste de Minas. Eram 19 (atualmente, são 18 pois Serra do Salitre separou-se dessa microrregião) os municípios abrangidos: Abadia dos Dourados, Coromandel, Cruzeiro da Fortaleza e Patrocínio (na microrregião do IBGE MR-19 de Patrocínio); Arapuá, Carmo do Paranaíba, Guimarânia, Lagoa Formosa, Matutina, Patos de Minas, Rio Paranaíba, Santa Rosa da Serra, São Gotardo e Tiros (na MR-20 de Patos de Minas); e Lagamar, Presidente Olegário,

São Gonçalo do Abaeté e Varjão de Minas (na MR-02 de Paracatu). Área: 29.397 km². Altitude: 691–1.258 metros, 1.073 metros (em Rio Paranaíba).
História: A região foi ocupada originalmente por colonos portugueses e, depois, por colonos chegados com as "entradas e bandeiras".
Turismo: Além das queijarias artesanais, vale visitar suas lavouras de café, por ser esta uma das três melhores zonas de café do Brasil, junto com o Sul de Minas e a Mogiana Paulista.
Características do queijo: Crosta fina, amarelada, sem trincas; massa branco-amarelada; textura compacta; consistência semidura, com tendência a macia, de natureza manteigosa; sabor ligeiramente ácido, não picante e agradável.
Dimensões: cilindro, com 15–17 centímetros de diâmetro, altura de 4–6 centímetros e peso de 1–1,2 quilo.
Produção: 17.357 toneladas/ano (primeiro maior produtor artesanal).
Destino: 80% da produção é comercializada em São Paulo, Distrito Federal e Goiás.

ONDE COMPRAR

- **Associação dos Produtores de Queijo Minas Artesanal de Rio Parnaíba (Apromar)** (franciscomeaguiar@hotmail.com e tel. 34-3855 1498/99961 3578).
- **Wellington Carlos Vieira "Casquinha"** (tel. 34-99961 2860), dono da Fazenda Fortaleza de Cima e produtor artesanal em Cruzeiro da Fortaleza-MG. Medalha de prata no I Prêmio Queijo Brasil de 2014 e queijo vice-campeão estadual em 2014.

Queijo Cerrado

- **José Maria de Oliveira** (tel.34-99961 2119), dono da Fazenda Onze Mil Virgens e produtor artesanal de Rio Paranaíba-MG. Queijo campeão estadual de 2013 e vice-campeão em 2012.
- **Geraldo (Gê) Ferreira Machado** (tel. 34-99663 6304/99667 8872), dono da Fazenda Palmeiras e produtor artesanal em Rio Paranaíba-MG. Queijo campeão estadual em 2008.
- **Ronaldo Perreira da Silva** (tel. 34-99669 4473), dono da Fazenda Barreiras, produtor artesanal em Patos de Minas-MG e campeão estadual em 2007.
- **Mercearia Mestre Queijeiro** (www.mestrequeijeiro.com.br), loja paulistana de Bruno Cabral. Vende o queijo de Wellington Carlos Vieira.
- **Casa Santa Luzia** (www.santaluzia.com.br), em São Paulo. Vende os queijos Brinco de Ouro Artesanal e Lua de Prata Artesanal, do entreposto Laticínios Jesus Rodrigues Corte, em Coromandel-MG.

Serra do Salitre (recentemente se separou da microrregião do Cerrado)

Demarcação: A Portaria IMA nº 1.428, de 29/8/2014, identificou a região da Serra do Salitre, que foi desmembrada da microrregião do Cerrado, situada na mesorregião do IBGE do Triângulo Mineiro/Alto Paranaíba. Ela é composta apenas pelo município de Serra do Salitre, pertencente à microrregião do IBGE MR-19 de Patrocínio. Área: 1.297 km² (a menor delas). Altitude: 1.220 metros.

História: Com o advento da estrada de ferro, pelos idos de 1916, a produção de queijo artesanal do Cerrado passou a ser fortemente comercializada na sub-região da Serra do Salitre, cujo nome sobressai até hoje como os melhores queijos artesanais da região do Cerrado, tanto que se emancipou dela.

Queijo Serra de Salitre

Características do queijo: Crosta fina, amarelada, sem trincas; massa branco-amarelada; textura compacta; consistência semidura, com tendência a macia, de natureza manteigosa; sabor ligeiramente ácido, não picante e agradável.
Dimensões: cilindro, com 15-17 centímetros de diâmetro, altura de 4-6 centímetros e peso de 1-1,2 quilo.

ONDE COMPRAR

- **João José de Melo** (tel. 34-99961 2884), dono da Fazenda Pavão e produtor artesanal na comunidade de Catulés, em Serra do Salitre-MG. Recebeu quatro medalhas de prata no I Prêmio Queijo Brasil de 2014 pelos queijos: Extra Curado grande, Extra Curado pequeno resina preta, Extra Curado pequeno resina laranja e Resina laranja; e duas medalhas de bronze, nesse mesmo concurso, pelos queijos Resina preta e Serra do Salitre.
- **José Baltazar da Silva** (tel. 34-99907 1912), dono da Fazenda Matinha das Pitas e produtor artesanal da Serra do Salitre-MG. Queijo campeão no concurso estadual de 2014.
- **José Geraldo Moreira da Silva** (tel. 34-99913 3600), dono da Fazenda Santa Cruz e produtor artesanal da Serra do Salitre-MG. Queijo premiado no Concurso do Cerrado de 2013 e vice-campeão no concurso estadual de 2013.
- **Vanderlino dos Reis Moreira** (tel. 34-3859 0196), dono da Fazenda Chicão e produtor artesanal na comunidade de Catulés, em Serra do Salitre-MG.
- **Mercearia Mestre Queijeiro** (www.mestrequeijeiro.com.br), loja paulistana de Bruno Cabral, vende o Serra do Salitre Curado 70 dias, de João José Melo, com casca parafinada de 800 gramas.
- **A Queijaria** (www.aqueijaria.com.br), loja paulistana de Fernando Oliveira, vende Serra do Salitre de 600-800 gramas.
- **De Lá** (www.produtosdela.com.br), loja belo-horizontina, vende o Serra do Salitre de Seu João, nos estilos Fresco, Meia Cura, Curado Imperial e Curado Mini Imperial.

Serro

Demarcação: A Indicação de Procedência (IP) foi concedida pelo Inpi em 13 de dezembro de 2011, tornando-se a primeira região a ser protegida. As Portarias IMA nº 546, de 29/10/2002, e nº 591, de 26/5/2003, identificaram a região do Serro, também a primeira a ser demarcada. Situada na vertente oriental da Serra do

Espinhaço (Médio Espinhaço), no Alto Vale do Rio Jequitinhonha, em parte das mesorregiões do IBGE de Metropolitana de Belo Horizonte e do Vale do Rio Doce. São dez os municípios abrangidos: Alvorada de Minas, Conceição do Mato Dentro, Dom Joaquim, Rio Vermelho, Santo Antônio do Itambé, Serra Azul de Minas e Serro (na microrregião do IBGE MR-28 de Conceição do Mato Dentro), e Martelândia, Paulistas e Sabinópolis (na MR-35 de Guanhães). Área: 6.960 km^2. Altitude: 600–1.200 metros, 940 metros (em Serro).

História: A região foi colonizada por portugueses da Serra da Estrela, há mais de dois séculos. É a área de tradição mais antiga.

Turismo: O município de Serro possui um rico patrimônio histórico-cultural. Em 1938, o seu acervo urbano-paisagístico foi tombado pelo Iphan.

Características do queijo: Crosta fina, sem trincas; massa branco-amarelada; textura compacta; consistência semidura, apesar de mais úmido que os demais; sabor brando, ligeiramente ácido.

Dimensões: cilindro, com 13–15 centímetros de diâmetro, altura de 4–6 centímetros e peso de 0,7–1 quilo (é o menor de todos os queijos Minas Artesanal).

Teor de sólidos totais: 46–52%.

Gordura: mínimo de 50% GES.

Cura: mínimo de sete dias. Consumido menos curado e mais úmido que os demais Minas Artesanal.

Produção: 3.106 toneladas/ano (terceiro maior produtor artesanal).

Destino: Na época do ouro era vendido principalmente em Diamantina; hoje, é mais comercializado em Belo Horizonte.

Queijo Serro

ONDE COMPRAR

- **Associação dos Produtores Artesanais de Queijo do Serro** (**Apaqs**) (apaqs_serro@yahoo.com.br e tel. 38-3541 2304).
- **Cooperativa dos Produtores Rurais do Serro** (tel. 38-3541-1001), em Serro-MG.
- **José Leocádio de Souza** (tel. 33-98820 5180), dono do Sítio Cachoeira, produtor artesanal em Materlândia-MG e medalha de prata no I Prêmio Queijo Brasil de 2014.
- **Guilherme Vasconcelos Clementino** (tel. 38-99961 6097), dono da Fazenda Santa Izabel e produtor artesanal em Serro-MG. Queijo campeão no Concurso de Serro de 2013 e 2014.
- **Aguimar Antônio Barbosa** (tel. 38-3541 1743), dono da Fazenda Horizonte Belo/Ouro Fino e produtor artesanal em Serro-MG. Queijo vice-campeão no Concurso de Serro de 2014.
- **Eduardo José de Melo** (tel. 37-99153 0040), dono da Fazenda Vitória, produtor artesanal em Serro-MG, medalha de bronze no I Prêmio Queijo Brasil de 2014 e vice-campeão no Concurso de Serro de 2014.
- **Dorvalino Campos Júnior** (tel. 38-3541 2565/99958 5378), dono da Fazenda Cedro e produtor artesanal em Serro-MG.
- **Jorge Brandão Simões** (tel. 38-3541 1045), dono da Fazenda Engenho da Serra e produtor artesanal em Serro-MG.
- **Mercearia Mestre Queijeiro** (www.mestrequeijeiro.com.br), loja paulistana de Bruno Cabral, vende o Serro, de Eduardo José de Melo.
- **A Queijaria** (www.aqueijaria.com.br), loja paulistana de Fernando Oliveira, vende o Serro, de Eduardo José de Melo, de 700 gramas.
- **De Lá** (www.produtosdela.com.br), loja belo-horizontina, vende o Serro Curado, de Eduardo José de Melo.

Triângulo Mineiro

Demarcação: a Portaria IMA nº 1.397, de 13/2/2014, identificou a região do Triângulo Mineiro, a última a ser demarcada. Está situada na zona centro-norte da mesorregião do IBGE do Triângulo Mineiro/Alto Paranaíba. São dez os municípios abrangidos: Araguari, Cascalho Rico, Indianópolis, Monte Alegre de Minas, Tupaciguara e Uberlândia (na microrregião do IBGE MR-18 de Uberlândia), Estrela do Sul, Monte Carmelo e Romaria (na MR-19 de Patrocínio), e Nova Ponte (na MR-23 de Araxá). Área: acima de 10 mil km². Altitude: 887 metros (em Uberlândia). Produtores: cerca de 1,3 mil.

ONDE COMPRAR

- **Jales Clemente de Oliveira** (tel. 34-99984 8781), dono da Fazenda Máximos e produtor artesanal em Monte Carmelo-MG. Queijo colocado em 8º lugar no concurso estadual de 2014.

ASPECTOS LEGAIS

Legislação Estadual. O Decreto Estadual nº 42.645, de 5/6/2002, regulamentou a Lei Estadual nº 14.185, de 31/1/2002, que versa sobre a produção do queijo Minas Artesanal. Posteriormente, a lei foi parcialmente alterada pelo Decreto Estadual nº 44.864, de 1/8/2008, e pela Lei Estadual nº 19492, de 13/1/2011. A Portaria IMA nº 818, de 12/12/2006, baixou o regulamento técnico de produção do queijo Minas Artesanal.

Os queijos Minas Artesanal são produzidos desde o século XVIII, artesanal e diariamente em fazendas. Têm origem na tradição portuguesa do Serra da Estrela, mas, ao contrário deste, não usa leite de ovelha nem coalho vegetal. Aqueles elaborados com leite cru de vaca, são, segundo a legislação federal, queijos "fora da lei". Entretanto, eles vêm recebendo todo o apoio do governo mineiro para que possam ser certificados pelo IMA, se atingirem os parâmetros da lei estadual. Desde janeiro de 2007, só os queijos certificados podem ser comercializados no estado de Minas Gerais.

Outro fato importante para a sobrevivência desses queijos aconteceu em 13 de junho de 2008, quando o Instituto do Patrimônio Histórico e Artístico Nacional (Iphan) inscreveu no "Livro de Registro dos Saberes" o modo artesanal de fazer queijo Minas nas regiões de Serro, Canastra e Salitre.

Em 16 de abril de 2010, os produtores de queijo Minas artesanal das regiões de Serro e Canastra entraram no Instituto Nacional de Propriedade Intelectual (Inpi) com o pedido para tornarem-se Indicações Geográficas (IG). Os respectivos registros com as Indicações de Procedência (IP) foram concedidos em 13 de dezembro de 2011 e 13 de março de 2012, respectivamente.

Legislação Federal. Apesar do exposto anteriormente, o governo federal não contribuia muito com a existência desses queijos. Por meio da Resolução nº 7 do Ministério da Agricultura, Pecuária e Abastecimento (Mapa), de 28/11/2000, foram fixadas textualmente as seguintes limitações:

- O queijo Minas deve ser produzido a partir de leite tratado termicamente, caso tenha período de maturação inferior a 60 dias.
- O queijo Minas deve sofrer um processo de cura por período mínimo de 21 dias.
- Excepcionalmente, o queijo Minas pode ser produzido a partir de leite cru; nessas condições, só poderá ser comercializado para consumo após 60 dias de cura ou maturação em entreposto de laticínios registrado no SIF, a contar da data da sua chegada nesse estabelecimento.

Assim, o queijo Minas Artesanal ficava praticamente obrigado a ser comercializado sem o Selo de Inspeção Federal (SIF), portanto não podia ir além dos limites do estado de Minas Gerais.

Posteriormente, o Mapa publicou a Instrução Normativa (IN) nº 57, de 15/12/2011, procurando flexibilizar um pouco mais a comercialização dos queijos artesanais. Essa IN resolve:

- Permitir que os queijos artesanais tradicionalmente elaborados a partir de leite cru sejam maturados por um período inferior a 60 dias, desde que estudos técnico-científicos comprovarem que a redução do período de maturação não compromete a qualidade e a inocuidade do produto. Portanto, o novo período de maturação dos queijos artesanais será definido por ato normativo específico, após a avaliação dos estudos por comitê técnico-científico designado pelo Mapa.
- Fixar que a produção de queijos elaborados a partir de leite cru, com período de maturação inferior a 60 dias, fique restrita a queijarias situadas em região de indicação geográfica certificada ou tradicionalmente reconhecidas e em propriedade livre de tuberculose, de brucelose e com controle de mastite. Para tanto, as propriedades deverão ser submetidas a análises mensais do leite em laboratório da Rede Brasileira da Qualidade do Leite (RBQL).

Recentemente, a publicação da Instrução Normativa nº 30, de 7/8/2013, do Mapa, visou aliviar um pouco as exigências em relação à comercialização desses queijos artesanais. Contudo, ela ainda não satisfaz plenamente os produtores rurais. Algumas das medidas estipuladas foram:

- A redação da exigência de um prazo de maturação de queijos elaborados com leite cru de no mínimo 60 dias continua mantida, conforme a IN nº 57/2011.

- O novo período de maturação dos queijos artesanais será definido após a avaliação dos estudos pelo órgão estadual ou municipal de inspeção industrial e sanitária, reconhecidos pelo Sistema Brasileiro de Inspeção de Produtos de Origem Animal (Sisbi-POA). Essa cláusula foi flexibilizada, tendo em vista que anteriormente a redução do tempo de maturação só podia ser autorizada por um órgão federal (Mapa).
- A redação da redução do prazo de maturação de queijos elaborados com leite cru, de no mínimo 60 dias, continua restrita a queijaria situada em região de indicação geográfica certificada ou tradicionalmente reconhecida, e em propriedade livre de tuberculose e de brucelose, sendo mantida conforme a IN nº 57/2011.
- Outra melhoria introduzida foi a exclusão da periodicidade mensal de exames do leite para a detecção de mastite clínica e subclínica.

Como consequência direta da IN nº 57/2011, a produção de queijos artesanais passa a ser incluída no Sistema Brasileiro de Inspeção de Produto de Origem Animal (Sisbi-POA). Essa inclusão, que se inicia pelas propriedades instaladas em Minas Gerais, estado onde se concentra a maioria das queijarias artesanais do país, permitirá que os produtos com o selo do Serviço de Inspeção Municipal (SIM) ou do Serviço de Inspeção Estadual (SIE) sejam comercializados em todo o território nacional, com equivalência ao selo do Serviço de Inspeção Federal (SIF).

Caberá a cada um dos estados determinar suas regras sanitárias e de fiscalização. No caso de Minas Gerais, por exemplo, a maturação dos queijos artesanais vai variar de 17 dias, no tipo Serro, a 22 dias, no tipo Canastra, em vez dos 60 dias atuais, dependendo da região produtora (Canastra, Serro, Araxá, Cerrado e Campo das Vertentes).

Essa queda de braço entre a pesada e insensível burocracia estatal e os pequenos produtores artesanais de queijo está longe de ter chegado ao fim. E é claro que outras medidas mais efetivas para a preservação dessa importante atividade sociocultural ainda precisarão ser implementadas.

O QUEIJO
CARACTERÍSTICAS

Alguns fatores contribuem para a unicidade desses queijos:

- *Terroir* com clima ameno, altitude elevada, pastos nativos e águas serranas.

- Leite integral de vaca fresco e cru.
- Uso do "pingo", ou seja, o fermento láctico nativo, retirado da produção do queijo do dia anterior, ao final da dessoragem. Responsável em boa parte pelo aroma, sabor e textura, ele confere a tipicidade de cada uma das sete regiões demarcadas.

A legislação estadual estipula as seguintes exigências:

1. Leite: O leite integral de vaca fresco e cru empregado deve ser proveniente de uma queijaria artesanal, localizada na propriedade de origem do leite. Opcionalmente, pode proceder de um grupo de produtores, num máximo de 15 participantes, localizados num raio de até cinco quilômetros.
2. Massa: Consistência firme, com ou sem olhaduras mecânicas.
3. Umidade: O produto final, depois da maturação, deve ter umidade máxima de até 45,9% (portanto, é um queijo de média umidade).
4. Maturação: O queijo só poderá ser embalado após ter passado pelo período de maturação necessário para obter a umidade determinada. O valor de até 45,9% de umidade é considerado o limite para a não proliferação de micro-organismos maléficos. "O Canastra demora cerca de três semanas para chegar a esse grau de umidade", diz Lilian Haas da Agrifert, empresa que dá suporte técnico à Associação dos Produtores de Queijo Canastra (Aprocan).

PROCESSO

O queijo Minas Artesanal é classificado como sendo do tipo "massa prensada não cozida e casca natural". O método artesanal de produção do queijo contempla as seguintes etapas:

- Ordenha e filtração do leite.
- Adição do coalho industrial (quimosina de bezerro).
- Acréscimo do "pingo", isto é, fermento láctico natural.
- Coagulação.
- Corte da coalhada.
- Mexedura.
- Dessoragem do excesso de soro.
- Enformagem, em formas cilíndricas plásticas com furos.

- Prensagem manual (obrigatória) para eliminar o resto de soro.
- Salga seca com sal grosso.
- Maturação do queijo, com duração específica para cada região.

CONSERVAÇÃO E CONSUMO

São obrigatórias as seguintes informações na embalagem: a denominação "Queijo Minas Artesanal", a marca comercial (se houver), a microrregião de origem, a menção "Produto elaborado com leite cru", a identificação do produtor ou do entreposto cadastrado no IMA, a data de fabricação e o prazo de validade. O queijo curado com casca não embalado deve trazer impressos o número de identificação do produtor, a data de fabricação e o prazo de validade.

DEGUSTAÇÃO

Estas foram as minhas avaliações, realizadas na prova de queijos artesanais de Minas Gerais para a revista *Gosto* de outubro de 2012:

1º Serra do Salitre Imperial ~ 60 dias, João José de Melo	8,5
2º Raclette Mineiro ~ 60 dias, Fazenda São Francisco	8,5
3º Campo das Vertentes Catauá ~ 20 dias, João Carlos Carvalho	8,2
4º Alagoa ~ 30 dias, Queijo D'Alagoa (a)	8,0
5º Serro ~ 12 dias, Jorge Brandão Simões	8,0
6º Canastra ~ 30 dias, Luciano Carvalho Machado	7,8
7º Araxá ~ 25 dias, Alexandre Honorato	7,5
8º Bergkäse de Almenara ~ 90 dias, Fazenda São Francisco (b)	7,0

a) Para o queijo Alagoa, ver "Queijo tipo Parmesão Artesanal de Alagoa".
b) A Fazenda São Francisco (www.raclette.com.br/31-4042 2583) pertence a um suíço casado com uma brasileira. Ela está situada no município de Almenara, na microrregião do IBGE MR-14 de Almenara, na mesorregião do IBGE de Jequitinhonha. Eles produzem Raclette (1, 2, 2,5 e 5 quilos) e Bergkäse (1,6 quilo). Os queijos também estão disponíveis na loja paulistana Mercearia Mestre Queijeiro (www.mestrequeijeiro.com.br) e na loja belo-horizontina De Lá (www.produtosdela.com.br).

CULINÁRIA

O queijo Minas Artesanal, além de poder ser apreciado *in natura*, apenas acompanhado de pão e vinho, possui vários empregos na culinária:

Degustação de Queijos Minas Artesanal

- Em salgados, para preparar pão de queijo, pastel de queijo, pratos gratinados, *croque-monsieur* e outros.
- Em doces, para preparar um bom romeu e julieta ou um pudim de queijo.

QUEIJO TIPO PARMESÃO ARTESANAL DE ALAGOA

GERAL
Essa região foi oficialmente identificada pela Portaria IMA nº 1.453, de 1/12/2014. Ela está integralmente localizada na mesorregião do IBGE de Sul/Sudoeste de Minas, sendo composta por seis municípios: Alagoa, Baependi, Itamonte e Pouso Alto (na microrregião do IBGE MR-54 de São Lourenço) e Aiuroca e Bocaina de Minas (na MR-55 de Andrelândia).

A produção do "queijo tipo Parmesão no modo artesanal da Região de Alagoa" (o seu nome completo) é realizada nas terras altas da Serra da Mantiqueira, por volta de mil metros de altitude, no estado de Minas Gerais, ao longo das divisas com os estados de São Paulo e Rio de Janeiro.

Essa zona abrange diversas cidades-estâncias hidrominerais do Circuito das Águas de Minas Gerais. Além das inúmeras fontes de água mineral, ela é parcialmente cortada pelo rio Aiuruoca, cujas nascentes localizam-se no município de Itamonte, a uma altitude de aproximadamente 2.540 metros, na Serra da Mantiqueira, próximo ao Pico das Agulhas Negras. Em seu percurso, ele atravessa os municípios de Itamonte, Alagoa, Baependi e outros municípios da MR-55, desaguando no rio Grande, a 913 metros de altitude.

Queijo Alagoa

Essa região tem clima característico das regiões serranas do Sudeste brasileiro, sendo classificado, segundo a escala internacional de Köppen, como tropical de altitude – Cwb ("C" pela média das temperaturas dos três meses mais frios do ano ser superior a 3ºC negativos e inferior a 18ºC no mês mais frio, "w" pelos invernos secos, e "b" pela temperatura média do mês mais quente ser inferior ou igual a 22ºC).

REGIÕES PRODUTORAS

Alguns desses queijos já estão descendo a montanha e chegando aos maiores centros consumidores, como São Paulo, Rio de Janeiro e Belo Horizonte. Por enquanto, entre eles estão os abaixo apresentados:

Alagoa

O município de Alagoa está situado na microrregião do IBGE MR-54 de São Lourenço. Altitude: 1.132 metros. O queijo de Alagoa já se tornou patrimônio cultural, registrado no Instituto Estadual do Patrimônio Histórico e Artístico de Minas Gerais.

História: A produção do queijo de Alagoa é relativamente antiga. Tudo começou há mais de 100 anos, quando o italiano Paschoal Poppa instalou-se no Bairro Boa Vista, a oito quilômetros da Capela (atualmente, o centro da cidade). Os pastos verdejantes de Alagoa e as vacas leiteiras forneceram a matéria-prima para a produção do queijo Parmesão artesanal, feito até hoje com leite cru. Essa prática espalhou-se por outros produtores da zona rural, tornando a cidade famosa como a "Terra do Queijo Parmesão".

Características do queijo: Massa prensada e cozida. É geralmente consumido fresco, com 10-15 dias, ficando melhor ainda com mais de 60 dias de maturação. Tem sabor picante e levemente salgado. Pesa 1-5 quilos.

ONDE COMPRAR

- **Queijo D'Alagoa** (www.queijodalagoa.com.br), produtor artesanal de Alagoa-MG. Produz o Queijo D'Alagoa Faixa Dourada de 1 quilo (mais curado), que recebeu a medalha de prata no I Prêmio Queijo Brasil de 2014, e o Queijo D'Alagoa de 1 e 5 quilos.
- **Mercearia Mestre Queijeiro** (www.mestrequeijeiro.com.br), loja paulistana de Bruno Cabral. Vende o D'Alagoa maturado por 30-45 dias e com 800 gramas.
- **De Lá** (www.produtosdela.com.br), loja belo-horizontina. Vende o D'Alagoa Faixa Dourada.

Campo Redondo/Itamonte
Campo Redondo é um distrito do município de Itamonte, situado na microrregião do IBGE MR-54 de São Lourenço. Altitude: 933 metros.
História: Os pioneiros fundaram comunidades rurais nos confins do município de Itamonte, ainda no século XIX. Agnelo Fonseca é neto do fundador, Bruno Fonseca, que hoje nomeia a escola do povoado de Campo Redondo. Ele conta que, por volta de 1940 e 1950, já havia pequenos laticínios no local. Há 30-40 anos, o carioca Pedro Delmonte mudou-se para a região. Inicialmente, ele ajudou a montar a ainda pequena Associação dos Produtores de Queijo. Posteriormente, Marcelo Fonseca – filho de Zé Alípio Fonseca –, Pedro e um vizinho (que depois saiu do negócio) fizeram uma sociedade. Juntaram as cabeças de gado, fazendo um rodízio de pastos e ordenha, e empregaram um funcionário que atende às três propriedades.
Características do queijo: Casca fina, amarela e textura pastosa. De sabor discretamente adocicado, quando jovem, e mais salgado com fundo doce, quando curado; torna-se um queijo mais duro, quebradiço e granulado, como um Parmesão, quando matura por 4-6 meses.

ONDE COMPRAR

- **A Queijaria** (www.aqueijaria.com.br), loja paulistana de Fernando Oliveira. Vende o ótimo Campo Redondo meia cura de 800 gramas.

Caxambu

Apesar de ser vizinho da região demarcada de Alagoa, por algum motivo que desconheço, o município de Caxambu não foi incluído na demarcação do IMA. Esse famoso município turístico está também situado na microrregião do IBGE MR-54 de São Lourenço. Altitude: 895 metros.

História: A produção do queijo dessa fazenda (falaremos dela mais adiante), situada na Serra da Conquista, também batizado como os demais de Parmesão, iniciou-se em 1938.

Mas atenção! O fabricante VR Campos, que adquiriu a marca "Queijos Caxambu", produz industrialmente vários queijos comerciais. Nenhum deles tem relação com os verdadeiros queijos artesanais produzidos no município de Caxambu.

ONDE COMPRAR

- **A Queijaria** (www.aqueijaria.com.br), loja paulistana de Fernando Oliveira, vende o Parmesão de Caxambu.

O QUEIJO

Nesta zona da Serra da Mantiqueira, existem várias fazendas de leite banhadas por águas cristalinas de fontes minerais ou do rio Aiuruoca. O queijo da produção rural tradicional, desde o século XIX, era vendido com a designação Parmesão da Mantiqueira. Embora possa ficar, quando mais curado, como um tipo parmesão mais conhecido, ele geralmente é consumido na região ainda jovem.

Esses queijos possuem vários aspectos semelhantes ao queijo Minas Artesanal, como: uso de leite integral de vaca fresco e cru, *terroir* com clima ameno, altitude elevada, pastos nativos, águas serranas e produção artesanal em fazendas leiteiras.

Por outro lado, eles se diferenciam principalmente no processo produtivo, pois, ao contrário do Minas Artesanal, que é do tipo massa prensada não cozida e casca natural, os tipo Parmesão Artesanal de Alagoa são do tipo massa prensada cozida e casca natural.

Esse queijo sofre uma salga bem longa, por mais de 11 dias, que favorece a formação de casca espessa e, portanto, não necessita ser armazenado sob refrigeração.

Eles devem conter na casca ou na embalagem o seu tipo, o número do registro e o nome do município de origem.

QUEIJO DO REINO

GERAL

O primeiro queijo produzido no Brasil foi o Minas Artesanal, no século XVII. Entretanto, o Queijo do Reino foi o primeiro queijo a ser fabricado industrialmente no país em 1888.

Tudo começou em 1851, quando o pecuarista Carlos Pereira Sá Fortes realizou a primeira importação de gado da raça Holandesa para Minas Gerais. A criação se deu precisamente nas encostas da Serra da Mantiqueira, por ser uma região de clima favorável, que lembrava o europeu.

Devido a maior disponibilidade de leite, o produtor decidiu fazer queijo com o seu excesso. Em 1880, Sá Fortes importou alguns equipamentos da Alemanha e da Holanda para a produção do latícinio, e contratou dois técnicos holandeses, Alberto Boeke e Gaspar Jong.

Dessa união resultou a fundação, em 1888, da Companhia de Laticínios da Mantiqueira, a primeira fábrica de laticínios do Brasil e da América do Sul, sediada na cidade de Palmyra, hoje município de Santos Dumont. Posteriormente, Jan Kingma, Jan Frerichs e J. Etienne foram contratados.

Eles começaram a produzir um queijo inspirado no holandês Edam, porém com características distintas do original, pois o Edam que chegava ao Brasil era parafinado e embalado para o transporte de navio.

O Queijo do Reino obteve sucesso rápido, devido a sua qualidade que, por vezes, superava o original holandês. O consumo se popularizou entre as classes mais abastadas do país, sendo ainda hoje amplamente consumido.

ORIGEM DO NOME

No período colonial, todos os produtos que chegavam de Portugal eram chamados "do reino". Como o queijo Edam era importado da Holanda, via Portugal, ganhou o nome "queijo do reino".

O queijo que chegava ao Brasil tinha características diferentes do original: para suportar a longa viagem de cerca de três meses nos quentes porões dos navios, ele era parafinado e acondicionado em latas metálicas de folha de flandres antes de sair de Portugal. O Queijo do Reino também é conhecido por outros nomes, como Palmyra e Borboleta, suas antigas marcas comerciais mais famosas, e como Queijo de Cuia, como costuma ser chamado no Nordeste.

REGIÕES PRODUTORAS
MINAS GERAIS

A região original de produção desse queijo está situada nas encostas da Serra da Mantiqueira, centrada nos seguintes municípios mineiros:

- Santos Dumont (antiga Palmyra) e Bias Fortes, na microrregião MR-65 de Juiz de Fora, mesorregião da Zona da Mata.
- Barbacena e Antônio Carlos, na microrregião MR-59 de Barbacena, mesorregião dos Campos das Vertentes.

Inicialmente, ele era fabricado apenas no município de Santos Dumont, a 839 metros de altitude. Depois, passou também a ser elaborado em pequenas fábricas, em outros municípios vizinhos.

Essa região, nas vizinhanças das mesorregiões da Zona da Mata e do Campo das Vertentes, ficou consagrada pela excelência na produção do "verdadeiro" Queijo do Reino. Os queijos produzidos em seus campos possuem uma aptidão para olhaduras naturais, devido à presença de bactérias propiônicas no pasto.

OUTROS ESTADOS

Durante muito tempo, o Queijo do Reino foi produzido apenas na região da Mantiqueira, em pequenas fábricas. Atualmente, é fabricado em diferentes regiões e também por grandes indústrias. São laticínios situados majoritariamente nos estados da região Sudeste, estando cerca de 70% das instalações no estado de Minas Gerais.

PRODUTORES

Produzido em larga escala, o Queijo do Reino pode ser facilmente encontrado em supermercados. Os queijos acondicionados em lata dispensam refrigeração antes de serem abertos. Para produtos mais artesanais e em escala menor, procure as duas queijarias especializadas indicadas a seguir.

SÃO PAULO

- **A Queijaria** (www.aqueijaria.com.br), loja paulistana de Fernando Oliveira, vende o Giramundo, um tipo de Queijo do Reino da Fazenda Santa Luzia.

MINAS GERAIS

- **Palmyra & Borboleta.** Marcas antigamente fabricadas pela Ribeiro Fonseca Laticínios, fundada em 1920, em Santos Dumont-MG. Em 1966, a Ribeiro Fonseca foi fechada e as famosas marcas vendidas ao Laticínios Nosso, que continua fabricando os queijos.
- **Millano** (www.queijosmillano.com.br/produtos/queijo-do-reino), fabricado pela Laticínios Nosso, em Antonio Carlos-MG. Segundo o site, o queijo é produzido no estilo tradicional. São fabricados o Millano (lata esférica de 1,3 quilo e validade de seis meses) e o Millano Bambino (lata cilíndrica reaproveitável de 0,8 quilo, com validade de seis meses).
- **Jong** (www.vigoralimentos.com.br/#!marca-jong), fabricado desde 2012 pela Vigor, que o comprou dos Laticínios MB que, por sua vez, o tinha comprado da família de Gaspar Jong, de Lima Duarte-MG. Os queijos são: Jong (queijo tipo Reino, lata esférica de 0,9 quilo e validade de seis meses) e Jonguinho (queijo tipo Reino, lata esférica de 0,6 quilo e validade de seis meses).
- **Boa Nata** (www.lbr-lacteosbrasil.com.br/produtos/queijos-finos/21/queijo-reino-2k-boa-nata/116), fabricado pela LBR-Lácteos que adquiriu os Laticínios Boa Nata, de Pouso Alegre-MG. Fabrica o queijo tipo Reino (lata esférica de 1,25 quilo, validade de seis meses) e o queijo tipo Reino fatiado embalado a vácuo (365 gramas, validade de cinco meses).
- **Regina** (www.regina.com.br/portfolio-view/queijo-tipo-reino), fabricado pela Barbosa & Marques, em Governador Valadares-MG. Os queijos são: queijo tipo Reino, lata esférica de 1,25 quilo; queijo tipo Reino, meia lata esférica de 625 quilos; e o queijo tipo Reino fatiado embalado a vácuo, com 325 gramas.

OUTROS ESTADOS

- **Fazenda Santa Luzia** (www.fazendasantaluzia.com.br/queijaria/nossa-queijaria), queijaria artesanal em Itapetininga-SP. Enquadrada na Lei Estadual nº 10.507, de 1/3/2000, que dispõe sobre a produção artesanal de produtos de origem animal empregando exclusivamente vacas da raça suíça Simental. Fabrica o Queijo do Reino sem embalagem cilíndrica, com cerca de 1,5 quilo e maturado por quatro meses, e o excelente Giramundo, medalha de prata no I Prêmio Queijo Brasil de 2014. O Giramundo é inspirado no Queijo do Reino, não tem embalagem cilíndrica, matura acima de quatro meses e sua casca é pintada com tinta de beterraba.

Reino

- **Tirolez** (www.tirolez.com/novo/pt-produtos_queijos-reino.asp), fabricado pelos Laticínios Tirolez, em Caxingui-SP. Fabrica dois queijos tipo Reino (lata esférica com 1,5 quilo, validade de oito meses; e lata cilíndrica reaproveitável com 0,9 quilo, validade de oito meses); o queijo tipo Reino inteiro, embalado em "cry-o-vac" (maturado após acondicionamento a vácuo em embalagens plásticas termo encolhíveis, com 1,8 quilo e validade de oito meses); e o Reino fatiado em "skyn-pack" (com 225 gramas e validade de três meses).
- **Quatá** (www.quataalimentos.com.br/produtos/quata/queijos-especiais/queijo-tipo-reino-quata), fabricado pela Quatá Alimentos, em São Paulo-SP. O queijo fabricado é o tipo Reino em lata esférica, com 1,5 quilo.

MULTINACIONAL

- **Polenghi Sélection,** ex-Skandia (www.polenghi.com.br/site/#/linha-ocasioes-especiais/brie/reino). A Polenghi possui três unidades no Brasil (Angatuba-SP, São Vicente de Minas-MG e Goiatuba-GO) e pertence ao grupo francês Bongrain, que adquiriu a Polenghi em 1977, a Skandia em 1987 e a Campolindo em 1988. Atualmente, o queijo é produzido no Uruguai em três versões: tipo Reino em lata esférica com 1 quilo, tipo Reino em meia lata esférica com 0,5 quilo; e tipo Reino fatiado embalado a vácuo com 204 gramas.

ASPECTOS LEGAIS

A legislação brasileira que regula a produção de Queijo do Reino, bem como de alguns outros, é a Instrução Normativa Mapa nº 68, de 12/12/2006. Segundo a IN, esse queijo tem como características sensoriais:

- Consistência: massa semidura, pouco elástica de untura tendendo a seca.
- Cor: amarelo-palha ou amarelada, homogênea, podendo ter tonalidade rósea.
- Crosta: fina, lisa, de coloração vermelha ou rósea, com ou sem parafina.
- Odor: característico.
- Sabor: característico, suavemente picante, com sabor adocicado.
- Textura: aberta, com olhos de contorno nítido e fundo brilhante de aproximadamente 3 milímetros.
- Formato esférico e peso entre 1,8 e 2 quilos.

O QUEIJO
CARACTERÍSTICAS

É um queijo com massa prensada semicozida a cozida, de casca natural e cura prolongada. Tem massa dura (baixa umidade) e é gordo.

O Queijo do Reino produzido pelo processo tradicional, após os três meses de cura, torna-se firme, seco, algo granulado, bastante aromático e adquire sabor peculiar, quase picante. A massa apresenta textura fechada ou com pequenas olhaduras regulares e distribuídas. Já os queijos fabricados pelo processo adaptado são menos maturados e submetidos a temperaturas mais baixas, ficando mais úmidos e mais suaves, pouco parecido com o tradicional. Apesar do Edam holandês ser o modelo, o Queijo do Reino tradicional é bem diferente dele. O Edam é mais parecido com o Reino adaptado, por ser também mais elástico e mais suave do que o tradicional.

Não existe oficialmente uma caracterização físico-química desse queijo. Entretanto, um estudo realizado pela pesquisadora Miriam Furtado indica as seguintes composições físico-químicas do Queijo do Reino, 60 dias após a fabricação, elaborado com tecnologia tradicional e com tecnologia adaptada:

- Tradicional: umidade de 32,1-33,7%; gordura (GES) de 49,4-51,0%; pH de 5,7-5,8.
- Adaptada: umidade de 35,7-37,6%; gordura (GES) de 46,4-48,0%; pH de 5,7-5,8.

Ou seja, os queijos fabricados com tecnologia tradicional são mais secos e gordos do que os de tecnologia adaptada. Nesse mesmo estudo, as análises físicas, depois de 60 dias de maturação, foram as seguintes:

- Tradicional: peso de 1,15–1,22 quilo; esférico com diâmetro de 45–48 centímetros; cor mais intensa.
- Adaptada: peso de 1,21–1,30 quilo; esférico com diâmetro de 48–49 centímetros; cor menos intensa.

Apesar de a grande maioria dos queijos pesar 0,9–1,5 quilo, algumas queijarias também produzem formas menores, com 0,5–0,8 quilo.

PROCESSO
As principais etapas de fabricação do Queijo do Reino, tanto pelo método tradicional quanto pelo adaptado, são as seguintes:

- Leite: originalmente, era empregado leite cru e integral de vaca. Mas, atualmente, o leite é pasteurizado. Nas fábricas tradicionais, o leite continua sendo integral e com teores variados de gordura. Já nas fábricas com tecnologias adaptadas, o leite é padronizado para cerca de 3,4% de gordura.
- Rendimento: geralmente são empregados de dez a 11 litros de leite para elaborar um quilo de Queijo do Reino.
- Ingredientes adicionais: cloreto de cálcio, caso o leite tenha sido pasteurizado, para melhorar a coagulação. O nitrato de sódio é usado para prevenir o estufamento dos queijos, e o corante natural de urucum para dar a eles uma coloração mais intensa.
- Fermentos lácticos: geralmente compostos de fermento termofílico *Lactobacillus helveticus* combinado com outros cultivos tradicionais mesofílicos, do tipo *Lactococcus lactis lactis* e *Lactococcus lactis cremoris*, permitindo maior temperatura de cozimento.
- Coagulação: acontece entre 32–34°C, por 30–40 minutos.
- Corte da coalhada: após a coagulação, o coágulo deve ser cortado com o auxílio de liras verticais e horizontais, em grãos nº 3 (queijo mais úmido) ou grãos nº 4 (queijo mais seco e firme). Depois do corte, a massa deve permanecer em repouso por cinco minutos.

- Primeira mexedura: feita lentamente, por 15–20 minutos. Em seguida, faz-se uma dessoragem parcial de cerca de 30-35% de soro.
- Lavagem da massa: adiciona-se água em temperatura regulada de 75ºC, aos poucos, até que a massa atinja a temperatura de 45ºC. Esse aquecimento deve ser lento (20 minutos), sob agitação constante e intensa, e poderá ser complementado com vapor indireto na camisa do tanque (espécie de serpentina lateral soldada ao costado do tanque), portanto sem contato direto com a massa.
- Segunda mexedura: realizada com maior intensidade, de forma a evitar a formação de aglomerados e provocar maior sinérese, isto é, expulsão do soro.
- Nas fábricas tradicionais, que produzem um queijo de sabor mais acentuado, a retirada de soro após a primeira mexedura e a adição de água para lavagem ou delactosagem, durante a segunda mexedura, é menos intensa. Em contrapartida, as fábricas que produzem queijos mais suaves procedem a uma delactosagem mais intensa.
- Cozimento da massa: utiliza-se água quente a 25–30°C e, em seguida, eleva-se lentamente a temperatura até 43–45°C.
- Agitação final: por 50–70 minutos.
- Dessoragem total e pré-prensagem: a pré-prensagem da massa, cuja finalidade é transformar os grãos em um bloco relativamente homogêneo, deve ser feita no tanque de fabricação, com o auxílio das placas de pré-prensagem de peso relativo ao dobro do peso da massa, por um período de 20 minutos em presença de soro.
- Enformagem: a massa é então cortada em blocos e colocada em formas apropriadas, revestidas com dessoradores.
- Prensagem: inicialmente, os queijos passam por prensas pneumáticas com dessoradores por 10–15 minutos e, em seguida, são virados e prensados por mais 10–15 minutos, sem dessoradores. Depois disso, ainda são prensados novamente até o dia seguinte.
- Salga: no dia seguinte, os queijos são retirados da prensa e colocados em uma solução de salmoura com cerca de 20% de sal, a uma temperatura de 10––12°C. Eles permanecem na salmoura por 48–60 horas. No processo tradicional, a salmoura encontra-se em temperatura ambiente.
- Secagem: após o período de salga, os queijos seguem para a etapa de secagem, por um período mínimo de 48 horas, para que não levem consigo a umidade da salmoura para a câmara de refrigeração.

- Maturação: ver o item "Maturação" (abaixo).
- Tratamento da casca: os queijos tradicionais maturam por mais tempo, formando uma casca relativamente espessa. Antes de ser lavada e pintada, a casca é raspada para tirar todo o mofo. Os queijos são inteiramente pintados com uma mistura de solução de cristais de magenta, solução amoniacal de carmim e solução de tornassol ou fucsina.
- Embalagem: tradicionalmente, os queijos são embalados inteiros, em latas esféricas de folha de flandres vermelhas. Os queijos não destinados a esse tipo de embalagem são envasados em filme plástico a vácuo, em peças inteiras ou fatiados.

MATURAÇÃO

Na região produtora original de Queijo do Reino ainda se conserva em algumas pequenas indústrias que seguem a forma tradicional de maturação, em temperatura ambiente (18–20°C), em prateleiras especiais conhecidas como "pindoba". Os queijos permanecem sem embalagem durante toda a maturação (60 dias), sendo virados diariamente. O tradicional Queijo do Reino em lata, quando maturado por três meses, torna-se bastante aromático e com um sabor peculiar, quase picante.

Nas fábricas adaptadas, após a etapa de secagem, os queijos seguem para câmaras de maturação cuja temperatura é de 14°C e a umidade relativa do ar é de 85%. Os queijos são virados diariamente. O período de maturação nessas condições, para um queijo de cerca de 1,8 quilo, é de 35–40 dias, maturando por mais alguns dias depois de embalado, normalmente totalizando 60 dias. Portanto, o período de cura do queijo industrializado é inferior ao dos queijos tradicionais.

CONSERVAÇÃO E CONSUMO

Os queijos envasados em latas metálicas dispensam refrigeração para conservá-los. A validade deles é de cerca de seis meses. Os fatiados e embalados a vácuo têm uma durabilidade bem mais baixa, de cerca de três meses.

O mestre queijeiro Jair Jorge Leandro recomenda os seguintes cuidados na compra desse queijo:

- Se a lata estiver aberta e o produto cortado, devem-se procurar os queijos com poucas e bem formadas olhaduras, de 2 a 10 mm de diâmetro, o que indica que foram fabricados com leite de ótima qualidade.

- Se a lata estiver fechada, deve-se atentar para a data de fabricação. Embora seja um queijo de longa duração, ele pode ter sido fabricado há muito tempo, o que resultará em um produto picante.
- Agite a lata. Ao bater nas paredes, o queijo deve produzir um som seco. Se houver sinais de água, rejeite o produto: é indício de que o queijo foi embalado antes do tempo correto de maturação. Mesmo o queijo embalado na película de filme pode denunciar a presença de umidade.

Cerca de 70% da produção de Queijo do Reino fabricada com a tecnologia tradicional é destinada principalmente aos estados nordestinos, em especial ao interior da Bahia e de Pernambuco, onde esse produto é apreciado na sua forma tradicional: bem maturado, mais picante, salgado, com cor laranja intensa, mais firme e consistente, e com aroma mais pronunciado. O queijo é consumido puro, em sanduíches ou em receitas culinárias típicas das festas de São João e de Natal. A tradição de consumo desse queijo na região nordestina muito se deve à invasão e ocupação de Pernambuco pelos holandeses, no período colonial.

O consumo do Queijo do Reino no Sudeste também é significativo, mas o consumidor dessa região prefere um queijo menos maturado, com sabor mais suave, pouco salgado e mais macio. A comercialização está concentrada nas cidades de São Paulo e Rio de Janeiro, em parte pela grande quantidade de imigrantes nordestinos residentes nessas cidades.

Por conta dessas características de mercado, as fábricas que comercializam para ambas regiões realizam os dois processos de maturação para produzir seus queijos.

O Queijo do Reino é um dos meus queijos prediletos, principalmente quando bem maturado, entre 3–4 meses (tanto a versão em lata como em películas plásticas). Era o queijo preferido da minha mãe, dona Justina, como boa cearense que era.

QUEIJO PRATO

GERAL
O queijo Prato surgiu nos anos 1920, desenvolvido por imigrantes dinamarqueses estabelecidos inicialmente em Valença, no estado do Rio de Janeiro, e depois na região serrana de Aiuruoca, no Sul de Minas.

O seu criador foi o queijeiro dinamarquês Thovard Nielsen, auxiliado pelo compatriota Axel Thosing Sorensen, que se inspirou no Fynbo dinamarquês, o qual, por sua vez, tinha sido espelhado no Gouda holandês. Por causa disso, o queijo chamava-se Danish Gouda Opstukken até 1952. A princípio, era um cilindro baixo, com diâmetro de 50 centímetros, e pesando cerca de 6 quilos. No Brasil, foi adaptado às condições e ao leite local.

Mais tarde surgiram vários exemplares dessa família de queijos, sem semelhança com o modelo original. O que mais se aproxima é o Prato Cobocó, por ser cilíndrico, mas suas dimensões são bem mais reduzidas e o peso inferior a 1 quilo.

O mais consumido deles, o Prato Lanche, surgido nos anos 1960, é fabricado em escala industrial, em formato de pão de forma, pesando de 500 gramas até 3,5 quilos. Foi inspirado no Tybo dinamarquês, cujo antigo nome era Taffelost. É o menos conceituado deles, bastante usado em sanduíches.

O melhor exemplar dessa família, o Prato Esférico ou Bola, foi desenvolvido na segunda metade da década de 1920 pelo também dinamarquês Lief Kai Godtfredsen. Sua inspiração foi o Molbo dinamarquês, derivado de um queijo holandês, sendo inclusive denominado, até 1952, de Danish Edam.

ORIGEM DO NOME

No início era um queijo grande, arredondado e achatado. Seu nome original, Fynbo, encontrou muita dificuldade para afirmar-se perante o público. O nome pelo qual ele passou a ser chamado foi atribuído por um fiscal do Ministério da Agricultura, que o descreveu, num auto de fiscalização, como um queijo no formato de um "prato".

REGIÕES PRODUTORAS
MINAS GERAIS

A princípio, era fabricado apenas no município de Aiuruoca (989 metros de altitude), na microrregião do IBGE de Andrelândia. Posteriormente, passou a ser elaborado em outros municípios da Serra da Mantiqueira, pertencentes às microrregiões vizinhas de Andrelândia e Campo das Vertentes. Nessas regiões, a altura garante sempre um clima fresco à noite, no verão, e um frio intenso no período do inverno, ótimo para a produção de queijos finos.

A região original de produção desse queijo fica nas encostas da Serra da Mantiqueira, centrada na microrregião MR-55 de Andrelândia (Aiuruoca, Cruzília,

Minduri, São Vicente de Minas, Seritinga e Serranos), mesorregião MES-10 Sul/Sudeste de Minas, e na microrregião MR-57 de Lavras, mesorregião MES-11 Campos das Vertentes.

OUTROS ESTADOS

Atualmente, o queijo Prato é fabricado em diversos estados, a maioria deles situada no Sudeste do país.

PRODUTORES

Todos os produtores abaixo fabricam uma grande gama de queijos, além do queijo Prato. São geralmente comercializados em supermercados ou em lojas especializadas. As marcas mais comercializadas no Sudeste são:
- **Esférico** ou **Bola:** Balkis, Boa Nata, Cruzília, PJ, Quatá, Regina, São Vicente, Tirolez.
- **Cobocó:** PJ, Quatá, Regina, Verde Campo Premium.
- **Lanche:** Aviação, Balkis, Batavo, Santa Rosa, Boa Nata, Cruzília, PJ, Quatá, Regina, Scala, Teixeira, Tirolez, Verde Campo.

ASPECTOS LEGAIS

A legislação brasileira que fixa o Regulamento Técnico para a Identidade e Qualidade para o queijo Prato é a Portaria Mapa nº 358, de 4/9/1997. Ela estipula os seguintes critérios:

- Definição: levam o nome de "Queijo Prato" os queijos maturados que são obtidos por coagulação do leite, por meio do coalho ou outras enzimas coagulantes apropriadas, complementadas ou não pela ação de bactérias lácticas específicas.
- Classificação: o queijo Prato é um queijo gordo, de média umidade, de acordo com a classificação estabelecida no Regulamento Técnico de Identidade e Qualidade de Queijos.
- Designação (denominação de venda): será denominado "Queijo Prato" e, opcionalmente, poderá ter as seguintes denominações:
  - Queijo Prato – lanche ou sanduíche;
  - Queijo Prato – Cobocó;
  - Queijo Prato – Esférico ou Bola.

Queijo Prato Lanche   Queijo Prato Cobocó   Queijo Prato Esférico

- Composição: tem como ingredientes obrigatórios: leite ou leite reconstituído padronizado em seu conteúdo de matéria gorda, cultivo de bactérias lácticas específicas, coalho ou outras enzimas coagulantes apropriadas e cloreto de sódio. Ingredientes opcionais: leite em pó, creme, sólidos de origem láctea, cloreto de cálcio.
- Características sensoriais: consistência semidura, elástica; textura compacta, lisa, fechada, com alguns olhos pequenos arredondados ou algumas olhaduras mecânicas. Amarelado ou amarelo-palha, sabor e odor característicos. Sem crosta ou com crosta fina, lisa, sem trincas; algumas olhaduras pequenas, bem distribuídas, ou sem olhaduras.
- Forma: paralelepípedo de seção transversal, retangular, cilíndrico ou esférico, de acordo com a variedade correspondente. O queijo Prato Lanche ou sanduíche tem formato de paralelepípedo de seção transversal retangular; o Prato Cobocó é cilíndrico; e o Prato Esférico ou Bola tem formato esférico. O peso varia entre 0,4–5 quilos, de acordo com a variedade correspondente.
- Características distintas do processo de elaboração: obtenção de uma massa semicozida; remoção parcial do soro por adição de água quente; massa pré-prensada, sob soro moldada, prensada, salgada e maturada. Maturação pelo tempo necessário para conseguir suas características específicas (pelo menos 25 dias).
- Acondicionamento: embalagem plástica, com ou sem vácuo, ou acondicionado em envase bromatologicamente adequado.
- Condições de conservação e comercialização: o queijo Prato deverá manter-se a uma temperatura não superior a 12°C.

- Considerações gerais: o leite utilizado deve ser higienizado por meios mecânicos adequados e submetido à pasteurização ou a tratamento térmico equivalente.

O QUEIJO
CARACTERÍSTICAS

O queijo Prato é classificado como um queijo semiduro de massa prensada semicozida, casca natural e maturado. A qualidade do queijo fabricado varia enormemente, e ele é comercializado em três formatos:

- **Esférico** ou **Bola:** como o próprio nome indica, em forma de esfera, com casca vermelha tingida com corante alimentício, pesando geralmente cerca de 1,7–2,5 quilos. Sabor suave, textura mais macia que a do Lanche e com mais olhos. Normalmente, é o melhor exemplar dessa família. Muitos produtores chegam a classificá-lo como um queijo especial, para diferenciá-lo dos outros dois, que são *commodities*.
- **Cobocó:** formato cilíndrico de cerca de 1 quilo. Sabor suave, massa semidura e pequenas olhaduras. Cura acima de 30 dias.
- **Lanche** ou **sanduíche:** apresentado em formato de paralelepípedo, normalmente pesa entre 500 gramas e 3 quilos. Sabor mais suave de todos e consistência semidura, quase sem buracos. Produzido em formato retangular, para facilitar seu fatiamento, e praticamente não possui casca.

Apresenta, em média, a seguinte composição: 42 a 44% de umidade; no mínimo 40% de gordura GES; pH entre 5,2 e 5,4; teor de sal entre 1,6 e 1,9%.

PROCESSO

A fabricação do queijo Prato passa pelas seguintes etapas:

- Pasteurização: pasteurização do leite integral ou padronizado a 3,4-3,6% de gordura.
- Fermento: adição de fermento láctico mesofílico à base de *Lactococcus lactis* e *Lactococcus cremoris*, na proporção de 1,0-1,5%.
- Cloreto de cálcio: acréscimo de cloreto de cálcio, por causa da pasteurização, na proporção de 40-50 ml a cada 100 litros de leite.
- Corante: tingimento com corante natural de urucum, na dosagem de 5-10 ml a cada 100 litros de leite.

- Coalho: adição de coalho industrial ao leite na quantidade determinada pelo fabricante. A temperatura de coagulação é de 32ºC-34ºC.
- Coagulação do leite: inicia-se depois da adição do coalho. Em geral, essa etapa dura de 45 a 50 minutos.
- Corte: feito lentamente com liras verticais e horizontais, de modo a obter grãos do tamanho de milho, com cerca de 1 centímetro de aresta.
- Repouso: a coalhada permanece em repouso por três minutos.
- Primeira mexedura: a coalhada é mexida lentamente, por cerca de 20 minutos, com garfo de aço inox.
- Primeira dessoragem: retirada de 30-35% do soro.
- Segunda mexedura: adição de água a temperatura de 75-80ºC, lentamente, até que se atinja 42ºC (massa semicozida). A partir desse momento, a mexedura deve ser intensificada com garfo.
- Ponto: a temperatura de 42ºC é mantida até ser atingido o ponto de massa, o que ocorre quando os grãos ficam firmes, em torno de 80-90 minutos após o corte da coalhada.
- Segunda dessoragem: retirada de todo o soro excedente.
- Pré-prensagem: a massa é prensada no tanque, por 15-20 minutos, até a completa eliminação do soro.
- Enformagem: a massa é colocada, rapidamente, em formas com dessoradores.
- Primeira prensagem: os queijos são prensados, por 30 minutos, com pressão de 15 quilos.
- Viragem: os queijos são virados.
- Segunda prensagem: varia conforme o tipo e formato do queijo, podendo a massa ficar nas formas até o dia seguinte.
- Retirada dos dessoradores.
- Terceira prensagem: os queijos são prensados, por 40 minutos, com pressão de 20 quilos.
- Salga: os queijos são conduzidos à câmara de salga, à temperatura de 10-12ºC, para salgar em salmoura (a 18-20% de sal), por 36-48 horas para queijos de 2 quilos, variando esse tempo em função do tipo e formato do queijo.
- Secagem: após a salga, espera-se os queijos secarem por um a dois dias.
- Embalagem: embalado a vácuo, em embalagem de plástico.
- Maturação: maturados em câmaras frias por mais 12 dias, à temperatura de 10-12ºC.

- Estocagem: armazenados em câmara fria, à temperatura de 3-5ºC, até atingir um total de cura de no mínimo 25 dias.
- Rendimento: empregam-se nove litros de leite por quilo de queijo.

CONSERVAÇÃO E CONSUMO

Em 2005, o queijo Muçarela liderou a produção nacional, com 29,3% de participação, seguido pelo queijo Prato, com 20,8%, e pelo Requeijão Culinário, com 18,4%. Estes tipos de queijo compõem o segmento *commodities*. Apenas o tipo Prato Esférico é considerado um queijo especial.

O queijo Prato apresenta melhor sabor e textura entre 30 e 90 dias da data de liberação. Após esse período, o sabor vai ficando picante. Por outro lado, quando muito novos, são esbranquiçados, com textura esfarelada e insípidos.

De sabor suave e pouco complexo, é muito usado em sanduíches. Faz parte ainda do preparo de numerosos pratos salgados – saladas, molhos, omeletes, suflês e gratinados –, uma vez que derrete bem e tem sabor agradável e delicado, o que facilita sua combinação com ingredientes variados.

QUEIJO ESTEPE

GERAL
O queijo Estepe foi também desenvolvido no Brasil por queijeiros dinamarqueses que se assentaram nas altas terras do Sul de Minas Gerais, no início do século passado. Ele foi inspirado no Danbo dinamarquês, que por sua vez foi espelhado no Steppenkäse alemão, e chamou-se Steppeost até 1952.

ORIGEM DO NOME
O nome vem de Steppenkäse, que em alemão quer dizer "queijo da Estepe", pois era originalmente feito por imigrantes alemães que viviam na região do rio Volga, em plena estepe russa.

REGIÕES PRODUTORAS
Atualmente, além de fabricado em Minas Gerais, passou a sê-lo em outros estados do Sudeste e do Sul do país.

Estepe

PRODUTORES

Todos os produtores citados fabricam uma série de queijos, além do Estepe. São queijos comercializados em supermercados ou em lojas especializadas. As marcas mais comercializadas no Sudeste são: Boa Nata (6,8 quilos), Cruzília, Giarolla (6–7 quilos), PJ (7 quilos), Quatá (6 quilos), Regina e Tirolez (7 quilos e pedaço com 230 gramas).

ASPECTOS LEGAIS

A legislação brasileira que fixa as características sensoriais e físicas do queijo Estepe e de outros mais é a Instrução Normativa Mapa nº 68, de 12/12/2006. Ela estipula os seguintes parâmetros:

- Características sensoriais: consistência compacta, semidura, elástica, de untura manteigosa; coloração amarelo-palha e crosta grossa, bem formada, lisa, amarelada, com ou sem parafina. Odor característico, semelhante ao do queijo Prato, mas mais pronunciado; sabor suave, não picante e adocicado. Olhadura redonda ou ovalar, regularmente distribuída e pouco numerosa, com olhos de 3–5 mm, de fundo raso e brilhante.
- Forma e peso: retangular, com ângulos marcados. O peso varia entre 5,5–6,5 quilos.

O QUEIJO
CARACTERÍSTICAS

O queijo Estepe é classificado como um queijo semiduro de massa prensada semicozida, casca natural e maturado.

Ele é produzido em grandes blocos de seção quadrada, com peso entre 5–7 quilos. Possui sabor suave e amendoado, sem acidez e delicado aroma láctico. A textura da massa é relativamente firme e com pequenas olhaduras. É maior e mais maturado que o queijo Prato (60 dias de cura), com o qual mantém certa semelhança. Não possui casca, sendo acondicionado em película plástica sob vácuo do tipo "cry-o-vac".

CONSERVAÇÃO E CONSUMO
O Estepe alcança seu melhor dos 40 aos 90 dias da data de liberação. Depois de aberto, ele tem uma validade de 15 dias. Pode ser consumido puro, em tábuas de queijo ou em sanduíches finos, substituindo o queijo Prato.

QUEIJOS NORDESTINOS DE VACA
QUEIJO DE COALHO

GERAL
O Queijo de Coalho é de origem tipicamente brasileira, mais especificamente do sertão nordestino. O início de sua produção remonta há alguns séculos, com a chegada do gado bovino trazido pelos colonizadores portugueses.

Conta-se que os vaqueiros percorriam longas distâncias carregando leite em mochilas fabricadas com o estômago de animais abatidos jovens, conhecidas como matulão. Ali, o leite coagulava e a massa resultante, saborosa, deu origem ao Queijo de Coalho.

Ele ainda é produzido de forma artesanal nessa região, geralmente em pequenas fazendas e por famílias de baixa renda, que utilizam leite cru.

ORIGEM DO NOME
O nome "Queijo de Coalho" deve-se ao uso de coalho natural (não industrial) em sua produção, retirado do estômago de bezerros ou outros animais silvestres.

Nos primórdios, utilizava-se como coalho natural uma enzima extraída do estômago do mocó (*Kerodon rupestris*), um roedor da família *Caviida*e encontrado em zonas áridas do Leste do Brasil, do Piauí até Minas Gerais. Ele é um pouco maior que o seu primo, o preá (*Cavia aperea*).

Queijo de Coalho

Queijo de Coalho em Espetos

REGIÕES PRODUTORAS
NORDESTE BRASILEIRO

Segundo o Instituto Brasileiro de Geografia e Estatística (IBGE), em 2010 os principais estados do Nordeste produtores de leite (em milhões de litros) foram: Bahia (1.238), Pernambuco (877), Ceará (444), Maranhão (376), Sergipe (297), Alagoas (231), Rio Grande do Norte (229), Paraíba (217) e Piauí (77).

O Queijo de Coalho é produzido em toda a região Nordeste. Contudo, merece destaque a zona formada pela quina dos estados do Ceará, do Rio Grande do Norte, da Paraíba e de Pernambuco, onde se encontram os principais produtores e tipos de queijos artesanais.

PERNAMBUCO

Pernambuco é o maior estado produtor de Queijo de Coalho, responsável por cerca de 40% do mercado nacional. Devido à importância do queijo na cultura do estado, o governo pernambucano criou o Museu do Queijo de Coalho, em Garanhuns.

A distribuição geográfica da produção leiteira no estado em 2008 demonstra que o Agreste Pernambucano continua sendo a principal mesorregião produtora, respondendo por 73% da produção estadual, bem acima do Sertão Pernambucano, segunda mesorregião de maior produção, com 20%.

Em relação às microrregiões do Agreste Pernambucano, os destaques em 2008, segundo o IBGE (em milhões de litros), ficaram para: MR-07 Vale do Ipanema

(237), MR-08 Vale do Ipojuca (130), MR-11 Garanhuns (104), MR-10 Médio Capibaribe (27), MR-09 Alto Capibaribe (16) e MR-12 Brejo Pernambucano (15).

Em 2008, os três maiores produtores de leite do estado foram os municípios de Itaíba, Buíque e Pedra, todos localizados na MR-07 Vale do Ipanema, no Agreste Pernambucano.

Já com relação às microrregiões do Sertão Pernambucano, os destaques em 2008 (em milhões de litros) ficaram para: MR-01 Araripina (72), MR-04 Sertão de Moxotó (36) e MR-03 Pajeú (26).

Segundo informações levantadas em julho de 2010, pela Agência de Defesa e Fiscalização Agropecuária de Pernambuco (Adagro), o estado possui 97 estabelecimentos com Serviço de Inspeção Estadual (SIE) implantado. Em relação ao número de unidades com o Serviço de Inspeção Federal (SIF), são 13 agroindústrias registradas, de acordo com o Ministério da Agricultura.

Agreste Meridional Pernambucano
Atualmente, o processo de certificação da Indicação de Procedência para o Queijo de Coalho do Agreste Meridional Pernambucano encontra-se em andamento no Instituto Nacional da Propriedade Industrial (Inpi). Para chegar a esse estágio, alguns passos prévios foram realizados.

Em 2010, foi aprovado o projeto de delimitação geográfica da bacia leiteira do Agreste Meridional, coordenado pelo Instituto de Tecnologia de Pernambuco

(Itep). A região representa 70% da produção estadual de leite, sendo 50% utilizada para a fabricação de queijo, abrangendo uma área de 20.278 km².

Os 44 municípios delimitados foram os seguintes:

- MR-04 Sertão do Moxotó (MES-01 Sertão Pernambucano): Arco Verde, Sertânia, Ibimirim e Manari.
- MR-07 Vale do Ipanema (MES-03 Agreste Pernambucano): Venturosa, Pedra, Buíque, Tupanatinga, Águas Belas e Itaíba.
- MR-08 Vale do Ipojuca (MES-03 Agreste Pernambucano): São Caetano, Tacaimbó, Belo Jardim, Sanharó, Poção, Pesqueira, Alagoinha, Cachoeirinha, São Bento do Una e Capoeiras.
- MR-11 Guaranhuns (MES-03 Agreste Pernambucano): Jurema, Lajedo, Calçado, Jupi, Jucati, Caetés, Canhotinho, Angelim, São João, Garanhuns, Paranatama, Palmeirinha, Brejão, Terezinha, Saloá, Iati, Correntes, Lagoa do Ouro e Bom Conselho.
- MR-12 Brejo Pernambucano (MES-03 Agreste Pernambucano): Altinho, Ibirajuba, Panelas.
- MR-15 Mata Meridional Pernambucana (MES-04 Mata Pernambucana): Quipapá e São Benedito do Sul.

Os técnicos dos diversos órgãos coordenados pelo Itep também definiram a caracterização do produto dessa IP: Queijo de Coalho Tipo B; formato retangular, com 20–22 centímetros de comprimento, 12–13 centímetros de largura e 3,1–3,9 centímetros de altura; peso de 1–1,1 quilo; coloração entre cor de leite e de creme de leite; superfície lisa sem marca, bordas bem definidas (em forma de quina), lateral com tolerância de marcas; consistência firme com leve resistência à pressão, massa fechada ou com algumas falhas mecânicas; textura macia e firme, sem sensação de emborrachamento; sabor predominante de coalhada, com leve acidez e presença de sal.

Com o dossiê aprovado, só poderá ser considerado Queijo de Coalho artesanal do tipo B aquele produzido com o leite cru, e o feito com leite pasteurizado fica dentro da categoria tipo A. A fervura do leite o deixa descaracterizado, resultando em um Queijo de Coalho sem o mesmo sabor e textura do tradicional.

Atualmente, o volume de queijos tipo B corresponde a 80% da produção em Pernambuco. E tanto a legislação estadual quanto a federal já permitem sua fabricação, fornecendo os selos SIE da Adagro e do SIF do Mapa, possibilitando que os produtos circulem pelo estado e pelo país.

Araripina

A microrregião MR-01 de Araripina, na mesorregião do IBGE MES-01 Sertão Pernambucano, é outra área com potencial para requerer uma indicação geográfica. Em 2008, ela foi a quarta maior microrregião produtora de leite do estado. É composta de dez municípios: Araripina, Bodocó (quarto maior produtor de leite no estado), Exu, Granito, Ipubi, Morelândia, Ouricuri, Santa Cruz, Santa Filomena e Trindade.

CEARÁ

Segundo maior produtor de queijo do Nordeste, o Ceará tem conquistado maior aceitação de seu produto laticínio nos estados vizinhos. O motivo é simples: qualificação técnica de preparo e melhor higienização.

Em 2008, segundo o IBGE, o estado do Ceará teve uma produção de leite estimada em 475,6 milhões de litros, distribuída por vários municípios. As bacias leiteiras mais representativas foram as do Sertão Central (Quixeramobim), Sertão dos Inhamuns (Tauá e Crateús), Médio Jaguaribe (Jaguaribe), Baixo Jaguaribe (Morada Nova) e Centro Sul (Iguatu). O agrupamento da região do Sertão Central com as regiões do Médio e Baixo Jaguaribe compõe a zona com a maior parte da produção cearense.

Quanto à produção do queijo, em uma pesquisa realizada por Nassu *et al.* (2001a, p. 28-36) sobre o Queijo de Coalho originário de três regiões do Ceará, observou-se que 85% dos produtores utilizam o leite sem pasteurização. Em relação ao tipo de coalho, verificou-se uma variação segundo a região. Nas regiões de Quixadá/Quixeramobim e Tauá/Crateús, 85% dos produtores utilizavam o coalho industrial, enquanto na região do Jaguaribe 50% dos produtores utilizavam o estômago de animais.

Um diagnóstico realizado pelo Sebrae/CE em 2001 apontou 198 queijarias localizadas nos municípios de Jaguaribe, Jaguaribara, Jaguaretama, Morada Nova, Quixeramobim, Quixadá, Itapajé, Irauçuba, Sobral e Tauá.

Jaguaribe
A região de Jaguaribe localiza-se na mesorregião do IBGE MES-5 Jaguaribe. Os 17 municípios abrangidos são os seguintes:

- MR-23 do Baixo Jaguaribe: Alto Santo, Ibicuitinga, Jaguaruana, Limoeiro do Norte, Morada Nova, Palhano, Quixeré, Russas, São João do Jaguaribe e Tabuleiro do Norte.
- MR-24 do Médio Jaguaribe: Jaguaretama, Jaguaribara e Jaguaribe.
- MR-25 do Serra do Pereiro: Ererê, Iracema, Pereiro e Potiretama.

Em 2011, o maior efetivo de rebanho bovino estava em Morada Nova, Jaguaretama e Jaguaribe, seguido por Alto Santo, Tabuleiro do Norte, Russas, Iracema e Limoeiro do Norte.

Na região do Jaguaribe, que é a segunda maior bacia leiteira do Ceará de acordo com a Associação dos Produtores de Leite e Derivados de Jaguaribe (Queijaribe), estão cerca de 400 produtores de queijo. Quase a totalidade da produção diária de leite vai para a fabricação do queijo mais famoso do Sertão. "Nosso produto já possui tradição no país, mas ainda competimos muito com produtos de outros estados do Nordeste, que vendem no mercado cearense produtos rotulados como sendo do Jaguaribe e isso prejudica a competitividade", diz o presidente da Queijaribe, Sérgio Campelo.

A Embrapa está criando um selo de certificação geográfica para o Queijo de Coalho de Jaguaribe, de modo a impedir que produtos não fabricados na região sejam comercializados como sendo de origem local. E, ainda, a região do Jaguaribe está tentando organizar seus produtores a fim de obter um padrão e transformar o Queijo de Coalho do Jaguaribe em uma Indicação Geográfica.

Quixeramobim

Localiza-se na região conhecida como Sertão Central, sendo, atualmente, a maior bacia leiteira do Ceará. Os 15 municípios que compõem essa região estão situados na mesorregião do IBGE MES-4 Sertões Cearenses são:

- MR-19 do Sertão de Quixeramobim: Banabuiú, Boa Viagem, Choró, Ibaretama, Madalena, Quixadá e Quixeramobim.
- MR-21 do Sertão de Senador Pompeu: Acopiara, Dep. Irapuan Pinheiro, Milhã, Mombaça, Pedra Branca, Piquet Carneiro, Senador Pompeu e Solonópole.

Em 2011, o maior efetivo de rebanho bovino estava em Quixeramobim e Quixadá, seguido por Boa Viagem e Banabuiú.

Pelo oitavo ano consecutivo, pecuaristas e produtores de laticínios de Quixeramobim bateram mais um recorde mundial, produzindo o maior Queijo de Coalho do mundo. O queijo, apresentado na abertura do VIII Festival do Leite (FestLeite) de Quixeramobim, em 2014, pesava 1.302,88 quilos. No primeiro ano do evento, em 2007, o maior queijo pesou 350 quilos.

Inhamuns

O Sertão de Inhamuns é dividido em duas sub-regiões: o Sertão de Crateús e o Sertão de Inhamuns propriamente dito. Os 15 municípios que compõem a região estão situados na mesorregião do IBGE MES-4 Sertões Cearenses, sendo os seguintes:

- MR-18 do Sertão de Crateús: Ararendá, Crateús, Independência, Ipaporanga, Monsenhor Tabosa, Novas Russas, Novo Oriente, Quiterianópolis e Tamboril.

- MR-20 do Sertão de Inhamuns: Aiuaba, Arneiroz, Catarina, Parambu, Saboeiro e Tauá.

Em 2011, o maior efetivo de rebanho bovino estava em Crateús, seguido por Independência (no Sertão de Crateús), e em Tauá, seguido por Parambu (no Sertão de Inhamuns).

O Sertão de Inhamuns sempre foi conhecido pela produção de Queijo de Coalho. Até 2013, a ausência de um padrão de qualidade determinado dificultava a comercialização e a abertura de novos mercados. Porém, um projeto de melhoria de produção realizado pela Embrapa Agroindústria Tropical, que envolveu estudos de boas práticas desde a ordenha até o final do processo, mudou a produção da região. A experiência, muito bem-sucedida, melhorou a qualidade do queijo. Cerca de 300 produtores participaram da iniciativa, que se expandiu para outros municípios produtores. O resultado está na cartilha *Produção artesanal de Queijo de Coalho, Ricota e bebida láctea em agricultura familiar - Noções de boas práticas de fabricação,* disponível para download no site da Embrapa Agroindústria Tropical.

Em Tauá, município reconhecido como produtor de Queijo de Coalho de excelente sabor, a comunidade de Tiasol é considerada a maior representante do segmento. Um projeto foi realizado por meio da pesquisa participativa, envolvendo 15 produtores de Queijo de Coalho dessa comunidade, e, junto com os pesquisadores, foi desenvolvido um padrão de qualidade para a produção desse queijo. Com área de 1.200 hectares, a Fazenda Tiasol foi dividida por herança em dez unidades familiares após a morte do Major Gonçalves, em 1981. Na ocasião, foi criada a Associação Comunitária Major Gonçalves dos Pequenos Produtores Rurais de Tiasol e Boa Vista dos Anjos. A comunidade é formada por 30 famílias, cuja atividade principal é a criação de bovino leiteiro para produção de Queijo de Coalho.

A Unidade Didática de Treinamento, Armazenamento e Comercialização de Queijo de Coalho está em uma área de 2.500 m², doada por Tristão Gonçalves Neto, filho do Major Gonçalves, e também produtor de queijo da comunidade.

Com isso, a comunidade espera obter uma denominação de origem regional.

RIO GRANDE DO NORTE

Em 2013, verificou-se que em 80% da produção de Queijo de Coalho no Rio Grande do Norte o leite utilizado não é pasteurizado. Esse processo ocorre apenas em unidades processadoras de maior porte, que possuem inspeção sanitária.

O Seridó Potiguar é a região que detém a maior bacia leiteira do estado, sobressaindo o município de Caicó.

Seridó Potiguar

Os 25 municípios que fazem parte da região do Seridó Potiguar estão relacionados abaixo por mesorregiões (MES) e microrregiões (MR) do IBGE. Eles estão ordenados por valor da produção de leite de vaca, em 2010, que atingiu 91,75 milhões de litros/ano:

- MR-11 do Seridó Ocidental (MES-02 Central Potiguar): Caicó (16,18), Jardim de Piranhas (6,25), São Fernando (6,09), Serra Negra do Norte (4,14), São João do Sabugi (3,02), Timbaúba dos Batistas (1,46) e Ipueira (0,96).
- MR-12 do Seridó Oriental (MES-02 Central Potiguar): Cruzeta (5,67), Currais Novos (4,34), Acari (3,73), São José do Seridó (3,61), Ouro Branco (2,72),

Jardim do Seridó (2,07), Parelhas (1,22), Carnaúba de Dantas (0,88), Santana do Seridó (0,87) e Equador (0,44).
- MR-10 da Serra de Santana (MES-02 Central Potiguar): Santana do Matos (7,26), Florânia (6,25), Lagoa Nova (1,74), São Vicente (1,47), Cerro Corá (1,23), Tenente Laurentino Cruz (1,19) e Bodó (0,54).
- MR-04 do Vale do Açu (MES-01 Oeste Potiguar): Jucurutu (8,57).

PARAÍBA

No Sertão Paraibano, que corresponde à mesorregião estadual do IBGE 01, a produção de leite bovino movimenta a economia em cerca de 80 municípios. Diariamente, a região produz 100 mil litros de leite. Além do Sertão, que produz cerca de 45% de todo o leite do estado, o Cariri Paraibano, o Brejo e a Zona da Mata Paraibana também são grandes responsáveis pela produção leiteira do estado.

Sertão Paraibano

A cidade de Sousa produz mais da metade do leite do Sertão Paraibano, que é a maior região produtora de leite do estado da Paraíba. O município produz 60 mil litros de leite por dia, enquanto todo o volume extraído do Sertão Paraibano é de 100 mil litros/dia.

PRODUTORES
Artesanais (tipo B)

O Queijo de Coalho artesanal é produzido em pequenas fazendas, quase sempre no Nordeste, necessariamente com leite cru, sendo classificado de Queijo de Coalho tipo B.

PERNAMBUCO

- **Laticínios Rio Branco** (tel. 87-3822 3397), produtor artesanal de Arco Verde. Queijo de Coalho tipo B campeão do V Encontro Nordestino (Enel), em 2007, vice-campeão do I Concurso de Queijos Pernambucano no 18º Agrinordeste, em 2010, campeão do II Concurso de Queijos de Pernambuco, em 2011, e membro fundador da Associação de Certificação do Queijo Coalho da Região do Agreste Pernambucano.
- **Laticínios Queijo Nobre** (tel. 87-99102 4644), produtor artesanal de Venturosa. Queijo de Coalho tipo B terceiro colocado do I Concurso de Queijos Pernambucano no 18º Agrinordeste, em 2010, terceiro colocado no XI Encontro Nordestino (Enel), em 2013, e membro fundador da Associação de Certificação do Queijo Coalho da Região do Agreste Pernambucano.
- **Laticínios Leite Nobre** (contato@leitenobre.com.br), produtor artesanal de Venturosa. Queijo de Coalho tipo B campeão do I Concurso de Queijos Pernambucano no 18º Agrinordeste, em 2010, Queijo de Coalho com pimenta segundo colocado nos especiais no X Encontro Nordestino (Enel), em 2012, e membro fundador da Associação de Certificação do Queijo Coalho da Região do Agreste Pernambucano.
- **Laticínios Vale Lac** (tel. 87-3858 1705), produtor artesanal de Pedra. Queijo de Coalho vice-campeão no X Encontro Nordestino (Enel), em 2012, e membro fundador da Associação de Certificação do Queijo Coalho da Região do Agreste Pernambucano.
- **Laticínios Magia do Leite** (telefone não divulgado), de Luiz (Lula) Paulo Dantas, produtor artesanal de Buíque. Queijo de Coalho tipo B campeão do V Concurso de Queijos de Pernambuco, em 2013, depois de dois vice-campeonatos seguidos nessa categoria, e membro fundador da Associação de Certificação do Queijo Coalho da Região do Agreste Pernambucano.
- **Companhia da Coalhada** (tel. 81-99666 6661), produtos Nutriflora, produtor artesanal de Camocim de São Félix. Queijo de Coalho tipo B vencedor do

9º Show de Lácteos do 10º Agrinordeste, em 2001. Também faz o Queijo de Coalho tipo A.
- **Laticínios Ventura** (tel. 87-3803 6054), produtor artesanal de Pesqueira. Membro fundador da Associação de Certificação do Queijo Coalho da Região do Agreste Pernambucano.
- **Laticínios Garanhuns** (tel. 81-98742 8898), produtor artesanal de Igarassu. Membro fundador da Associação de Certificação do Queijo Coalho da Região do Agreste Pernambucano.
- **Laticínios Três Netinhos** (tel. 81-3726 1373), produtor artesanal de Belo Jardim. Queijo de Coalho tipo A campeão no V Concurso de Queijos de Pernambuco, em 2013.
- **Sítio Gernal** (tel. 87-99159 8344), de Joseval Holanda Alves, produtor artesanal em Bodocó.
- **Laticínios Ramos** (tel. 81-3535 2326, 81-99634 5881), produtor artesanal de São Bento do Una.
- **Laticínios São Bento** (tel. 81-3735 1106), produtor artesanal de São Bento do Una.
- **Sítio Caxingo** (tel. 87-99142 9191), produtos Delícias D'sítio, produtor artesanal em Garanhuns.

CEARÁ

- **Fazenda Maria Quitéria** (tel. 88-99967 3796), de José Flávio Pinheiro Diógenes, produtor artesanal de Jaguaribe. Queijo de Coalho campeão no X Encontro Nordestino (Enel), em 2012.
- **José Sérgio de Lima Diógenes** (tel. 85-99636 2038), produtor artesanal de Jaguaribe. Queijo de Coalho medalha de bronze no I Prêmio Queijo Brasil, em 2014.
- **Francisco Bezerra Cunha** (tel. 88-99958 6331), produtor artesanal de Jaguaribe. Queijo de Coalho medalha de bronze no I Prêmio Queijo Brasil, em 2014.
- **Marcos Aurélio Bezerra** (tel. 88-99967 0596), produtor artesanal de Jaguaribe. Queijo de Coalho medalha de bronze no I Prêmio Queijo Brasil, em 2014.
- **Laticínios Menbez – Menezes Bezerra Laticínios Ltda.** (tel. 88-3422 1051), de Gerson Bezerra, produtor artesanal de Morada Nova. Queijo de Coalho vice-campeão na VI Feira de Jaguaribe, em 2011.
- **Laticínios Santana** (telefone não divulgado), produtor artesanal de Jaguaribe. Queijo de coalho campeão na VI Feira de Jaguaribe, em 2011.

- **Laticínio Queijo da Maçã** (telefone não divulgado), produtor artesanal de Jaguaribe. Queijo de Coalho terceiro colocado na VI Feira de Jaguaribe, em 2011.
- **Sítio N. S. da Aparecida** (telefone não divulgado), produtor artesanal do distrito de Marruás, em Tauá. Excelente Queijo de Coalho.

RIO GRANDE DO NORTE

- **Queijaria Dona Gertrudes** (www.queijariadonagertrudes.com.br), produtora artesanal de Caicó. Queijo de Coalho artesanal campeão no VII Encontro Nordestino (Enel), em 2009, e terceiro colocado no X Encontro Nordestino (Enel), em 2012.
- **Produtos Lacol** (telefone não divulgado), produtor artesanal de Caicó. Queijo de Coalho vice-campeão no XI Encontro Nordestino (Enel), em 2013.
- **Fazenda Rolinhas** (telefone não divulgado), produtora artesanal em Serra Negra do Norte.

PARAÍBA

- **Produtos da Terra** (tel. 83-3226 2549), produtor artesanal de Cajazeiras, no Sertão Paraibano. Queijo de coalho artesanal campeão no XI Encontro Nordestino (Enel), em 2013.
- **Fazenda Maanain** (tel. 83-3478 3064), produtora artesanal em Passagem, no Sertão Paraibano. Produz o Queijo de Coalho Laticínio Maanain.
- **Fazenda Cajazeiras** (tel. 83-3522 3195), produtora artesanal de Aparecida, no Sertão Paraibano. Produz o Queijo de Coalho Laticínio Santo Expedito.
- **Sítio Almas** (tel. 83-99169 7979), produtor artesanal de Paulista, no Sertão Paraibano. Produz o Queijo de Coalho Queijaria Gouveia.
- **Sítio Queimadas** (tel. 83-98851 1239), produtor artesanal de Paulista, no Sertão Paraibano. Produz o Queijo de Coalho Queijaria Beira Rio.
- **Sítio Várzea do Agostinho** (tel. 83-99965 8698), produtor artesanal de Paulista, no Sertão Paraibano. Produz o Queijo de Coalho Queijaria JM.
- **Sítio Saraiva** (tel. 83-3451 2575), produtor artesanal de Itaporanga, no Sertão Paraibano. Produz o Queijo de Coalho Agillat.

Industriais (tipo A)

São os queijos produzidos em instalações industriais, com leite pasteurizado, em quase todos os estados do Brasil, incluindo os do próprio Nordeste, sendo chamados de "Queijo de Coalho tipo A".

NORDESTE

- Ceará: Leite Jaguaribe (Fortaleza); Sabor & Vida (Maranguape); Sítio Rio Negro (Guaramiranga).
- Paraíba: Fazenda Tamanduá (Patos) www.fazendatamandua.com.br – em 2006, fizeram a primeira reintrodução de mocós (*Kerodon rupestris*) protocolada e oficializada do estado; Cooperativa Agropecuária do Cariri (Coapecal), em Caturité, no Cariri Paraibano (tel. 83-3345 1000), produz também o Queijo de Manteiga Cariri.
- Pernambuco: Laticínios Campo da Serra (Gravatá); Laticínios Venturosa, produtor industrial em Venturosa (tel. 87-3833 1179), Queijo de Coalho tipo A vencedor do 9º Show de Lácteos do 10º Agrinordeste, em 2001.
- Rio Grande do Norte: Laticínios Donna Márcia de Carbogim do Sítio N. S. de Lourdes (Monte Alegre), premiado, pelo terceiro ano, como o melhor Queijo de Coalho industrial no VII Encontro Nordestino (Enel), em 2009. Desde 2007, sua marca de Queijo de Coalho industrial foi a campeã em quatro ocasiões; Cersel – Laticínios Sant'Ana (Currais Novos).

OUTROS ESTADOS

O Queijo de Coalho passou a ser produzido em outras regiões do Brasil, evidentemente sem a mesma tipicidade dos originais nordestinos.

- Minas Gerais: Laticínio Dourado (Espírito Santo do Dourado), Laticínio Hebron (Pato de Minas), Regina (Governador Valadares).
- Pará: Sertanorte (Piçara).
- Paraná: Frimesa (Medianeira).
- São Paulo: Fazenda Santa Luzia (Itapetininga), medalha de bronze no I Prêmio Queijo Brasil, em 2014; Balkis (São Paulo); Mandacaru (São Paulo); Quatá (Teodoro Sampaio); Tirolez (Caxingui); Yema (São Paulo).

ONDE COMPRAR

- **Mercearia Mestre Queijeiro** (www.mestrequeijeiro.com.br), loja paulistana de Bruno Cabral. Vende o Queijo de Coalho Menbez.
- **Cantinho do Sertão** (tel. 11-4304 0884), loja de produtos nordestinos na Bela Vista, em São Paulo-SP. Vende o Queijo de Coalho do Sítio N. S. da Aparecida de Tauá.

ASPECTOS LEGAIS

A Portaria nº 146/96 do Ministério da Agricultura, Pecuária e Abastecimento (Mapa) determina que o Queijo de Coalho seja elaborado com leite integral ou padronizado a 3% em seu conteúdo de matéria gorda, e submetido à pasteurização ou tratamento térmico equivalente. É claro que essa exigência legal é voltada para os queijos fabricados industrialmente, classificados no Nordeste como do tipo A.

Nos estados nordestinos, a maior parte da produção ainda é tradicional e artesanal, empregando leite de vaca cru, coalho natural e sal, sem adição de fermentos. Esses são os queijos classificados como do tipo B.

Normalmente, para produzir um quilo de Queijo de Coalho são usados em média dez litros de leite, podendo variar de oito a 12 litros.

O QUEIJO
CARACTERÍSTICAS

Tem crosta fina, sem trinca, não sendo usual a formação de casca bem definida; massa de cor branco-amarelada uniforme, com algumas olhaduras pequenas ou sem olhaduras; consistência semidura e elástica; textura compacta e macia; odor levemente ácido, lembrando massa coagulada; sabor brando, ligeiramente ácido, podendo ser normalmente mais salgado (2%), o que configura o sabor acentuado.

Apresenta textura que range nos dentes ao ser mastigado, e aspecto tostado na superfície quando assado ou frito.

Comercialmente, é encontrado em formato de bloco ou de cilindro, embalado ou não a vácuo, com peso de 1-5 quilos. Também é comercializado em espetos industrializados, geralmente com seis unidades, já prontos para serem aquecidos.

PROCESSO

Segundo a Instrução Normativa nº 30, de 26/6/2001, do Mapa – Regulamento Técnico de Identidade e Qualidade de Queijo de Coalho, entende-se por Queijo de Coalho o produto obtido com a coagulação do leite por meio de coalho ou de outras enzimas coagulantes apropriadas, complementado ou não pela ação de bactérias lácteas selecionadas, e comercializado normalmente após um curto período de maturação.

É um queijo de média a alta umidade, de massa semicozida ou cozida com teor de gordura nos sólidos totais variável entre 35-60% GES (isto é, Gordura no Extrato Seco); porém, muitos produtores adotam um mínimo de 48%.

As características distintivas do seu processo de elaboração são: coagulação em torno de 40 minutos, corte e mexedura da massa, remoção parcial do soro, aquecimento da massa com água quente ou com vapor indireto, até ficar semicozida (até 45ºC) ou cozida (45-55ºC), adição de sal (cloreto de sódio), prensagem (em alguns casos), embalagem e estocagem em temperatura média de 10-12ºC por até dez dias. Esse queijo também pode ser produzido usando massa crua (sem aquecimento).

O ponto-chave de sua fabricação é impedir que ele derreta quando for cozido, frito ou assado. O queijo deve ter um pH alto (6,3-6,5), quando não for usado fermento, como no caso daqueles à base de leite cru. Portanto, o pH (uma medida de acidez relativa) deve ficar acima desses valores para evitar um elevado grau de desmineralização da massa, o que faria com que ele derretesse e se deformasse na presença de calor.

CULINÁRIA

O Queijo de Coalho pode ser maturado, com validade entre dois e quatro meses, mas é preferencialmente consumido mais fresco.

É um ótimo queijo, que lembra muito minha infância em Fortaleza. É consumido pelos nordestinos principalmente puro: frito (no café da manhã) ou assado na brasa, já que o queijo não derrete, ficando tostado por fora e macio por dentro.

Também é utilizado em vários pratos típicos nordestinos, como: baião de dois (feijão-verde e arroz cozidos juntos, queijo e temperos), recheio de tapioca, bolinha de queijo etc. Também é consumido em sobremesas como a cartola (banana frita com queijo, açúcar e canela) e o romeu e julieta nordestino.

QUEIJO DE MANTEIGA

GERAL
Queijo típico, originado no Nordeste, que remonta à época do povoamento da região pelos portugueses. Sua produção é uma tradição familiar, em pequenos sítios e propriedades rurais.

ORIGEM DO NOME
Segundo a Instrução Normativa nº 30, de 26/6/2001, do Mapa – Regulamento Técnico de Identidade e Qualidade de Queijo de Manteiga, deverá estar designado na rotulagem do produto como "Queijo de Manteiga" ou "Queijo do Sertão". Ele também é conhecido como "Requeijão do Sertão", "Requeijão do Nordeste" ou "Requeijão do Norte".

O nome tem origem no processo produtivo, no qual queijo e manteiga são fundidos.

REGIÕES PRODUTORAS
O Queijo de Manteiga é um produto muito popular e altamente consumido em todo o Nordeste, sendo produzido principalmente no Rio Grande do Norte, na Paraíba e em Pernambuco.

RIO GRANDE DO NORTE
O Seridó Potiguar é a região que detém a maior bacia leiteira do estado, sobressaindo o município de Caicó.

Queijo de Manteiga

Seridó Potiguar

A região do Seridó é conhecida pela tradição na elaboração de queijos artesanais de Coalho e Manteiga, que remonta à colonização do sertão nordestino. Preserva características próprias e peculiares capazes de diferenciá-lo dos demais queijos de Manteiga produzidos no Nordeste ou mesmo em território potiguar.

Estão bastante avançados os estudos que visam solicitar ao Inpi uma indicação geográfica para a IP Queijo de Coalho e de Manteiga do Seridó Potiguar.

Os 25 municípios que fazem parte da região estão relacionados a seguir, por mesorregiões (MES) e microrregiões (MR) do IBGE. Eles estão ordenados pela produção de leite de vaca, em 2010, que atingiu 91,75 milhões de litros/ano:

- MR-11 do Seridó Ocidental (MES-02 Central Potiguar): Caicó (16,18), Jardim de Piranhas (6,25), São Fernando (6,09), Serra Negra do Norte (4,14), São João do Sabugi (3,02), Timbaúba dos Batistas (1,46) e Ipueira (0,96).
- MR-12 do Seridó Oriental (MES-02 Central Potiguar): Cruzeta (5,67), Currais Novos (4,34), Acari (3,73), São José do Seridó (3,61), Ouro Branco (2,72), Jardim do Seridó (2,07), Parelhas (1,22), Carnaúba de Dantas (0,88), Santana do Seridó (0,87) e Equador (0,44).
- MR-10 da Serra de Santana (MES-02 Central Potiguar): Santana do Matos (7,26), Florânia (6,25), Lagoa Nova (1,74), São Vicente (1,47), Cerro Corá (1,23), Tenente Laurentino Cruz (1,19) e Bodó (0,54).
- MR-04 do Vale do Açu (MES-01 Oeste Potiguar): Jucurutu (8,57).

A região abrigava 314 queijarias em 2008, consumidoras de 42,3% de toda a produção de leite na fabricação de Queijo de Manteiga, Queijo de Coalho e Ricota. Sua produção é de 315 toneladas e atende ao mercado consumidor de parte do Rio Grande do Norte e de outros estados do país.

PARAÍBA

A Paraíba tem, hoje, nas regiões de Sertão Paraibano (microrregiões de Catolé do Rocha, Cajazeiras, Sousa, Itaporanga, Patos, Piancó, Serra do Teixeira), Seridó Ocidental e Cariri, 77 municípios produtores de Queijo de Manteiga, Queijo de Coalho e manteiga da terra embalada em garrafas. A grande maioria das queijeiras é artesanal.

Em 2005, o governo do estado criou a Portaria nº 17, com o objetivo de desenvolver a produção artesanal de queijo. De acordo com essa norma, a produção máxima é de 50 quilos de queijo por dia, podendo ser aumentada caso o sistema seja de cooperativa.

Regiões da Paraíba
- **Sertão Paraibano:** na mesorregião do Sertão Paraibano.
- **Cariri Paraibano:** no sul da mesorregião de Borborema.
- **Seridó Paraibano:** no norte da mesorregião de Borborema.

PERNAMBUCO

Com 40% de toda a produção estadual de leite – cerca de 1,8 milhão de litros/dia – destinada à fabricação de Queijo de Coalho, Queijo de Manteiga e outros queijos, o estado conquistou o mercado local com produtos exclusivos e de qualidade.

Regiões de Pernambuco
- **Agreste Meridional:** no sudoeste da mesorregião do Agreste e no sudeste da mesorregião do Sertão Pernambucano.
- **Araripina:** no extremo oeste da mesorregião do Sertão Pernambucano.

RIO GRANDE DO NORTE

As principais cooperativas e laticínios, que absorvem uma parcela de cerca de 8% do leite produzido no Seridó, são: Cooperativa de Laticínios de Natal (Clan); Master Leite (Currais Novos); Cooperativa de Eletrificação e Desenvolvimento Rural do Seridó (Cersel), de Currais Novos; Cooperativa de Eletrificação e Desenvolvimento Rural do Vale do Piranhas (Cerpil), de Caicó; LS Lacticínios (Jardim de Piranhas); Laticínios Caicó (Lacol), de São José do Seridó; e Associação dos Pequenos Agropecuaristas do Sertão de Angicos (APASA). Os principais produtores são:

Produtores
- **Queijaria Dona Gertrudes** (www.queijariadonagertrudes.com.br), produtora de Caicó, no Seridó Potiguar. Queijo de Manteiga campeão no VII Encontro Nordestino (Enel), em 2009, terceiro colocado no X Encontro Nordestino (Enel), em 2012, e campeão no XI Encontro Nordestino (Enel), em 2013.

- **Laticínio Babi** (tel. 84-3272 2444/3283 2287), produtor de Brejinho, no Agreste Potiguar. Queijo de Manteiga campeão no X Encontro Nordestino (Enel), em 2012, e terceiro colocado no XI Encontro Nordestino (Enel), em 2013.
- **LF Laticínios** (tel. 84-3504 1025), produtor artesanal em Jardim de Piranhas, no Seridó Potiguar. Queijo de Manteiga vice-campeão no VII Encontro Nordestino (Enel), em 2009.
- **Laticínio Sertão Jucurutu** (tel. 84-99952 9556), produtor de Jucurutu, no Seridó Potiguar. Queijo de Manteiga vice-campeão no X Encontro Nordestino (Enel), em 2012.
- **Cooperativa de Eletrificação e Desenvolvimento Rural do Seridó (Cersel)** (tel. 84-3405 3122), de Currais Novos, no Seridó Potiguar. Produz o Queijo de Manteiga Laticínios Sant'Ana.

PARAÍBA

- **Queijaria Mororó** (tel. 83-3346 3016), produtora de Barra de Santana, no Cariri Paraibano.
- **Sítio Muçunã** (tel. 83-3345 1036), produtor de Caturité, no Cariri Paraibano.
- **Fazenda Serrote Branco** (tel. 83-3341 6713), produtora de Caturité, no Cariri Paraibano. Produz o Queijo de Manteiga Sebral.
- **Cooperativa Agropecuária do Cariri (Coapecal)** (tel. 83-3345 1000), de Caturité, no Cariri Paraibano. Produz o Queijo de Manteiga Cariri.
- **Sítio Várzea do Agostinho** (tel. 83-99965 8698), produtor artesanal de Paulista, no Sertão Paraibano. Produz o Queijo de Manteiga Queijaria JM.
- **Sítio Saraiva** (tel. 83-3451 2575), produtor artesanal de Itaporanga, no Sertão Paraibano. Produz o Queijo de Manteiga Agillat.

PERNAMBUCO

- **Laticínios Vale Lac** (tel. 87-3858 1705), de Ricardo Valério, produtor de Pedra, no Agreste Meridional Pernambucano. Queijo de Manteiga segundo colocado no XI Encontro Nordestino (Enel) em 2013, Queijo de Manteiga vice-campeão do I Concurso de Queijos Pernambucano no 18º Agrinordeste em 2010, Queijo de Manteiga campeão no Concurso de Queijos Pernambuco na Agrinordeste em 2013.
- **Laticínios Venturosa** (tel. 87-3833 1179), de Uziel Valerio da Silva, produtor de Venturosa, no Agreste Meridional Pernambucano. Queijo de Manteiga

campeão do I Concurso de Queijos Pernambucano no 18º Agrinordeste, em 2010; também produz um Queijo de Manteiga *light*, com 17% de gordura (o tradicional tem 37%).

- **Laticínio Ramos** (tel. 81-3535 2326, 81-99634 5881), de Laudivan Gonçalves de Melo, produtor artesanal de São Bento do Una, no Agreste Meridional Pernambucano. Queijo de Manteiga campeão no V Concurso de Queijos de Pernambuco, em 2013.
- **Laticínio Acioli** (telefone não divulgado), de Luiz Acioli, produtor de Buique--PE, no Agreste Meridional Pernambucano. Queijo de Manteiga terceiro colocado no I Concurso de Queijos Pernambucano no 18º Agrinordeste, em 2010.
- **Companhia da Coalhada** (www.ciadacoalhada.com.br, tel. 81-99666 6661), marca Nutriflora, produtora de Camocim de São Félix, no Brejo Pernambucano. Queijo de Manteiga e Queijo de Manteiga com raspa (com a "raspa do tacho" onde a massa foi cozida).

O QUEIJO
CARACTERÍSTICAS

É um queijo do tipo processado, com teor de Gordura nos Sólidos Totais (GST) variando entre 25 e 55%. Tem média até alta umidade, devendo apresentar um teor máximo de umidade de 54,9% m/m.

A consistência é macia, tendendo à untuosidade. A textura é fechada, semifriável, com pequenos orifícios mecânicos contendo gordura líquida no seu interior. A crosta é fina, sem trinca. Tem cor amarelo-palha. O odor é pouco pronunciado, lembrando manteiga. O sabor é pouco acentuado, também lembrando manteiga, levemente ácido e podendo ser salgado.

Em geral, são comercializados em formato de paralelepípedo ou, menos frequentemente, de cilindro. O peso varia de 2 a 10 quilos.

Uma raridade é o Queijo de Manteiga com as raspas do tacho onde a massa foi cozida. Ela dá crocância e amargor, além de quebrar a homogeneidade da manteiga.

LEITE

Geralmente é utilizado o leite cru. Como o Queijo de Manteiga sofre um tratamento térmico mais drástico do que o da pasteurização do leite, não há necessidade de pasteurizá-lo do ponto de vista higiênico-sanitário.

PROCESSO

Segundo a IN nº 30/01, o Queijo de Manteiga é produto exclusivamente lácteo, obtido mediante coagulação de leite integral ou padronizado, semidesnatado ou desnatado, com emprego de ácidos orgânicos de grau alimentício (láctico, cítrico ou acético), cuja massa é submetida a dessoragem, lavagem e fusão, com acréscimo exclusivamente de manteiga de garrafa, manteiga da terra ou manteiga do sertão. Ingredientes opcionais: cloreto de sódio (sal de cozinha) e bicarbonato de sódio (um coadjuvante de elaboração).

A produção se inicia com a obtenção de massa coagulada com a acidificação direta do leite com ácido orgânico de grau alimentício. Portanto, a coalhada fresca do Queijo de Manteiga é conseguida sem adição de coalho, já que a massa é obtida por atuação ácida. Depois o soro é parcialmente retirado e a massa é lavada com água ou leite quente. No processo de fusão da massa, o produto deverá ser submetido à cocção em temperatura mínima de 85ºC ao menos por 15 minutos. Geralmente, essa fusão é realizada em tachos de cobre e em fogão a lenha. Em seguida, adicionam-se manteiga de garrafa e sal de cozinha. A massa é então transferida para formas para resfriamento.

CONSERVAÇÃO E CONSUMO

O Queijo de Manteiga deve ser mantido em temperatura refrigerada não superior a 10ºC. Artesanalmente, esse queijo é embalado em papel ou lâmina de alumínio. Alguns produtores potiguares utilizam ferro em brasa para marcar suas iniciais nos queijos. A validade é de até dois meses, em temperatura ambiente.

CULINÁRIA

Assim como o Queijo de Coalho, o Queijo de Manteiga pode ser consumido fresco ou em receitas.

A cartola é uma sobremesa tipicamente pernambucana, que combina bananas-prata maduras cortadas no sentido do comprimento e fritas na manteiga, fatias grossas de Queijo de Manteiga (podendo ser substituído por Queijo de Coalho) derretido, açúcar e canela. A receita surgiu da mistura de ingredientes e técnicas indígenas, africanas e portuguesas, e foi considerada Patrimônio Cultural e Imaterial do Estado de Pernambuco pela Lei nº 13.751, de 24/4/2009.

OUTROS QUEIJOS DE VACA DO BRASIL

QUEIJO ARTESANAL SERRANO

GERAL

No século XVIII, com o fim das Missões e a expulsão dos padres jesuítas da América do Sul, o gado criado por eles foi abandonado e começou a vagar sem dono pelos campos de pastagens naturais do Sul do Brasil.

A colonização da região ocorreu pela concessão de sesmarias e surgimento de grandes fazendas. Essas primeiras propriedades tinham como objetivo a ocupação do território pelos portugueses. O povoamento das terras altas sulinas foi iniciado pelos colonos e seus descendentes e, mais tarde, complementado por levas de imigrantes de origem alemã e italiana. Essa ocupação foi facilitada pela presença dos animais de corte abandonados pelos jesuítas.

A produção do queijo Artesanal Serrano é muito antiga, com mais de 200 anos, datando possivelmente da época da ocupação territorial pelos lusitanos. No

Rio Grande do Sul, mais precisamente na região de Campos de Cima da Serra, os primeiros registros do queijo Serrano aparecem em um ofício enviado ao presidente da então Província, em 1831, no qual pequenos pecuaristas pediam melhorias das estradas para o escoamento dos produtos regionais, como queijo e manteiga. A fabricação desse queijo no estado de Santa Catarina deve ter acontecido na mesma época.

No auge do ciclo do tropeirismo de gado, que vigorou fortemente do século XVIII até o ano de 1897, com o fim da feira de Sorocaba, o comércio de gado em direção ao Norte do país era uma atividade altamente rentável. Uma das rotas dos tropeiros ligava, principalmente, os Campos de Cima da Serra e o Planalto Sul-Catarinense a São Paulo.

Sendo assim, a grande maioria dos fazendeiros da região se interessava muito mais pela pecuária de corte, que possibilitava esse comércio, do que pela produção de leite ou de queijo. Mas as famílias de agregados, que viviam e trabalhavam nas fazendas, iniciaram pequenas produções artesanais de queijo.

Com tradição secular e uma receita tradicional, o "saber-fazer" do queijo Serrano foi desenvolvido e passado de geração a geração, sendo hoje uma das principais fontes de renda das famílias de pequenos pecuaristas das zonas serranas catarinense e gaúcha.

REGIÕES PRODUTORAS

O queijo Artesanal Serrano é produzido exclusivamente por pequenos pecuaristas familiares da Serra Catarinense e dos Campos de Cima da Serra do Rio

Queijo Artesanal Serrano

Grande do Sul. A área, situada na divisa entre Santa Catarina e Rio Grande do Sul, abrange 18 municípios catarinenses e 11 gaúchos.

De acordo com a Empresa de Pesquisa Agropecuária e Extensão Rural de Santa Catarina (Epagri), a fabricação desse queijo é realizada por cerca de dois mil pequenos fazendeiros. E, segundo estimativas da Associação Riograndense de Empreendimentos de Assistência Técnica e Extensão Rural (Emater), a produção no Rio Grande do Sul envolve 1.800 famílias de pequenos pecuaristas.

SANTA CATARINA

Os 18 municípios produtores do queijo Serrano, discriminados a seguir, fazem parte da Associação dos Municípios da Região Serrana de Santa Catarina (Amures). Todos eles estão na mesorregião Serrana do IBGE.

O presidente do Consórcio de Meio Ambiente, Saneamento Básico e Inspeção aos Produtos de Origem Agropecuária (Cisama) e prefeito de Palmeira, José Valdori Hemkamaier, assinou a Instrução Normativa nº 1, de 26/5/2014, aprovando o Regulamento Técnico para Fixação de Identidade do Queijo Artesanal Serrano, como um produto que pode ser produzido com leite cru. O Selo de Inspeção Municipal (SIM) será concedido desde que o produtor obedeça às regras sanitárias de inspeção, regidas pelas normas do Sistema Único de Atenção à Sanidade Agropecuária (Suasa).

Segundo informações do Cisama, até março de 2014, já estavam cadastradas na Serra Catarinense mais de 115 agroindústrias familiares em processo de adequação de inspeção sanitária, de acordo com as exigências do programa. O Serviço de Inspeção Municipal implantado nos municípios conseguiu reconhecimento de equivalência do Serviço de Inspeção Federal. Já existem projetos em andamento de legalização de agroindústrias em Capão Alto, São Joaquim, Ponte Alta, Urupema e Cerro Negro.

Serra Catarinense

Os 18 municípios catarinenses contemplados para a IP Queijo Artesanal Serrano, e pertencentes à Amures, são:

- MR-10 de Campos de Lages (MES-03 Serrana): Anita Garibaldi, Bocaina do Sul, Bom Jardim da Serra, Bom Retiro, Campo Belo do Sul, Capão Alto, Cerro Negro, Correia Pinto, Lages, Otacílio Costa, Painel, Palmeira, Rio Rufino, São Joaquim, São José do Cerrito, Urubici e Urupema.

- MR-09 de Curitibanos (MES-03 Serrana): Ponte Alta.

A Serra Catarinense é uma região que abrange as seguintes mesorregiões do IBGE: parte do Oeste catarinense, toda a Serrana e parte do Norte catarinense. Algumas montanhas ultrapassam os mil metros de altitude e o clima é subtropical de altitude. Nas zonas mais elevadas do setor norte do planalto, o verão é fresco e o inverno frio. No planalto sul, devido às altitudes que variam de cerca de 800 a até 1.828 metros, o frio é ainda mais forte e demorado. Ali, é frequente a ocorrência de geadas e neve, com temperaturas que podem atingir 15°C negativos. Os municípios mais frios do estado, que estão entre os mais frios do Brasil, são Bom Jardim da Serra, São Joaquim, Urubici e Urupema, todos eles na MES-03 Serrana.

Visando ao fortalecimento da cadeia de produção, comercialização e marketing do Queijo Artesanal Serrano, em 13 de junho de 2013 foi fundada a Associação de Produtores de Queijo Artesanal Serrano da Serra Catarinense (Aproserra), com sede em Lages. Ela contou com apoio e assessoria da Epagri e a participação de 68 produtores, representantes dos 18 municípios da região. Sua criação foi um passo vital para pleitear uma Indicação Geográfica (IG) no Instituto Nacional de Propriedade Intelectual (Inpi), pois essa solicitação só pode ser realizada por uma entidade representativa dos produtores.

Produtores
- **Hilda de Oliveira Corrêa** (tel. 49-8811 6339), produtora artesanal de São José do Cerrito. Queijo Artesanal Serrano medalha de bronze no I Prêmio Queijo Brasil, em 2014, e vice-campeão do 1º Concurso Regional Queijo Artesanal Serrano, em 2014.
- **Rovena Virgolina Pereira** (tel. 49-3233 8401), produtora artesanal de São Joaquim. Queijo Artesanal Serrano medalha de bronze no I Prêmio Queijo Brasil, em 2014, e campeão popular do 1º Concurso Regional Queijo Artesanal Serrano, em 2014.
- **José Lourenço Machado** (tel. 49-9972 0269), produtor artesanal de Capão Alto. Queijo Artesanal Serrano medalha de prata no I Prêmio Queijo Brasil, em 2014, e campeão no I Concurso Municipal de QAS de Capão Alto, em 2013.
- **Luis Carlos Córdova** (tel. 49-9107 7812), produtor artesanal com Selo de Inspeção Municipal (SIM) em Lages.

RIO GRANDE DO SUL

Segundo a Portaria Estadual nº 214/2010, entende-se por região produtora de Queijo Artesanal Serrano os 11 municípios gaúchos de Bom Jesus, Cambará do Sul, Campestre da Serra, Caxias do Sul, Ipê, Jaquirana, Monte Alegre dos Campos, São Francisco de Paula, São José dos Ausentes, Muitos Capões e Vacaria.

Todos eles fazem parte da região historicamente conhecida como Campos de Cima da Serra, exceto o município de Caxias do Sul, que faz parte da Serra Gaúcha, famosa pelo seu vinho. Entretanto, a totalidade deles pertence à mesorregião do Nordeste Rio-Grandense do IBGE.

Campos de Cima da Serra

Os 11 municípios gaúchos contemplados para a IP Queijo Artesanal Serrano, listados por microrregiões e mesorregiões do IBGE, são:

- MR-15 de Vacaria (MES-02 Nordeste Rio-Grandense): Bom Jesus, Cambará do Sul, Campestre da Serra, Ipê, Jaquirana, Monte Alegre dos Campos, Muitos Capões, São Francisco de Paula, São José dos Ausentes e Vacaria.
- MR-16 de Caxias do Sul (MES-02 Nordeste Rio-Grandense): Caxias do Sul.

Apesar de não fazer parte formalmente dos Campos de Cima da Serra, o município de Caxias do Sul foi incluído na referida portaria estadual, uma vez que 145 famílias do município produzem anualmente 80 toneladas de queijo. A fabricação concentra-se no distrito de Criúva, que antigamente integrava o município de São Francisco de Paula, com o qual possui características naturais de relevo, solo e vegetação análogas, mas que foi anexado em 1954 a Caxias do Sul.

Em Criúva predomina o sistema de pecuária leiteira, bem diferente do sistema tradicional baseado na pecuária de corte. É por esse motivo que os produtores tradicionais dos municípios de Campos de Cima da Serra denominam o seu produto de Queijo Colonial.

Os municípios dos Campos de Cima da Serra que possuem produção mais relevante de Queijo Artesanal Serrano são Bom Jesus, Cambará do Sul, Jaquirana, São Francisco de Paula e São José dos Ausentes. Eles estão localizados na zona oriental da região.

A região dos Campos de Cima da Serra situa-se no Nordeste do Rio Grande do Sul, em uma área na divisa com Santa Catarina, sendo a parcela do território gaúcho de maior altitude, variando ao longo de seu território entre 400 e 1.400 metros acima do nível do mar. O território é caracterizado pelo frio rigoroso, que atinge a região principalmente no inverno.

Em 17 de setembro de 2010, antecipando-se aos catarinenses, produtores rurais, representantes do poder público e de escritórios da Emater-RS de Bom Jesus e de São José dos Ausentes criaram oficialmente a Associação dos Produtores de Queijo e Derivados do Leite dos Campos de Cima da Serra (Aprocampos).

Recentemente, os produtores locais estão se organizando em associações nos municípios de Jaquirana, Monte Alegre e Muitos Capões.

Produtores
- **Rafael dos Santos Medeiros** (tel. 54-9957 1639), vice-presidente da Aprocampos, produtor artesanal com Selo de Inspeção Municipal (SIM) no distrito de Governador em Bom Jesus. Queijo Artesanal Serrano medalha de bronze no I Prêmio Queijo Brasil, em 2014, e campeão do 1º Concurso Regional Queijo Artesanal Serrano, em 2014.
- **Antônio Souza Lopes** (tel. 54-9937 8890), produtor artesanal de São José dos Ausentes. Queijo Artesanal Serrano medalha de bronze no I Prêmio Queijo Brasil, em 2014.
- **Antônia Aparecida Pereira Vieira** (tel. 54-9653 1999), produtora artesanal de São José dos Ausentes. Queijo Artesanal Serrano medalha de prata no I Prêmio Queijo Brasil, em 2014, e terceiro colocado do 1º Concurso Regional Queijo Artesanal Serrano, em 2014.
- **Leandro** (telefone não divulgado), produtor artesanal de São Francisco de Paula. Queijo Artesanal Serrano medalha de ouro no I Prêmio Queijo Brasil, em 2014.
- **Adler Pinto Nunes** (telefone não divulgado), produtor artesanal de Bom Jesus. Queijo Artesanal Serrano medalha de prata no I Prêmio Queijo Brasil, em 2014.
- **Granja Grazziotin** (tel. 54-9604 7185, 9952 5609), produtora artesanal com Selo de Inspeção Municipal (SIM) de Bom Jesus. Queijo Artesanal Serrano medalha de bronze no I Prêmio Queijo Brasil, em 2014.
- **Antônio Elton Paim Guimarães** (tel. 54-9905 7942), produtor artesanal de São José dos Ausentes. Queijo Artesanal Serrano medalha de bronze no I Prêmio Queijo Brasil, em 2014.

- **Bernardete Ramos Motta** (tel. 54-9906 2131), produtor artesanal de São José dos Ausentes. Queijo Artesanal Serrano medalha de bronze no I Prêmio Queijo Brasil, em 2014.
- **Claudecir Santos Bittencourt e Joice Souza de Oliveira** (tel. 54-9604 2948), produtores artesanais em São José dos Ausentes-RS: Queijo Artesanal Serrano medalha de bronze no I Prêmio Queijo Brasil de 2014.
- **Claudemir** e **Antonia Santos Bittencourt** (tel. 54-9941 0202), produtores artesanais de São José dos Ausentes-RS: Queijo Artesanal Serrano medalha de bronze no I Prêmio Queijo Brasil, em 2014.

ONDE COMPRAR

- **Mercearia Mestre Queijeiro** (www.mestrequeijeiro.com.br), loja paulistana de Bruno Cabral, vende o Queijo Artesanal Serrano de Rafael dos Santos Medeiros; ótimo (O+).
- **A Queijaria** (www.aqueijaria.com.br), loja paulistana de Fernando Oliveira, vende o Queijo Artesanal Serrano de Antônio Lopes; ótimo (O+), principalmente frito sem manteiga.

ASPECTOS LEGAIS
SANTA CATARINA

O Regulamento Técnico para Fixação de Identidade e Qualidade do Queijo Artesanal Serrano, em Santa Catarina, foi fixado pela Instrução Normativa Cisama nº 1, de 26/5/2014.

Segundo essa IN, o Serrano é um queijo elaborado na propriedade de origem do leite, a partir do leite cru, hígido, integral e recém-ordenhado. O leite passa por coagulação enzimática com a utilização de coalhos industriais, e depois é prensado usando somente o processo manual. O produto final tem de apresentar consistência firme, cor e sabor próprios, massa uniforme, isenta de corantes e conservantes, com ou sem olhaduras mecânicas, segundo a tradição histórica na região serrana de Santa Catarina.

O Artesanal Serrano é um queijo de baixa a média umidade (até 36%), semigordo, com teor de gordura nos sólidos totais variável entre 25% e 44,9%.

Ingredientes obrigatórios: leite cru integral, coalho e cloreto de sódio. Não é permitida a adição de outros ingredientes que não os obrigatórios.

Suas características sensoriais são muito similares às fixadas para os queijos serranos gaúchos, conforme estipulado a seguir.

RIO GRANDE DO SUL
O estado do Rio Grande do Sul, por meio da Portaria Seappa nº 214, de 14/12/2010, fixou o Regulamento Técnico para Fixação de Identidade e Qualidade do Queijo Artesanal Serrano.

Por definição dessa portaria, queijo Artesanal Serrano é o produto maturado que se obtém por coagulação enzimática do leite cru, utilizando coalhos industriais.

Entende-se por Serrano ou Queijo Artesanal Serrano o queijo elaborado na propriedade de origem do leite, a partir do leite fresco, cru, hígido (saudável), integral e recém-ordenhado, produzido conforme a tradição histórica e cultural da região produtora.

As queijarias artesanais são estabelecimentos de pequeno porte, situados em propriedade rural com até 250 m² de área construída, destinados exclusivamente à manipulação do leite produzido na própria fazenda, sendo, portanto, proibida a compra de leite ou de coalhada.

Consideram-se ingredientes obrigatórios da composição do queijo Serrano: leite integral, coalho e cloreto de sódio (sal de cozinha), não sendo permitida a adição de outros ingredientes que não os obrigatórios.

Seus requisitos físico-químicos correspondem às características de composição e qualidade dos queijos de baixa umidade. É semigordo, apresentando um teor de gordura nos sólidos totais (GST) entre 25 e 44,9%. As características sensoriais devem ser as seguintes:

- Consistência: elástica, tendendo à untuosidade, segundo o conteúdo de umidade, matéria gorda e grau de maturação.
- Textura: compacta e macia.
- Cor: amarelada ou amarelo-palha uniforme.
- Sabor: característico, podendo ser ligeiramente ácido, picante e salgado, segundo o conteúdo de cloreto de sódio, umidade e grau de maturação.
- Odor: característico, agradável, pronunciado com o grau de maturação.
- Crosta: uniforme, de média espessura, lisa e sem trincas.
- Olhaduras: pequenas olhaduras mecânicas bem distribuídas, ou sem olhaduras.
- Formato e peso: variáveis.

O QUEIJO
CARACTERÍSTICAS

Antigamente, eram consumidos com até seis meses de maturação, quando se tornavam parecidos com um queijo parmesão.

Na atualidade, é normalmente consumido com menos de dois meses de cura, resultando num queijo de massa semidura, lembrando um minas padrão, de textura untuosa e amanteigada, e com aroma e sabor intensos e particulares.

Hoje, o queijo de formato retangular, com 2–3 quilos, é o mais fabricado, pois facilita o corte para sanduíches. Já o de formato redondo, também produzido com até 5 quilos, era o mais comum no auge do tropeirismo.

Conserva-se muito bem em temperatura ambiente por até seis meses, desde que guardado abaixo de 18ºC.

LEITE

Uma das particularidades mais marcantes do Queijo Artesanal Serrano, criadora de seu grande diferencial, é o leite empregado na sua fabricação. Primeiro, por se empregar leite cru e integral. Segundo, por ele ser proveniente majoritariamente de gado nativo, de corte ou misto, em vez de raças bovinas leiteiras trazidas recentemente da Europa. Em terceiro lugar, a base da alimentação dos animais é campo nativo ou pastagens melhoradas.

A raça bovina Crioula Lageana, descendente direta do gado trazido pelos colonizadores portugueses e espanhóis, passa por um processo de seleção natural há quase quatro séculos no planalto catarinense. A adaptação desse animal ao longo dos séculos resultou em uma enorme rusticidade, pela adaptação às baixas temperaturas registradas naquela região, que estão entre as mais frias do país. A raça quase se extinguiu, mas está em franca recuperação desde 2004, com o surgimento da Associação Brasileira de Criadores de Bovinos da Raça Crioula Lageana (ABCCL).

Esses motivos, somados aos fatores peculiares no processo de fabricação, são os que diferenciam o Queijo Artesanal Serrano do Queijo Colonial. Este também é produzido em Santa Catarina e no Rio Grande do Sul, coexistindo com o mais conceituado Queijo Artesanal Serrano.

O Queijo Colonial é feito com leite de vacas leiteiras europeias (Jersey, Holandesas etc.) cuja alimentação tem como base ração e pastagens exóticas, que aumentam a produtividade.

Para se ter uma ideia da diferença, o gado de corte usado no Queijo Artesanal Serrano produz, em média, cinco litros por dia de leite bem concentrado, ao passo que uma vaca de raça leiteira, na região, pode produzir, em média, 20 litros por dia de leite bem mais fraco.

Essa grande diferença de produtividade se dá porque as raças leiteiras são mais produtivas e necessitam de duas ordenhas diárias, uma pela manhã e outra à noite. Já as raças de corte são sabidamente menos produtivas, além de serem ordenhadas apenas no período da manhã. Em compensação, o teor de gordura do leite obtido das raças de corte é mais concentrado.

PROCESSO

Segundo a Portaria nº 214/2010 (similar à Instrução Normativa nº 1/2014), o processo de fabricação contempla as seguintes etapas:

- Filtragem: coagem do leite cru integral, logo após a ordenha, para a retirada das partículas macroscópicas.
- Salga: pode ser feita diretamente no leite ou na massa, usando sal destinado ao consumo humano.
- Adição de coalho: visa formar a coalhada. Pode ser usado coalho industrial, em pó ou líquido. Não é permitida a utilização de fermentos lácteos industriais, conservantes e outros aditivos.
- Coagulação: sem aquecimento da massa, por 45-60 minutos.
- Quebra da coalhada: com uma pá de polipropileno, a coalhada é quebrada em partículas superiores a 5 centímetros. Poderá ser utilizada água quente (75-85ºC) após esse processo, a fim de acelerar a sinérese, isto é, a expulsão gradativa do soro.
- Corte da coalhada: realizado entre cinco e dez minutos após a quebra da coalhada, em granulometria pequena, inferior a 1 centímetro, para a remoção parcial do soro.
- Dessoragem: etapa de remoção do soro.
- Enformagem: a massa é colocada em formas de tamanho e formato variáveis.
- Prensagem mecânica: a coalhada é prensada mecanicamente por 24 horas, para retirar o soro e obter a forma e a textura características do queijo.
- Maturação: etapa com duração mínima de 60 dias, em local arejado, ventilado e seco, com temperatura superior a 5ºC. Tem o objetivo de garantir a inocuidade ao produto, o desenvolvimento do sabor, a desidratação e a estabilização do

queijo para atingir a consistência desejada. A maturação mínima poderá ser realizada no estabelecimento do produtor ou em um entreposto cadastrado, jamais em estabelecimento comercial.
- Acondicionamento: os queijos poderão ser comercializados sem embalagem ou em embalagens rotuladas.
- Conservação e comercialização: durante o transporte e no estabelecimento comercial, o queijo deverá ser mantido em temperatura máxima de 18ºC.

MATURAÇÃO

O queijo Serrano, à época do tropeirismo, tinha um período de maturação bastante elevado, de até seis meses. Porém, eles eram muito maiores, com peso de até 5 quilos. Nos dias de hoje, o peso reduziu para 2-3 quilos.

O consumidor atual do Serrano gosta do queijo mais novo, menos forte e menos seco. Por isso, a venda ocorre após o queijo amarelar, ou seja, quando forma uma casca mais sólida. Essa condição geralmente acontece entre 7-10 dias de maturação. Em média eles são comercializados após 10-15 dias.

A Portaria nº 214/2010 fixa a maturação em no mínimo 60 dias, por ser um queijo produzido com leite cru. Contudo, o Programa de Certificação e Qualificação do Queijo Artesanal Serrano deverá fixá-la, possivelmente, num valor em torno de no mínimo 20 dias.

CERTIFICAÇÕES

Em 10 de maio de 2013, uma cerimônia realizada na Estação Experimental da Epagri, em Lages-SC, marcou o envio da documentação para solicitar o reconhecimento como patrimônio imaterial do "Modo de Saber Fazer Queijo Artesanal Serrano de Santa Catarina e do Rio Grande do Sul" ao Instituto do Patrimônio Histórico e Artístico Nacional (Iphan).

Os responsáveis pela solicitação conjunta de registro foram a Associação dos Produtores de Queijo e Derivados do Leite dos Campos de Cima da Serra de Bom Jesus e São José dos Ausentes-RS (Aprocampos) e a Associação de Produtores Rurais de Capão Alto-SC. Nessa tarefa, foram apoiados pela Associação Riograndense de Empreendimentos de Assistência Técnica e Extensão Rural (Emater-RS) e pela Empresa de Pesquisa Agropecuária e Extensão Rural de Santa Catarina (Epagri-SC).

Finda essa importante etapa com o Iphan, restam dois objetivos principais a serem alcançados pelos envolvidos: a legalização do produto em nível federal e a obtenção de uma Indicação Geográfica (IG).

QUEIJO COLONIAL

GERAL
O queijo Colonial ou Colônia é um queijo produzido nas áreas rurais do Rio Grande do Sul e de Santa Catarina. Inicialmente feito pelos colonos açorianos que povoaram a região, até hoje é produzido da mesma forma.

ORIGEM DO NOME
No Sul do Brasil, costuma-se dar o nome de "colonial" aos produtos alimentares artesanais fabricados pelos colonos europeus, principalmente os de língua italiana e alemã, cujas terras recebidas no século XIX eram denominadas de "colônia".

REGIÕES PRODUTORAS
A produção artesanal do queijo Colonial é feita principalmente nos estados do Rio Grande do Sul e de Santa Catarina.

Nesses dois estados, sua fabricação abrange também as zonas destinadas ao Queijo Artesanal Serrano.

PRODUTORES
- **Rosi Paula Fussinger Giombelli** (49-3452 4855), produtora artesanal de Xaxim-SC. Queijo Colonial medalha de prata no I Prêmio Queijo Brasil, em 2014.

As marcas mais comercializadas são:
- Rio Grande do Sul: Coop. Santa Clara, Danby/Coop. Consulati, Dalaio, Duplex/Coop. General Neto, Seberi, Ferrari Alimentos, Granja Chichelero, Hollmann, Rodeio/Steffenon e Schneider.
- Santa Catarina: Belpaís, DaRolt, Geração, Lac Lélo/São João, Lasaroli, Mondaí e Santa Bárbara.

ASPECTOS LEGAIS

O estado do Rio Grande do Sul, por meio da Portaria Seappa nº 55, de 28/3/2014, fixou as Normas Técnicas de Instalações e Equipamentos para Microqueijarias, que estipulam principalmente os seguintes critérios:

- Define o queijo artesanal como produto fabricado em pequena escala, a partir do leite obtido de animais sadios, beneficiado no estabelecimento de origem de acordo com os processos tradicionais que lhe confiram consistência, coloração e sabor próprios.
- Define como microqueijaria o estabelecimento de pequeno porte, dotado de dependências e equipamentos que satisfaçam a presente norma legal, e destinado exclusivamente à produção de queijo artesanal, com funcionamento exclusivo para beneficiar o leite obtido em sua propriedade, não se admitindo o recebimento de leite de propriedade de terceiros, com volume máximo de 250 litros/dia.
- Quanto ao beneficiamento do leite, entre outras exigências, permite os processos de pasteurização lenta e rápida para o beneficiamento de leite destinado à fabricação de queijo artesanal. Somente é permitida a utilização de leite sem pasteurização para a produção de queijos artesanais tipo Colônia se os processos tecnológicos estiverem em conformidade com os requisitos dispostos na Portaria nº 146, de 7/3/1996 – Mapa, na Instrução Normativa nº 30, de 7/8/2013 – Mapa, e nos demais atos complementares ou substitutivos.

O estade de Santa Catarina, até o presente, ainda não promulgou nenhuma legislação a respeito desse queijo.

O QUEIJO
CARACTERÍSTICAS

O Queijo Artesanal Colonial também é produzido em Santa Catarina e no Rio Grande do Sul, inclusive coexistindo nas regiões serranas desses estados, com o Queijo Artesanal Serrano, mais conceituado. Os aspectos mais marcantes que diferenciam o queijo Colonial do Serrano são:

- Leite: o Serrano utiliza apenas leite cru e integral, enquanto o leite do Colonial pode ser cru ou pasteurizado.

- Gado: o leite usado no Serrano é proveniente majoritariamente de gado nativo de corte ou misto. O Colonial é feito com leite de vacas leiteiras europeias (Jersey, Holandesas etc.), que dão um volume diário de leite muito maior do que as raças de corte, porém com teor de gordura do leite menos concentrado.
- Alimentação: o gado de vacas leiteiras europeias é alimentado com ração e pastagens exóticas melhoradas, para aumentar o rendimento leiteiro.

O processo de produção do Colonial é muito similar ao do Serrano. Suas características básicas são as seguintes:

- Crosta: dura ou semidura.
- Massa: fechada com alguns olhos, de cor amarelo-pálido, macia, de cremosidade média, mostrando boa elasticidade. Facilmente fatiável, derrete bem quando submetido ao calor.
- Gordura: queijo semigordo.
- Sabor: láctico, medianamente picante. Quanto mais envelhecido, mais picante e complexo seu sabor.
- Apresentação: formato cilíndrico plano, pesando normalmente entre 700 gramas e 5 quilos.
- Maturação: de 30 a 75 dias.

CONSUMO

Versátil, pode ser frito ou consumido *in natura*, acompanhado de frios e pão, bem como usado em gratinados, pizzas, massas etc.

QUEIJO KOCHKÄSE

GERAL

O Kochkäse é um queijo produzido pelos descendentes dos imigrantes alemães, oriundos da antiga região da Prússia, a maioria deles pomeranos. Eram pessoas humildes, servos dos grandes senhores feudais que vieram ao Brasil em busca de seu pedaço de terra.

Esses pequenos fazendeiros alemães colonizaram, principalmente no século XIX, a zona catarinense do Vale Europeu, no Vale do Itajaí, que se tornou a região mais alemã do Brasil. Os imigrantes começaram a chegar em 1828, e o auge da imigração data de 1850.

Como a criação do gado leiteiro deu certo, os produtos à base de leite que faziam parte do conhecimento trazido da antiga pátria começaram a ser feitos no novo lar. Assim, foi possível manter a tradição de servir pão com Kochkäse nas festas familiares, nos casamentos e nas festas típicas, como a Oktoberfest de Blumenau.

ORIGEM DO NOME
O nome Kochkäse significa "queijo cozido" em alemão.

REGIÃO PRODUTORA
A região produtora está situada no chamado Vale Europeu, no Médio Vale do Itajaí, em Santa Catarina, abrangendo os seguintes municípios das microrregiões e mesorregiões abaixo apresentadas:

- MR-12 de Blumenau (MES-04 Vale do Itajaí): Blumenau, Indaial, Timbó, Pomerode, Benedito Novo.
- MR-08 de Joinville (MES-02 Norte Catarinense): Jaraguá do Sul.

PRODUTORES
- **Tania Hackbarth Otto** (telefone não divulgado), por ser uma das poucas produtoras da região que pasteurizam o leite para a fabricação do queijo branco, que depois vai ser cozido e transformado no Kochkäse, ela tem inspeção municipal e autorização para vender o produto em Blumenau.
- **Norberto Gaedtke** (tel. 47-3378 1616), produtor artesanal de Blumenau. Queijo Kochkäse medalha de bronze no I Prêmio Queijo Brasil, em 2014.

ASPECTOS LEGAIS
O Kochkäse ainda não tem uma legislação específica, nem federal nem estadual. Entretanto, em 28 de outubro de 2011, foi enviado ao Instituto Nacional de Patrimônio Histórico e Artístico Nacional (Iphan) o pedido para torná-lo patrimônio imaterial do Brasil. O pedido foi liderado pelo Consórcio Intermunicipal do Médio Vale do Itajaí (Cimvi) e apoiado pela Empresa de Pesquisa Agropecuária e Extensão Rural de Santa Catarina (Epagri), pela Universidade Regional de Blumenau (Furb) e pelas Secretarias Regionais de Agricultura.

O QUEIJO
CARACTERÍSTICAS

É um queijo branco cozido, caseiro, feito com leite cru (por isso não é regulamentado pelo Ministério da Agricultura para comercialização). Produzido de forma artesanal, é vendido em feiras.

O Kochkäse foi desenvolvido como uma maneira de aproveitar o queijo branco envelhecido, feito na cozinha dos imigrantes alemães. No processo original, o leite de vaca *in natura* era guardado em bacias feitas de barro e revestidas de esmalte, num armário protegido com tela, para evitar contato com insetos. Depois de dois ou três dias de espera, o leite coalhava e a nata se separava na parte superior. Essa nata era removida e destinada à fabricação da manteiga. Posteriormente, a coalhada restante era levemente aquecida e mexida com colher de pau. Em seguida, ela era pendurada num saco de pano para escorrer o soro, e a parte seca era utilizada na fabricação do queijo branco.

Para evitar o azedamento do queijo branco, quando produzido em excesso, as famílias faziam o queijo cozido. O queijo branco excedente era maturado por mais dois ou três dias, para virar uma pasta de cor amarelada e aspecto vitrificado, com cheiro forte e gosto azedo, e então cozido. O término de seu preparo consiste em colocar a massa em uma frigideira, acrescentar manteiga e creme de leite, e temperar com sal e grãos de cominho (opcional). Essa mistura deve derreter até que o queijo fique com consistência semelhante à de um requeijão e possa ser espalhado em um pão.

CONSUMO

O Kochkäse é muito consumido no café colonial catarinense, espalhado sobre uma fatia de pão preto. Na Alemanha, até hoje, ele resfriado é servido em uma fatia de pão, com ou sem *musik* (tempero de vinagre e picles de cebola).

OUTROS QUEIJOS

GERAL

Recentemente, estão surgindo pequenos laticínios artesanais em vários estados brasileiros. Os queijos por eles produzidos são baseados em exemplares internacionais, porém alguns estão recebendo nomes nacionais.

PRODUTORES

Os produtores que mais vêm se destacando, chegando a abocanhar vários prêmios em concursos de queijo, são:

- **Fazenda Santa Luiza** (www.fazendasantaluzia.com.br), produtora de queijos artesanais de gado Simental, em Itapetininga-SP, regulamentada pelo Sisp. Além dos queijos do Reino e Giramundo, descritos em "Queijo do Reino", e do Queijo de Coalho, produz os seguintes queijos:

    * Tropeiro: queijo de massa cozida curado por quatro meses, de forma cilíndrica, com 1 quilo e casca coberta por cinza vegetal. Recebeu medalha de ouro no I Prêmio Queijo Brasil, em 2014.

    * Tropeirinho: queijo de massa cozida, menos curado que o anterior, de forma cilíndrica, com 500 gramas e casca também coberta por cinza vegetal.

    * Pioneiro: o primeiro queijo fabricado na fazenda, de leite cru e massa cozida, longa cura, grande forma cilíndrica e com 12 quilos.

    * Castanho: queijo de leite cru e massa cozida, curado por dois anos, de forma cilíndrica, com 3 e 5 quilos.

    * Fernão: queijo de massa cozida, maturado acima de dez meses, de forma cilíndrica e 5 quilos.

    * Simental: queijo de massa semicrua e casca lavada, colorido com urucum, de forma cilíndrica e 800 gramas. Recebeu medalha de prata no I Prêmio Queijo Brasil, em 2014.

    * Bandeirante: queijo de massa semicrua e casca lavada, colorido com urucum, de forma cilíndrica e 3 quilos.

    * Dionísio: queijo mole de casca lavada com vinho branco da Serra Gaúcha, em pequenos cilindros de 200 gramas.

- **Queijo com Sotaque** (www.facebook.com/queijocomsotaque), produtor de queijos artesanais de propriedade de uma francesa e sócios brasileiros, em Paulo Lopes-SC. Seus laureados produtos foram espelhados em exemplares franceses, sendo eles:

    * Cambirela: baseado no Tomme de Savoie, recebeu medalha de ouro no I Prêmio Queijo Brasil, em 2014.

    * Laranjal: espelhado no Saint Paulin, recebeu medalha de ouro no I Prêmio Queijo Brasil, em 2014.

* Mandioquinha: um Camembert catarinense, recebeu medalha de prata no I Prêmio Queijo Brasil, em 2014.

* Palmitos: baseado no Tomme de Savoie, teve medalha de prata e votação popular no I Prêmio Queijo Brasil, em 2014.

* Ribeirão: estilo Gruyère, com medalha de prata no I Prêmio Queijo Brasil, em 2014.

* Serra do Tabuleiro: estilo Comté, recebeu medalha de prata e votação popular no I Prêmio Queijo Brasil, em 2014.

* Alvorada: baseado no Munster, recebeu medalha de bronze e votação popular no I Prêmio Queijo Brasil, em 2014.

* Bela Catarina: espelhado no Perail, recebeu medalha de bronze no I Prêmio Queijo Brasil, em 2014.

* Bom Retiro: tipo Saint Nectaire, teve votação popular no I Prêmio Queijo Brasil, em 2014.

- **Pollaccia Delicatessen** (www.queijariadoc.com.br), pertencente ao italiano Stefano Pollaccia, em Cuiabá-MT. Além de queijos de cabra, produz alguns de leite de vaca, muitos deles premiados:

  * Braz Matogrossense: queijo de leite cru, prensado, em três versões de cura – o *fresco* com dois meses, o *mezzano* com cerca de seis meses (recebeu medalha de ouro no I Prêmio Queijo Brasil, em 2014) e o *gran riserva* com 12 meses (medalha de bronze no mesmo concurso).

  * Zola Matogrossense: queijo azul de leite cru, maturado por 60 dias, medalha de ouro no I Prêmio Queijo Brasil, em 2014.

  * Casale: queijo maturado por dois meses, recebeu medalha de bronze no I Prêmio Queijo Brasil, em 2014.

  * Varone: queijo de leite cru no estilo Grana, de massa cozida e prensada, temperado com flor de açafrão e curado por seis meses.

  * Caciotta di Baco: queijo de leite cru, prensado, casca afinada com vinho tinto e cura de 2–3 meses.

  * Robiola: queijo de leite cru, massa mole e cura de 40–60 dias.

  * Robiola di Baco: uma versão do anterior, com casca afinada com vinho tinto.

- **Queijaria Alpina** (www.facebook.com/QueijariaAlpina), pertencente a Stephan Gaehwiler, em Corumbá de Goiás-GO. Seus queijos são:

* Gruy: tipo Gruyère, recebeu medalha de ouro e votação popular no I Prêmio Queijo Brasil, em 2014.

* Alpino: tipo suíço, teve medalha de prata no I Prêmio Queijo Brasil, em 2014.

* Tomme: queijo de massa mole e casca florida, obteve medalha de bronze no I Prêmio Queijo Brasil, em 2014.

- **Gran Formaggio** (www.granformaggio.com.br), de Raul Anselmo Randon, produtor de Vacaria-RS, só produz queijos de vaca:
    * Tipo Grana, de ótima qualidade.

- **Gran Paladare** (www.granpaladare.com.br), produtor de Chapecó-SC. Também produz, alguns de leite de ovelha, além dos queijos de vaca:
    * Parmesão Gran Paladare: medalha de prata no I Prêmio Queijo Brasil, em 2014.
    * Parmesão Gran Paladare extra curado: medalha de bronze no I Prêmio Queijo Brasil, em 2014.

- **Gran Mestri** (www.granmestri.com.br), produtor de Guaraciaba-SC. Produz queijos de ovelha e de vaca:
    * Tipo Grana.
    * Tipo Grana Casca Negra.
    * Parmesão.
    * Parmesão Nero.

QUEIJOS DE CABRA DO BRASIL

GERAL

A caprinocultura é uma das atividades pecuárias mais antigas do Brasil, cuja origem remonta à chegada dos colonos portugueses. Apesar de ser praticada em todas as regiões do país, é mais presente no Nordeste.

Recentemente, aproveitando-se da proximidade dos grandes centros consumidores, o Sudeste também vem produzindo uma grande gama de queijos finos de cabra.

REGIÕES PRODUTORAS

O Nordeste concentra o maior rebanho caprino do país, representando mais de 90% do volume total. A produção leiteira e queijeira dos estados da Paraíba e do Rio Grande do Norte se sobressaem. Apesar dessa esmagadora supremacia em número de cabeças, o Nordeste participa apenas com pouco mais de 26% da produção de leite de cabra e com 17% do total comercializado.

A região Sudeste, apesar de ter apenas 3,5% do efetivo caprino do Brasil, responde no agronegócio leiteiro pela produção comercial de 21% do total brasileiro. A produção de leite e queijo de cabra se concentra nos estados de Minas Gerais, Rio de Janeiro e São Paulo.

A região Sul do Brasil também produz leite de cabra, principalmente no Rio Grande do Sul.

NORDESTE

O efetivo brasileiro de caprinos no final de 2010 somava 9.312.784 cabeças. Desse total, o Nordeste representava 90,8%, com 8.458.578 cabeças, divididas da seguinte maneira: 2.847.148 (BA), 1.735.051 (PE), 1.386.515 (PI), 1.024.594 (CE), 600.607 (PB), 405.983 (RN), 373.144 (MA), 65.655 (AL) e 19.881 (SE).

Os maiores produtores de leite caprino no Nordeste são a Paraíba e o Rio Grande do Norte com, respectivamente, 18 mil e 10 mil litros/dia.

Paraíba

A Paraíba detém o quinto maior rebanho de caprinos do Nordeste, mas registra a maior produção de leite caprino da região, embora, recentemente, tenha perdido a posição para a Bahia.

Em 2010, foram catalogados 19 laticínios produtores de queijo na Paraíba, regulamentados com SIE (selo estadual) ou SIF (selo federal). Desses, 53,9% ficavam no Sertão Paraibano, 26,9% na Borborema, 15,4% no Agreste Paraibano e 3,8% na Mata Paraibana. Nesses laticínios, 88,5% dos queijos foram produzidos com leite de vaca e apenas 11,5% com leite de cabra.

CARIRI PARAIBANO

A região do Cariri é uma grande produtora de leite de cabra, com 12 mil litros/dia, e tem potencial para conseguir uma Indicação Protegida para queijos caprinos.

Entretanto, ainda não foram iniciadas as ações necessárias para requerer essa certificação ao Inpi.

O território dos Cariris Velhos Paraibano compreende 31 municípios, situando-se 29 deles na mesorregião da Borborema:

- MR-10 do Cariri Ocidental (MES-02 Borborema): Amparo, Assunção, Camalaú, Congo, Coxixola, Livramento, Monteiro, Ouro Velho, Parari, Prata, São João do Tigre, São José dos Cordeiros, São Sebastião do Umbuzeiro, Serra Branca, Sumé, Taperoá e Zabelê.
- MR-11 do Cariri Oriental (MES-02 Borborema): Alcantil, Barra de Santana, Barra de São Miguel, Boqueirão, Cabaceiras, Caraúbas, Caturité, Gurjão, Riacho de Santo Antônio, Santo André, São Domingos do Cariri e São João do Cariri.
- MR-17 de Campina Grande (MES-03 Agreste Paraibano): Boa Vista.
- MR-12 do Curimataú Ocidental (MES-03 Agreste Paraibano): Soledade.

Essa região tem os mais baixos índices pluviométricos do estado: o clima do Cariri Oriental é classificado como árido e o do Cariri Ocidental como semiárido.

PRODUTORES PARAIBANOS

- **Fazenda Carnaúba/Laticínio Grupiara**[1] (www.fazendacarnaubaelacticinio grupiara.blogspot.com.br), de Manoel "Manelito" Dantas Villar, primo de Ariano Suassuna, em Taperoá-PB, no Cariri Paraibano. Produz queijos artesanais com leite de cabra de pasteurização lenta desde 1979.

    * Arupiara Real: puro, de massa firme, que recebe um segundo tratamento térmico; obteve a medalha de ouro e votação popular no I Prêmio Queijo Brasil, em 2014. Tem ótima qualidade (O+).

    * Arupiara: versão mais simples do anterior, ganhou a medalha de prata no I Prêmio Queijo Brasil, em 2014.

    * Cariri: são quatro tipos, temperados com ervas e vegetais locais:
    - Marmeleiro, medalha de prata no I Prêmio Queijo Brasil, em 2014, e campeão no XI Encontro Nordestino (Enel), em 2013.

---

1. Atenção: existe um Laticínio Grupiara, em Valença (RJ), que nada tem a ver com esse produtor.

Queijo de Cabra Arupiara

- Aroeira, medalha de prata no I Prêmio Queijo Brasil, em 2014, e vice-campeão no XI Encontro Nordestino (Enel), em 2013.
- Cumaru, medalha de prata no I Prêmio Queijo Brasil, em 2014, e 3º colocado no XI Encontro Nordestino (Enel), em 2013.
- Alfazema, medalha de bronze no I Prêmio Queijo Brasil, em 2014.

* Borborema: uma espécie de pasta temperada com alho e cebola, medalha de bronze no I Prêmio Queijo Brasil, em 2014.

- **Cooperativa dos Produtores Rurais de Monteiro (Capribom)** (www.capribom.blogspot.com.br), no Cariri Paraibano. Está iniciando a produção de queijo caprino probiótico, com tecnologia da Embrapa Caprinos e Ovinos.

Rio Grande do Norte

Em 2006, segundo o IBGE, o Rio Grande do Norte teve a quarta maior produção de leite de cabra do Nordeste, com 2.507.682 litros, representando 9,4% dos 26.780.781 litros totais.

O Seridó Potiguar, localizado no sul da mesorregião Central Potiguar, é a região que detém a maior bacia leiteira do estado.

SERIDÓ POTIGUAR

Encontram-se bastante avançados os estudos visando solicitar ao Inpi uma indicação geográfica para a IP Queijo de Coalho e de Manteiga do Seridó Potiguar. Mas, com relação ao queijo de cabra, as providências iniciais ainda estão muito atrasadas.

Dos 25 municípios que formam a sub-região do Seridó Potiguar, apenas nove registram informações quanto à produção de leite de cabra, totalizando 37.575 litros mensais. Os municípios que mais produzem esse leite estão listados a seguir; os demais, respondem por um volume inferior a mil litros mensais:

- MR-11 do Seridó Ocidental (ME-02 Central Potiguar): nenhum importante.
- MR-12 do Seridó Oriental (MES-02 Central Potiguar): São José do Seridó (18.950), Currais Novos (5.125), Acari (2.570), Jardim do Seridó (1.930), Carnaúba de Dantas (300), Equador (300).
- MR-10 de Serra de Santana (MES-02 Central Potiguar): Santana do Matos (7.680), Cerro Corá (330).
- MR-04 do Vale do Açu (MES-01 Oeste Potiguar): Jucurutu (600).

PRODUTORES POTIGUARES

- **Ankari** (tel. 84-3213 4481), marca artesanal da Fazenda São Luiz de Androcles Kariell, em Currais Novos, no Seridó Potiguar. Queijos feitos com leite de cabra de pasteurização lenta: Queijo de Coalho de cabra e Queijo de Coalho de cabra temperado (com seis ervas mediterrâneas).
- **Cooperativa de Eletrificação e Desenvolvimento Rural do Seridó (Cersel)/ Laticínios Sant'Ana** (tel. 84-3405 3122), cooperativa de Currais Novos, no Seridó Potiguar.

Outros estados nordestinos

- **Laticínio Campo da Serra** (www.campodaserra.com.br), em Pombos-PE, no Agreste Pernambucano. Produz mais de 40 tipos de queijos especiais. Os queijos feitos com leite de cabra são: Crottin Frais, Boursin, Féta de cabra, Pecorino de cabra e Cabra da Serra.

SUDESTE

No Sudeste, o destino principal do leite de cabra é a produção de queijos finos, espelhados em tipos europeus, para uma população com maior poder de compra.

São Paulo

- **Capricoop** (www.capricoop.com.br), cooperativa produtora de queijos de cabra e de vaca (linha Serra das Antas), com sede em São Paulo-SP. Os produtos, amplamente disponíveis no mercado do Sudeste, são elaborados em São Paulo e em Minas Gerais, e estão divididos em duas marcas:

    * Chèvre d'Or: Chèvre à l'Huile, Féta de cabra temperado, Brie de cabra, Camembert de cabra.

    * Paulo Capri: Faisselle muito fresco, Boursin de cabra fresco, Chèvre aromatizado, Frescal de cabra, Petit Chèvre com e sem cinzas, Féta de cabra, Crottin, Buchette fresco, Chabichou (com mofo branco), Sainte Maure (com cinzas), Poîvre d'Ane (coberto com ervas), Chevrotin (curado por 4-6 semanas) e Caprino Romano (duro, curado por oito meses).

- **Capril do Bosque** (www.caprildobosque.blogspot.com), produtor dos queijos artesanais de cabra Delícias do Bosque, do Sítio Capril do Bosque, em Joanópolis-SP. São nove produtos:

    * Pirâmide do Bosque Cendré: tipo Valençay com cinzas, ganhou medalha de prata no I Prêmio Queijo Brasil, em 2014; Coração em Brasa com pimenta, obteve a medalha de bronze no mesmo concurso; Azul do Bosque (ótimo – O+), recebeu a medalha de bronze; Queijinhos do lobisomem: tipo Chèvre à l'Huile; Sainte Maure Blanc: tipo Sainte Maure sem cinzas; Sainte Maure Cendré: tipo Sainte Maure com cinzas; Lua do Bosque: tipo Camembert de cabra; Caprino do Embaixador: tipo Caprino Romano, semelhante a um Pecorino, mas feito com leite de cabra e com longa maturação de 200 dias; Serra da Lapa: tipo Serra da Estrela, mas feito de leite de cabra, com textura excelente e paladar discreto.

- **Capril Vale do Jacuí** (tel. 12-3111 1679), produtor de queijos artesanais de cabra, em Cunha. Faz o Caprino curado, medalha de prata no I Prêmio Queijo Brasil, em 2014; Frescal de cabra; Boursin de cabra; Cremoso de cabra; e Moleson de cabra.

- **Caprimilk** (www.caprimilk.com), produtor de queijos artesanais de cabra, em São José do Rio Preto Produz: Frescal de cabra; Minas Padrão de cabra; Cabra Fresco tipo Boursin sem temperos; Boursin de cabra com oito temperos (orégano, ervas finas, alecrim, cebolinha, pimenta-do-reino, pimenta-calabresa,

uva-passa e nozes), Pur Chèvre com cinzas; Camponês (massa prensada); e Caprino Romano (massa prensada e maturada).
- **Fazenda Nova Era** (tel. 19-3671 1224), produtora de queijos artesanais de cabra em Casa Branca. Faz: Casa Branca (curado com ápice aos seis meses); Frescal de cabra; Boursin de cabra com seis temperos (*lemon pepper, lemon herbs,* mostarda, sálvia e azeitonas pretas); e Cerejinha de cabra (bolinhas no azeite virgem).
- **Pecuária Albatroz** (tel. 11-4357 4000), produtora de queijos de cabra em São Bernardo do Campo. São 12 tipos: Frescal de cabra; Petit Fromage; Boursin de cabra; Chevrotin; Moleson de cabra; Sainte Maure; Crottin; Selles sur Cher; Pyramide; Brique; Charolais; e Camembert de cabra.

Rio de Janeiro
- **Capril de Ville** (www.facebook.com/caprildeville), produtor de queijos artesanais de cabra, em Secretário. Produz: Boursin de cabra com alho, medalha de prata no I Prêmio Queijo Brasil, em 2014; Boursin de cabra com gergelim, medalha de prata no mesmo concurso; e Boursin de cabra com ervas de Provence, medalha de bronze.
- **Caprilat** (www.caprilat.com), marca da CCA Laticínios de Nova Friburgo. Compra leite de cabra no Rio de Janeiro, Minas Gerais e, agora, também no Rio Grande do Sul. Fabrica Caprino Esférico (tipo os Creme Bola produzidos no Sul de Minas Gerais); Caprino Serrano (tipo de Gouda com cura mínima de 40 dias); e Gran Caprino (tipo Ementhal ou Maasdam, com olhaduras propiônicas, com cura mínima de 45 dias).
- **Fazenda Genève** (www.fazendageneve.com.br), produtora de queijos artesanais de cabra, em Teresópolis. Produz: Apéritif de cabra (Boursin em bolinhas, vendido em pote de vidro com azeite e orégano); Boursin de cabra; Frescal de cabra sem maturação; Crottin (tipo Crottin de Chavignol); Pyramide com cinzas; Sainte Maure com cinzas; Brique (odor e sabor fortes); Charolais; Caprino Romano (tipo de pecorino de cabra curado por oito meses).
- **Frialp** (www.queijosfrialp.com.br), uma queijaria-escola situada em Nova Friburgo, com cerca de 20% dos seus queijos são de leite de cabra. Produz: Minas Frescal de cabra; Chevrotin maturado por três semanas; Queijo Fundido de cabra e Moleson, queijo típico brasileiro registrado em 1988, também na versão leite de vaca – é um queijo semiduro de casca lavada, com uma bactéria láctica chamada *linens* do Vacherin Fribourgeois.

- **Sítio Solidão** (www.sitiosolidao.com.br), produtor de queijos artesanais de vaca, cabra e ovelha, em Miguel Pereira. Com leite de cabra, produz: Féta, curado de massa cremosa; Cablanca; e Caprino Romano.

Minas Gerais
- **Capril K-Braz** (tel. 12-98112 0202), na Fazenda Primavera, de Arthur Veloso Faria, produtor de queijos artesanais de cabra, Brazópolis. Produz: Chevrotin, medalha de prata no I Prêmio Queijo Brasil, em 2014; Parmesão caprino, medalha de bronze e votação popular no mesmo concurso; Boursin de cabra; Frescal de cabra.

OUTROS ESTADOS
- **Pollaccia Delicatessen** (www.queijariadoc.com.br), pertencente ao italiano Stefano Pollaccia, produtor artesanal, em Cuiabá-MT. Além de alguns queijos de vaca, produz: Capra; Capra di Bosco; Robiola di Rocca; e Raviggiolo di Capra, produzido por coagulação ácida.

ONDE COMPRAR

Na atualidade, a maioria desses queijos pode ser adquirida em supermercados e lojas especializadas das regiões Sudeste e Sul do país. Há três queijarias especializadas que estão despontando:

- **A Queijaria** (www.aqueijaria.com.br), loja de Fernando Oliveira, em São Paulo-SP. Vende os queijos de cabra da Fazenda Carnaúba, além do Casa Branca da Fazenda Nova Era, o Azul do Bosque do Capril do Bosque e o Cremoso de cabra do Capril Vale do Jacuí.
- **Mercearia Mestre Queijeiro** (www.mestrequeijeiro.com.br), loja de Bruno Cabral, em São Paulo-SP. Vende o Azul do Bosque, Pirâmide do Bosque Cendré e Coração em Brasa, todos do Capril do Bosque, além do Parmesão caprino do Capril K-Braz.
- **Casa Carandaí** (www.casacarandai.com.br), no Rio de Janeiro-RJ. Vende queijos da Fazenda Genève e do Sítio Solidão.

O QUEIJO
LEITE

Em 2011, a maior parte do leite de cabra (94%) foi comercializada majoritariamente sob a forma de leite fluido, seguido por 3% de leite em pó e apenas 3% de derivados, como queijo e iogurte.

No Nordeste, os rebanhos de caprinos nativos e Sem Raça Definida (SRD) constituem o maior grupo populacional, com cerca de 70%. Esses animais apresentam alta tolerância ao ambiente semiárido, porém sua produção de leite é baixa. É recomendável o emprego de raças paternas importadas, com aptidão leiteira, tais como Saanen, Parda Alpina e Toggenburg, em cruzamentos com as raças nativas ou SRD. Dessa forma, obtêm-se cabras mestiças de boa resistência às condições do semiárido e de maior produção leiteira em relação às nativas ou SRD.

Já a produção de leite de cabra na região Sudeste caracteriza-se pelo uso de animais de raças leiteiras especializadas (Saanen, Parda Alpina e Toggenburg) ou mestiços dessas raças.

TIPOS

Os dois principais polos produtores de queijo de leite de cabra do país possuem abordagens bem distintas. No Sudeste, a maior parte do queijo produzido tem receita baseada em exemplares europeus, com algumas poucas exceções. As influências são:

- Queijos franceses: Chèvre à l'Huile, Boursin de cabra, Boursin de cabra temperado, Bûchette, Brique, Selles-sur-Cher, Sainte Maure, Valençay ou Pyramide, Chabichou, Crottin, Charolais, Camembert de cabra, Brie de cabra, Chevrotin.
- Queijo italiano: Caprino Romano.
- Queijo grego: Féta (apesar de o original ser feito com leite de ovelha).
- Queijos brasileiros: Minas Frescal, Minas Padrão, Moleson, Caprino Esférico, Caprino Serrano, Gran Caprino, Azul do Bosque de cabra.

Por outro lado, os produtores nordestinos estão desenvolvendo uma série de queijos de cabra que empregam ingredientes regionais típicos. Por exemplo:

- Frescal de cabra.
- Frescal de cabra temperado com ervas e vegetais locais, como alfazema, aroeira, cumaru, marmeleiro etc.
- Queijo de Coalho caprino.
- Queijo de Coalho caprino temperado: adiciona-se produtos do Bioma Caatinga, entre eles o óleo de pequi (*Caryocar brasiliense*) e a entrecasca do cumaru (*Amburana cearensis*). Está sendo desenvolvido na Embrapa Caprinos e Ovinos, com boa procura pelos produtores.
- Queijo de Coalho caprino maturado e defumado: outro entre os queijos que estão sendo estudados pela Embrapa Caprinos e Ovinos.
- Queijo caprino cremoso probiótico: produto que está sendo desenvolvido pela Embrapa Caprinos e Ovinos. Contém duas bactérias probióticas em cocultura, *Bifidobacterium animalis* Bb12 e *L. acidophilus* La5, atendendo à legislação brasileira para produtos probióticos.

Além dessas experiências, o Sebrae-PB patrocinou a vinda do mestre queijeiro Ignázio Plaza, da região de Estremadura, para introduzir na região um queijo fino de cabra típico espanhol, o Ibories.

CARACTERÍSTICAS

O queijo de cabra é muito branco, devido à ausência de caroteno na gordura. São ainda mais brancos quando frescos, ficando levemente amarelados quando maturados.

A gordura do leite de cabra difere muito da do leite de vaca. Apresenta maior quantidade de certos ácidos graxos, como o caproico, o caprílico e o cáprico, responsáveis pelo sabor e aroma típicos desses queijos.

QUEIJOS DE OVELHA DO BRASIL

GERAL

A criação de ovelhas é muito antiga no Brasil, tendo sido introduzida pelos colonos portugueses. Até hoje, a maior parte do nosso rebanho ovino é destinada à produção de carne e de lã, sendo a de leite ainda incipiente. Mesmo que o Brasil tenha recebido fortes influências culturais dos povos ibéricos, o consumo do leite ovino e de seus derivados, em especial do queijo, era praticamente ignorado até há bem pouco tempo.

A ovinocultura leiteira no país iniciou-se na década de 1990, com a importação de espécimes da raça Lacaune. Portanto, a nossa experiência com queijos de ovelha tem apenas pouco mais de 20 anos de idade.

REGIÕES PRODUTORAS

O rebanho ovino brasileiro, no final de 2011, somava 17.662.201 cabeças. Os estados mais representativos eram: Rio Grande do Sul (4 milhões de cabeça ou 22,6%), Bahia (17,4%), Ceará (12,1%), Pernambuco (10,5%) e Piauí (7,9%). Todos os demais estados produtores de leite ovino para elaboração de queijos finos possuem plantéis mais modestos: Paraná (3,6%), São Paulo (2,6%), Santa Catarina (1,7%), Minas Gerais (1,3%) e Rio de Janeiro (0,3%).

Segundo uma estimativa da Associação Brasileira de Criadores de Ovinos Leiteiros (Abcol), com sede em Chapecó, no Oeste catarinense, o país tem 6 mil ovinos aptos a produzir leite. Desse total, cerca de 2,8 mil estão em Santa Catarina, 1,5 mil no Rio Grande do Sul e os demais distribuídos entre São Paulo, Rio de Janeiro, Minas Gerais e Paraná.

No Sul e Sudeste existem iniciativas de produção de leite de ovelhas, beneficiado como queijos diversos e iogurte, em laticínios com registro nos Sistemas de Inspeção Federal, Estadual e Municipal e em produções artesanais.

RIO GRANDE DO SUL

Em 1992, os primeiros ovinos com aptidão leiteira, da raça Lacaune, foram importados da França para o Brasil. O importador pioneiro foi a Cabanha Dedo Verde, do grupo Confer Alimentos, detentor do laticínio que comercializa a marca Lacaune, sediada em Viamão. Desde então, esse criador é a fonte de difusão dessa raça para todo o Sul e Sudeste do Brasil. O segundo laticínio ovino a prosperar no estado foi a Casa da Ovelha, em Bento Gonçalves.

Contudo, o Rio Grande do Sul perdeu sua liderança para Santa Catarina, que, depois de apenas sete anos investindo, já possui o maior rebanho ovino leiteiro do país. Atualmente, os maiores rebanhos de ovelha continuam no Sul do estado, na Campanha Gaúcha, porém voltados para produção de carne e pele.

Féta

Produtores
- **Lacaune** (www.lacaune.com.br), marca da Cabanha Dedo Verde, produtora de queijos de leite de ovelha da raça Lacaune, pertencente à Confer Alimentos, em Viamão, município vizinho a Porto Alegre. Quando os queijos foram lançados, em 2001, fabricavam também Fascal semimaturado, Fascal maturado e Fascal extramaturado, que foram descontinuados. Atualmente, produz o tipo Féta de massa mole maturado e conservado em salmoura por dois meses, de leite integral pasteurizado, ótimo (O+); e Roquefort, de massa azul, produzido com leite integral cru.
- **Casa da Ovelha** (www.casadaovelha.com.br), produtor de queijos de ovelha da raça Lacaune, de leite próprio e comprado, em Bento Gonçalves, na Serra Gaúcha. Produz Ricota de ovelha, tipo Féta e tipo Pecorino Toscano (fresco, maturado 90 dias, 180 dias ou 270 dias).

SANTA CATARINA

Em 2006, Érico Tormen, o primeiro presidente da Associação Brasileira dos Criadores de Ovinos de Raças Leiteiras (Abcol), levou para o Oeste catarinense um rebanho de ovinos da raça Lacaune. Esse empresário pioneiro, proprietário da Cabanha Chapecó, foi um dos responsáveis por transformar Santa Catarina no maior estado produtor de leite de ovelha do país, com cerca de 200 mil litros por ano, o que representa cerca de 40% da produção nacional, segundo dados da Abcol. Atualmente, a Cabanha Chapecó possui aproximadamente 800 ovelhas adultas, das raças Lacaune (de origem francesa) e East Friesian ou Milchschaf (de origem alemã), vendendo parte do seu leite ao laticínio Gran Paladare.

Produtores
- **Gran Paladare** (www.granpaladare.com.br), produtor de queijos de vaca e ovelha, em Chapecó, no Oeste catarinense. Produz queijo de ovelha com leite próprio ou comprado de ovelhas da raça Lacaune. O queijo fabricado é o maturado tipo Pecorino em três versões: curado três meses, seis meses ou 12 meses. Ganhou a medalha de bronze no I Prêmio Queijo Brasil, em 2014.
- **Gran Mestri** (www.granmestri.com.br), marca de queijos de vaca e ovelha da Gran Padania do Brasil, pertencente a Acari Menestrina (ex-dono da Cedrense), em Guaraciaba, no Oeste catarinense. Fabrica Pecorino Romano (queijo duro de textura granulosa e maturação mínima de oito meses) e Pecorino Sardo (queijo duro de textura granulosa e salgado).

PARANÁ
- **Cabanha Santa Cecília** (www.cabanhastacecilia.com.br), produtora de queijos artesanais de leite próprio da raça Lacaune, em Cascavel, no Oeste paranaense. Faz Ceciliano, de textura macia e 30 dias de maturação.

SÃO PAULO
Esse estado ainda não possui nenhum produtor comercial de queijo de ovelha, apesar de ser um dos maiores centros consumidores brasileiros desse produto.

RIO DE JANEIRO
As pastagens ovinas situam-se em terras altas fluminenses, nas encostas da Serra da Mantiqueira.

Produtores
- **Quinta da Pena** (www.facebook.com/QuintaDaPena), produtora de queijos artesanais de leite de ovelhas da raça Lacaune no Vale das Videiras, distrito de Petrópolis. Produz o Amanteigado de ovelha tipo Serra da Estrela (ótimo O+), medalha de bronze no I Prêmio Queijo Brasil, em 2014; Ricota de ovelha; Boursin de ovelha; Brebier; Tomme de ovelha; Pyramide tradicional (sem cinzas) e Pyramide Cendré (com cinzas).

- **Sítio Solidão** (www.sitiosolidao.com.br), produtor de queijos de vaca, cabra e ovelha, em Miguel Pereira, município vizinho a Petrópolis. Os queijos são de leite próprio, da raça Lacaune, e de leite comprado na região. São eles: Amanteigado de ovelha tipo Serra da Estrela, medalha de bronze no I Prêmio Queijo Brasil, em 2014; Pecorino 180 dias, medalha de prata no mesmo concurso; Pecorino Toscano, medalha de prata (uma versão com ervas também ganhou a medalha de bronze); e Minas de ovelha, medalha de bronze.
- **Cabanha Mirambeau** (www.facebook.com/CabanhaMirabeau), produtora de queijos artesanais de leite de ovelha em Vassouras. Produz Maturado de ovelha, medalha de bronze no I Prêmio Queijo Brasil, em 2014; Frescal de ovelha, medalha de bronze no mesmo concurso; e Féta 100% de leite de ovelha.

MINAS GERAIS

Esse estado já dispoẽ de alguns laticínios localizados em sítios de altitude, nas mesorregiões meridionais, MES-10 do Sul e Sudoeste de Minas (na Serra da Mantiqueira) e MES-09 do Oeste de Minas.

Produtores

- **Cabanha Vida** (www.cabanhavida.com.br), produtora de queijos de ovelha da raça Lacaune, em São Lourenço, na MES-10. Produz Ricota de ovelha, Fresco de ovelha, Féta de ovelha, Meia Cura de ovelha e Gouda de ovelha.
- **Cabanha Capim Azul** (telefone não divulgado), produtora de queijos de ovelha de leite da raça Lacaune, em Sapucaí Mirim, na MES-10. Produz o Ovelha Curado: de massa amanteigada, fabricado com leite cru e maturado por 30 dias.
- **Sabores da Ovelha** (www.saboresdaovelha.com.br), produtor de queijos artesanais de leite de ovelhas próprias, no Rancho Bela Vista, em Itapecerica, na MES-09.

ONDE COMPRAR

Quase todos os queijos citados, por serem produzidos na parte meridional do país, podem ser adquiridos em supermercados e em lojas especializadas das regiões Sudeste e Sul. Três queijarias especializadas, que estão despontando:

- **A Queijaria** (www.aqueijaria.com.br), loja de Fernando Oliveira, em São Paulo-SP.

- **Mercearia Mestre Queijeiro** (www.mestrequeijeiro.com.br), loja de Bruno Cabral, em São Paulo-SP. Vende o Serra da Estrela da Quinta da Pena e o queijo de ovelha maturado da Gran Paladare.
- **Casa Carandaí** (www.casacarandai.com.br), no Rio de Janeiro-RJ. Vende queijos da Quinta da Pena.

O QUEIJO
LEITE

O leite de ovelha raramente é consumido fresco. Por ser muito mais concentrado do que os de vaca e de cabra, geralmente é processado em derivados lácteos, especialmente queijos e iogurtes, em todo o mundo.

O teor de proteína do leite de ovelha é muito superior em relação aos de vaca, de cabra e de búfala. Apesar da quantidade maior de gordura, ele é de fácil digestão e a proporção elevada de ácidos graxos saturados de cadeia curta e média melhora a absorção da lactose, diminuindo os efeitos maléficos daqueles que sofrem de intolerância.

É também um leite bastante nutritivo: contém 75% a mais de cálcio se comparado ao leite de vaca, e é rico em minerais como potássio, manganês, sódio, cobre, zinco e fósforo. Entre as vitaminas, destaca-se a vitamina C, com um teor 150% maior em relação ao leite de vaca.

As raças leiteiras mais empregadas no país são a francesa Lacaune, introduzida em 1992, e a alemã East Friesian ou Milchschaf, introduzida em 2007, considerada a raça que mais produz leite entre todas as raças ovinas.

CARACTERÍSTICAS

O queijo de ovelha é muito branco, devido à ausência de caroteno na gordura. Por ser mais rico em cálcio, as massas dos queijos de ovelha são mais ásperas e com aspecto um pouco granulado.

QUEIJOS DE BÚFALA DO BRASIL

GERAL

Os búfalos são animais domésticos da família dos *Bovidae*, criados para produzir carne e leite. De origem asiática e classificados na sub-família *Bovinae*, gênero

Bubalus, estão divididos em dois grupos principais: o *Bubalus bubalis* ("River buffalo" ou Búfalo-do-rio); e o *Bubalus bubalis var. kerebau* ou Carabao, composto por apenas uma raça, conhecida como "Swamp buffalo" ou Búfalo-do-pântano.

Os búfalos chegaram ao Brasil em 1895, mais precisamente na Ilha de Marajó, no Pará. Quatro raças são reconhecidas pela Associação Brasileira de Criadores de Búfalos (ABCB): Mediterrâneo, Murrah, Jafarabadi (Búfalo-do-rio) e Carabao (Búfalo-do-pântano). Os animais da raça Mediterrâneo são de origem italiana, criados para produção de carne e de leite. A Murrah, de origem indiana, é a principal raça leiteira; e a Jafarabadi, também indiana, é a de maior porte. A Carabao, de origem filipina, bastante adaptável às regiões pantanosas, está concentrada na Ilha de Marajó.

Atualmente, o rebanho bubalino marajoara é composto principalmente pelas raças Murrah, Jafarabadi e Mediterrâneo e seus cruzamentos. A Murrah é a mais comum, por adaptar-se bem à dupla função: produz bom leite e saborosa carne. A raça Carabao e o tipo Baio (que não é considerado raça pela ACBC) ainda são encontrados na ilha; contudo, estão em risco de extinção e descaracterização.

LEITE DE BÚFALA

O leite bubalino tem maior vantagem qualitativa em relação ao bovino. Os elevados teores de gordura (43,6% a mais) e de sólidos totais (43,8% a mais) desde leite suplantam em 40% o rendimento na fabricação dos derivados em comparação ao de vaca.

Além disso, ele é mais concentrado do que o leite bovino, apresentando menos água e mais matéria seca (17,1% a mais em extrato seco desengordurado). Possui, também, teores de proteínas (48% a mais) e minerais (59% a mais de cálcio e 47% a mais de fósforo) que superam consideravelmente os do leite de vaca. Por fim, tem 33% menos colesterol e, apesar de possuir menos lactose, apresenta um sabor adocicado.

A ausência do caroteno na composição química do leite bubalino é uma de suas características mais marcantes, conferindo-lhe coloração branca, diferentemente da cor amarelada do leite bovino.

REGIÕES PRODUTORAS

No final de 2011, segundo o IBGE, o Brasil detinha um efetivo de 1.277.199 cabeças de búfalo. A região Amazônica respondia por 69,3% delas, divididas da seguinte forma: Pará (38,0%), Amapá (18,4%), Maranhão (6,5%) e Amazonas (6,4%). Os dois estados posicionados logo a seguir foram: Rio Grande do Sul (6,1%) e São Paulo (5,9%).

Porém, a finalidade principal das criações da região Norte é a produção de carne (64,2%). O Sudeste, com apenas 10,3% do rebanho brasileiro, é a maior região produtora de leite de búfala. Em 2009, a região era responsável por 46% da produção total de leite bubalino, enquanto o Norte respodia por 32%.

Em relação aos dados dos estados, de acordo com dados publicados pelo IBGE, em 2006 o Pará concentrou a maior produção de leite de búfala, 11.264 mil litros, seguido por São Paulo (10.296), Minas Gerais (7.406) e Amazonas (4.722). A soma da produção dos quatro estados correspondeu a 73,3% do total ordenhado.

Atualmente, em São Paulo, Ceará, Maranhão, Bahia e Paraná, existem laticínios que processam exclusivamente leite de búfala. São Paulo é o segundo estado em produção de leite bubalino, logo atrás do Pará, com 10,3 milhões de litros, em 2006.

Além do queijo Muçarela, os laticínios têm elaborado uma diversidade de queijos com o leite de búfala, a maioria deles de ascendência italiana: Ricota, tipo Minas Frescal, tipo Minas meia cura, Caciocavallo, Scamorza, Burrata etc. A ABCB criou um selo de pureza para a Muçarela, que garante a elaboração exclusiva com leite de búfala.

PRODUTORES
- **Búfalo Dourado** (www.bufalodourado.com.br), laticínio com selo 100% de pureza da ABCB, em Dourados-SP. Produz Ricota fresca e Muçarela (em vários formatos e apresentações, incluindo a defumada).
- **La Vera Mozzarella di Bufala** (www.lavera.com.br), fazenda com selo 100% de pureza da ABCB, em Natividade da Serra-SP. Produz Ricota fresca e Muçarela (em vários formatos e apresentações).
- **La Bufalina** (www.labufalina.com.br), fábrica que pertencia à família Auricchio, em Guaratinguetá-SP. Produz Ricota fresca, Muçarela (em vários formatos e apresentações), Caciocavallo e Scamorza.
- **Bufalat** (www.bufalat.com.br), fábrica das famílias Auricchio e Turi, em São Luís do Paraitinga-SP. Produz Ricota fresca, Muçarela (em vários formatos e apresentações, incluindo a defumada), Burrata, Burrino, Provola defumada, Frescal e Meia Cura.
- **Fazenda Santa Helena** (https://www.facebook.com/pages/Fazenda-Santa-Helena/111675495608330?fref=nf), queijos artesanais em Sete Barras-SP. Produz Frescal natural, Frescal com pimenta, Frescal com damasco, Ricota fresca e Muçarela (em vários formatos e apresentações).
- **Oro Bianco** (www.orobianco.com.br), laticínio em Guaratinguetá-SP. Produz Muçarela da marca Mozarella di Búfala, que ganhou a medalha de bronze no I Prêmio Queijo Brasil, em 2014, e o Minas Frescal di Búfala, medalha de bronze no mesmo concurso.
- **Valle d'Oro** (tel. 13-3821 4977), laticínio em Registro-SP. Produz as linhas Valle d'Oro (100% de búfala industrial), Pulcinella (100% de búfala artesanal), Campobasso (80% de búfala e 20% de vaca) e EOS (orgânica).

- **Yema** (www.yema.com.br), fábricas em São Miguel Arcanjo-SP, Guareí-SP e Andrelândia-MG. Produz inúmeros queijos de leite bovino e bubalino.

QUEIJO DO MARAJÓ

Sem dúvida, o queijo de búfala mais reconhecido e típico do Brasil é o Queijo do Marajó. Tem, inclusive, muito potencial para ser uma Indicação Geográfica.

O Queijo do Marajó é fabricado há mais de 200 anos. No início, era produzido exclusivamente com leite bovino, por famílias de fazendeiros portugueses e franceses.

Os búfalos da raça Carabao foram introduzidos na Ilha de Marajó, em 1895, pelas mãos do fazendeiro Vicente Chermont de Miranda. Esses animais encontraram condições propícias para seu desenvolvimento, devido às pastagens naturais e aos campos inundáveis.

A partir da década de 1930, quando o rebanho bubalino proliferou, o leite de búfala começou a ser utilizado para a fabricação de queijo, misturado ao leite bovino. Atualmente, o leite de búfala é, de longe, a principal matéria-prima deste produto.

O criador João Batista Lima foi o primeiro a explorar a búfala como produtora de leite, elaborando em suas fazendas, nos municípios de Cachoeira do Arari e Soure, o "Queijo do Marajó tipo manteiga". Nessa mesma época, o produtor Francisco de Castro Ribeiro começou a inovar tecnologicamente a produção de

Queijo do Marajó

queijo, importando da Holanda a primeira desnatadeira, originando o "Queijo do Marajó tipo creme".

Hoje, no canto nordeste da ilha, onde fica o principal reduto produtor desse queijo, Soure e Salvaterra produzem apenas o queijo tipo creme. Já em Cachoeira do Arari, haja vista que não há nenhuma queijaria com desnatadeira, só é elaborado o tipo manteiga.

REGIÃO PRODUTORA
ILHA DE MARAJÓ

Em 2011, o Pará detinha o maior rebanho de bubalinos do país, com 485 mil cabeças. Só a Ilha de Marajó possuía cerca de 70% do total estadual, ou seja, 338 mil animais.

Essa imensa ilha, com 40.100 km², é dividida em 16 municípios que pertencem à entidade estatística do IBGE denominada Mesorregião MES-02 do Marajó, dividida em três microrregiões:

- Microrregião MR-06 do Arari: Cachoeira do Arari, Chaves, Muaná, Ponta de Pedras, Salvaterra, Santa Cruz do Arari, Soure.
- Microrregião MR-05 de Furos de Breves: Afuá, Anajás, Breves, Curralinho, São Sebastião da Boa Vista.
- Microrregião MR-04 de Portel: Bagre, Gurupá, Melgaço, Portel, apesar de não ser considerada, por alguns, como parte da Ilha de Marajó propriamente dita.

Alguns municípios da Ilha de Marajó possuem os maiores efetivos bubalinos do país, notadamente: Chaves (1º), Soure (3º), Cachoeira do Arari (6º), Santa Cruz do Arari (8º), Muaná (11º), Ponta de Pedras (12º) e Salvaterra (18º). Atualmente, os municípios de Soure e Cachoeira do Arari são os maiores centros produtores de queijo de leite de búfala do Pará.

O clima da ilha, segundo a classificação de Köppen, é do tipo tropical chuvoso, com precipitação média anual de 2.500 mm, temperatura média de 27ºC e umidade relativa de 85%. A pluviosidade está distribuída em dois períodos distintos: de fevereiro a setembro, quando atinge o máximo, e de outubro a janeiro, com menores índices. No entanto, o pico das chuvas ocorre de fevereiro a maio, fazendo com que até dois terços da ilha fiquem completamente alagados. Durante a entressafra, no período de seca (outubro a janeiro), a produção mensal é reduzida em 15% e, nos 85% restantes, a produção fica suspensa devido à baixa produção do leite de búfala.

PRODUTORES

Estima-se que a Ilha de Marajó abrigue mais de 60 queijarias. Além da Fazenda Mironga, mais cinco produtores receberam o selo de produtores artesanais, concedidos pela Agência de Defesa Agropecuária do Estado do Pará (Adepara), órgão fundado com o objetivo de legalizar a produção de todas as queijarias.

- **Fazenda Mironga** (https://www.facebook.com/pages/Queijo-do-Marajó/628620563835085), de Carlos Augusto Nunes Gouveia, o "Tonga", produtor artesanal de Soure (registro nº 001 da Adepara para queijo artesanal). Ele conseguiu o selo sem precisar usar leite pasteurizado em seu Queijo do Marajó tipo creme, que emprega 100% de leite de búfala.
- **Santa Filomena** (www.facebook.com/queijosantafilomena), de Carlos Piqueira Diniz, produtor artesanal em Muaná (registro nº 016 da Adepara para queijo artesanal). O seu Queijo do Marajó tipo creme, feito com 100% de leite de búfala, ganhou a medalha de bronze e na votação popular no I Prêmio Queijo Brasil, em 2014.
- **Queijaria do Prudencinho** (telefone não divulgado), do Sítio Bom Jesus de Prudêncio Amador da Paixão, produtor artesanal de Cachoeira do Arari (registro nº 005 da Adepara para queijo artesanal).
- **Laticínios Péua** (tel. 91-98845 0794, 91-98836 3790), de Haroldo Palheta da Silva, produtor artesanal de Soure (registro nº 006 da Adepara para queijo artesanal).
- **Fazenda São Victor** (https://www.facebook.com/queijofazendasaovictor), de Marcus Pinheiro, produtor artesanal de Salvaterra (registro nº 013 da Adepara para queijo artesanal).

ONDE COMPRAR

- **Mercearia Mestre Queijeiro** (www.mestrequeijeiro.com.br), loja paulistana de Bruno Cabral. Vende o Queijo Marajó tipo creme da Fazenda Mironga.

ASPECTOS LEGAIS

A Portaria Adepara nº 418, de 4/3/2013, constitui o Regulamento Técnico de Produção do Queijo do Marajó.

Conforme os Padrões de Identidade e Qualidade (PIQ) da Portaria nº 418/13:

Entende-se por Queijo do Marajó o produto elaborado artesanalmente na área geográfica do arquipélago do Marajó, conforme a tradição histórica e cultural da região onde for produzido, obtido pela fusão da massa coalhada, dessorada de leite de búfala e/ou leite de búfala misturado com leite bovino na proporção máxima de 40%, lavada com água ou leite de búfala ou bovino, obtido por coagulação espontânea e adicionado de creme de leite ou manteiga.

Eles se classificam, de acordo com o processo de fabricação adotado, em:

I - Queijo tipo manteiga – no processo de cozimento da massa, denominado de "fritura", adiciona-se a manteiga propriamente dita.
II - Queijo tipo creme – no processo de cozimento da massa, denominado de "fritura", adiciona-se o creme de leite obtido do desnate do leite a ser coagulado.

Características sensoriais: consistência semidura, fatiável; textura compacta, lisa e sem olhaduras; cor branco-palha; livre de odores estranhos ao produto; sabor levemente ácido e salgado; formato cilíndrico ou retangular.

Características físico-químicas: gordura total: máximo de 40%; gordura no extrato seco: máximo de 65% (queijos gordos a extragordos); umidade: mínimo de 35% e máximo de 50%; cloreto de sódio: mínimo de 1% e máximo de 2%. Podem ser adicionados ao processo de fabricação do Queijo do Marajó o ácido sórbico e seus sais de Na, K e Ca, citrato de sódio e corretores de acidez (bicarbonato de sódio).

O QUEIJO
CARACTERÍSTICAS

O Queijo do Marajó é classificado como queijo de massa cozida, não prensado, não maturado e não pasteurizado.

O queijo tipo manteiga, com cerca de 35% de umidade e teor de lipídios de 42%, é mais seco e mais gorduroso que o tipo creme, com cerca de 50% de umidade e 22% de lipídios. O queijo tipo creme fica cremoso, com textura macia, mas não diluído, sendo levemente ácido e salgado. O paladar parece de um requeijão cremoso, porém é mais firme.

PROCESSO

Segundo a Portaria nº 418/2013, nas queijarias que possuem estrutura de refrigeração compatível com a produção e refrigeram os queijos, o prazo de validade do produto estipulado pelo produtor é de até 30 dias, expresso no rótulo. Nas queijarias que armazenam o queijo em temperatura ambiente e embalam o produto a vácuo ou em potes selados, o prazo de validade deve ser de até dez dias, expresso no rótulo. Nas queijarias que armazenam o queijo em temperatura ambiente e usam os demais tipos de embalagem, o queijo deve ter validade de até sete dias, expresso no rótulo.

Queijo do Marajó tipo creme

O processo produtivo contempla as seguintes etapas:

- Recepção do leite cru.
- Desnate do leite, utilizando desnatadeiras. Recolha e armazenagem do creme de leite.
- Fermentação natural do leite desnatado, com auxílio do soro separado da coalhada do dia anterior, e sua consequente coagulação.
- Após a coagulação, quebra da coalhada, para obter a separação da massa do soro (guardando parte do soro para o dia seguinte).
- Dessoragem da massa, em dessorador de tecido de fibra sintética.
- Lavagem da massa dessorada com água, em panela ou tacho com aquecimento externo, para cozimento, visando diminuir a sua acidez. Agitação contínua da massa, aumentando a saída do soro ainda presente.
- Lavagem da massa com leite desnatado (preferencialmente bubalino), com escaldamento realizado com temperaturas acima daquelas do cozimento anterior, sempre com agitação, até a formação completa da liga e saída de mais soro.
- Dessoragem do soro obtido, em dessorador de tecido de fibra sintética.
- Esfriamento da massa e corte em blocos para ser levada à prensa.
- Prensagem da massa para retirada do soro residual. A massa prensada fica com uma consistência bem dura e seca.
- Moagem da massa, deixando-a moída, ralada ou triturada.
- Adição de sal ou de outros ingredientes permitidos.

- Adição do creme de leite reservado e fritura da massa, visando obter uma pasta elástica. A temperatura do queijo, nessa etapa, deve atingir o mínimo de 80ºC, por 15 segundos, ou tratamento correspondente.
- Enformagem manual da massa ainda quente nas formas.
- Desenformagem e embalagem.
- Rotulagem.
- Armazenagem dos queijos em refrigeração de até 10ºC.

Queijo do Marajó tipo manteiga

O processo produtivo é muito semelhante ao tipo creme, contemplando as seguintes etapas:

- Recepção do leite cru.
- Fermentação natural do leite integral, com auxílio do soro separado da coalhada do dia anterior, e sua consequente coagulação.
- Coleta da nata (creme), que vem a ser a camada de gordura superficial. Fabricação e armazenamento da manteiga.
- Quebra da coalhada, para obter a separação da massa do soro (guardando parte do soro para o dia seguinte).
- Dessoragem da massa, em dessorador de tecido de fibra sintética.
- Lavagem da massa dessorada com água, em panela ou tacho com aquecimento externo, para cozimento, visando diminuir a sua acidez. Agitação contínua da massa, aumentando a saída do soro ainda presente (etapa opcional).
- Lavagem da massa com leite integral (preferencialmente bubalino), com escaldamento realizado em temperaturas acima das do cozimento anterior, sempre com agitação, até a formação completa da liga e saída de mais soro.
- Enxugamento da massa em uma peneira plástica ou metálica, retirando o restante de soro.
- Adição de sal ou de outros ingredientes permitidos.
- Transferência da massa para uma panela ou tacho. Aquecimento e agitação constante da massa até que se funda homogeneamente. Retirada do soro que for liberado.
- Adição da manteiga produzida e reservada, de forma gradual e sempre mexendo. Fritura da massa até que o bloco de queijo se solte do fundo da panela ou do

tacho. A temperatura do queijo, nessa etapa, deve atingir o mínimo de 80ºC, por 15 segundos, ou tratamento correspondente.
- Enformagem manual da massa ainda quente nas formas.
- Desenformagem e embalagem.
- Rotulagem.
- Armazenagem dos queijos em refrigeração de até 10ºC.

FRANÇA

GERAL

Quando se fala de queijo, o primeiro país que vem à nossa mente é justamente a França, com suas quase mil opções entre as 4 mil variedades produzidas no mundo. Apesar de a França ser um dos maiores produtores, estatisticamente é ultrapassada por outras nações nos seguintes aspectos: produção (Estados Unidos e Alemanha), exportação (Alemanha e Holanda) e consumo *per capita* (Grécia, até recentemente). Contudo, é consenso que os queijos gauleses são os melhores, quando considerados globalmente, pois oferecem uma incrível diversidade de tipos, com altíssimos padrões de qualidade. Porém, quando analisados individualmente, queijos de outros países podem rivalizar e até superar muitos dos similares franceses. Entre estes, encontram-se vários relacionados como meus queijos favoritos (p. 33).

Os melhores queijos gauleses provêm das antigas províncias de Normandie (Camembert, Pont-l'Evêque e Livarot), Auvergne (Fourme d'Ambert, Cantal e Saint-Nectaire), Savoie (Reblochon, Beaufort e Tomme de Savoie) e Franche-Comté (Mont d'Or, Comté e Morbier).

> *"Como você pode governar um país que produz mais de 370 variedades de queijo?"*
> CHARLES DE GAULLE

PRINCIPAIS QUEIJOS

Atualmente, 45 queijos franceses são certificados com Appellation d'Origine Protégée (AOP – Denominação de Origem Protegida, DOP). São eles, por tipo de leite:

VACA

Vinte e oito tipos de queijo: Abondance, Beaufort, Bleu d'Auvergne, Bleu de Gex Haut-Jura ou Bleu de Septmoncel, Bleu des Causses, Bleu du Vercors-Sassenage, Brie de Meaux, Brie de Melun, Camembert de Normandie, Cantal ou Fourme de Cantal, Chaource, Comté, Époisses, Fourme d'Ambert, Fourme de Montbrison, Laguiole, Langres, Livarot, Maroilles, Mont d'Or ou Vacherin du Haut-Doubs, Morbier, Munster, Neufchâtel, Pont-l'Evêque, Reblochon de Savoie, Saint-Nectaire, Salers e Tome des Bauges.

CABRA

Catorze queijos feitos com leite de cabra: Banon, Chabichou du Poitou, Charolais, Chavignol ou Crottin de Chavignol, Chevrotin, Mâconnais, Pélardon, Picodon, Pouligny Saint-Pierre, Rigotte de Condrieu, Rocamadour, Sainte-Maure de Touraine, Selles-sur-Cher e Valençay.

OVELHA

São três: Brocciu, Ossau-Iraty e Roquefort.

Além dos AOPs, existem seis queijos com Indication Géographique Protégée (IGP – Indicação Geográfica Protegida): Emmental de Savoie, Emmental Français Est-Central, Gruyère, Saint-Marcelin, Tomme de Savoie e Tomme des Pyrénées.

CHÈVRES DA FRANÇA

A FRANÇA É O MAIOR produtor mundial de queijos de cabra, com 107 mil toneladas em 2012. Os franceses são, também, os maiores consumidores desse tipo de queijo.

A grande maioria dos queijos de cabra gauleses é classificada como de massa mole e casca natural. As exceções, entre os mais conhecidos, são os queijos Chèvre Frais (massa fresca), Bûche de Chèvre (massa mole e casca florida) e Chevrotin (massa prensada não cozida e casca natural). Eles se originaram notadamente no vale do rio Loire, na Provence e na Corse. Têm um flavor típico, caprino e pungente, principalmente quando mais curados. Pela legislação francesa, um queijo *pur-chèvre* é 100% de cabra, já um *mi-chèvre* deve ter no mínimo 50% de leite de cabra.

Geralmente, a coagulação é provocada pela fermentação láctica, com apenas um pouco de coalho. A coalhada não é cortada, aquecida, agitada nem prensada, e sim transferida para formas perfuradas, nas quais a drenagem é instantânea.

Durante a fase de cura desses queijos, pode surgir na casca natural uma fina camada de mofo, de cor esbranquiçada ou azulada. Os *chèvres laitiers* (não necessariamente pasteurizados, mas industriais) têm casca esbranquiçada. Os industriais recebem a adição de *Penicilium candidum*, possibilitando o surgimento na casca de uma camada espessa de mofo branco. Esse método é empregado para acelerar a secagem do queijo, mantendo suas qualidades.

Por outro lado, os *chèvre fermiers* (de fazenda) têm casca azulada, que se forma espontaneamente nas bandejas de vime das *caves* ou da fazenda, onde são deixados para secar. Uma cobertura de cinzas de carvalho e pó de carvão cria um meio favorável ao desenvolvimento desse mofo. Lógico, esses são os preferidos.

Os queijos de cabra são curados a seco. Durante o período de secagem, eles vão ganhando, paulatinamente, aroma e sabor mais pungentes, além de ficarem mais duros. Os queijos frescos têm sabor fresco. Os pouco "secados", com uma semana de cura, têm paladar suave. Os "meio-secados", com duas semanas, têm flavor pronunciado. Ao final de cerca de 3–4 semanas, o queijo fica seco, perdendo a textura macia e adquirindo um gosto forte. Os "extra-secados" deixam um gosto bem forte na boca. Finalmente, os queijos mais velhos, conservados em azeite, vinho branco e aguardente, são muito fortes, indicados apenas para alguns poucos consumidores.

Intensidade de sabor
- Fresco: Chèvre Frais
- Muito suave: Bûche de Chèvre, Selles-sur-Cher, Banon
- Suave: Rocamadour, Valençay, Sainte Maure, Pouligny St. Pierre, Rigotte de Condrieu, Pélardon, Picodon
- Pouco pronunciado: Mâconnais, Charolais, Chevrotin
- Pronunciado: Chabichou
- Forte: Chavignol, Lingot des Causses

PRODUÇÃO FRANCESA

De acordo com o leite empregado, os queijos fabricados são 85% de vaca, 12% de ovelha e 3% de cabra. A produção de queijos finos na França, em 2012, foi a seguinte:

Queijos	Mil toneladas
Emmental*	253,2
Camembert DOP e não DOP	104,8
Brie (não DOP)	101,8
Comté DOP	57,6
Raclette	53,3
Coulommiers	48,2

Queijos	Mil toneladas
Saint-Paulin	28,0
Chèvre Frais	22,4
Roquefort DOP	19,3
Saint-Maure DOP	18,7
Cantal DOP	14,8
Reblochon DOP	14,1

Fonte: Service de la Statistique et de la Prospective (SSP), 2012

(*) Principalmente sob a forma ralada.

QUEIJOS FAVORITOS[1]

Entre todos os queijos franceses, os meus favoritos, ordenados alfabeticamente, são os seguintes:

*** BEAUFORT (DOP)

Classe: 5.1 – Massa prensada cozida, textura normal.
Leite: De vaca cru, das raças Tarine e Abondance.
País: França (Savoie).
História: Mencionado pela primeira vez em 1865.
Região: Originário da comuna de Beaufort, na Savoie. Produzido nos departamentos de Savoie e de Haute-Savoie (um pouco), no Rhône-Alpes.
Origem do nome: Comuna de Beaufort.
Formato: Cilindro.
Dimensões: 35–75 centímetros de diâmetro, 11–16 centímetros de altura.
Peso: 20–70 quilos, média de 40–45 quilos.
Gordura: Mínimo de 48%.
Cura: Mínimo de cinco meses, podendo se estender por até 12 meses.
Descrição: É um dos Appellations d'Origine Protégée (AOPs) franceses. O queijo declarado como Chalet d'Alpage deve ser elaborado com leite de um só rebanho, acima de 1.500 metros de altitude. Segundo o gastrônomo Brillat-Savarin, esse queijo é o "príncipe dos Gruyères". Perfumado, frutado, muito aromático e com sabor fino de avelãs.

---

1. As minhas avaliações da qualidade de um queijo vão de * até ***.

Beaufort

Brie de Meaux

*** BRIE DE MEAUX (DOP)

Classe: 2.1 – Massa mole, casca florida.
Leite: Exclusivamente de vaca cru.
País: França (Île-de-France).
História: Queijo muito antigo, que foi bastante elogiado pelo imperador Carlos Magno, em 774.
Região: Originalmente produzido na zona de Meaux, no departamento de Seine-et-Marne, a cerca de 50 quilômetros de Paris, na região Île-de-France. Hoje também é produzido em parte das regiões do Centre, Bourgogne, Champagne-Ardenne e Lorraine.
Origem do nome: Junção da zona de Brie com a comuna de Meaux.
Formato: Cilindro.
Dimensões: 36–37 centímetros de diâmetro, cerca de 3 centímetros de espessura.
Peso: 2,5–3 quilos.
Gordura: Mínimo de 45%.
Cura: Mínimo de quatro semanas, mas geralmente 6–8 semanas.
Descrição: É um dos AOPs franceses. Um dos grandes queijos franceses. É o mais importante entre todos os queijos da família Brie. Em 1815, no Congresso de Viena, ele foi apresentado por M. de Talleyrand e coroado "rei dos queijos" pelos embaixadores de 30 países europeus. O mestre queijeiro Pierre Androuët o elegeu o melhor do país. O *gourmet* Robert Courtine, cujo codinome era La Reynière, autor do *Larousse des fromages*, o reputava como seu segundo queijo francês preferido. É um dos mais refinados e fortes queijos moles de casca florida, com odor frutado de cogumelos e um leve gosto de avelãs.

Brie de Melun

Camembert de Normandie

** BRIE DE MELUN (DOP)

Classe: 2.1 – Massa mole, casca florida.
Leite: Exclusivamente de vaca cru.
País: França (Île-de-France).
História: Talvez seja o ancestral de todos os Bries.
Região: Originalmente produzido na zona de Melun, no departamento de Seine-et-Marne, região Île-de-France. Atualmente, também é elaborado em parte das regiões de Champagne-Ardenne e Bourgogne.
Origem do nome: Junção da zona de Brie com a comuna de Melun.
Formato: Cilindro.
Dimensões: 27–28 centímetros de diâmetro, 3,5–4 centímetros de espessura.
Peso: 1,5–1,8 quilo.
Gordura: Mínimo de 45%.
Cura: Mínimo de quatro semanas, mas em geral 7–10 semanas.
Descrição: É um dos AOPs franceses. Tem a casca mais escura, diâmetro menor, espessura maior e gosto mais forte e menos refinado que o Brie de Meaux. Aroma penetrante e sabor picante e muito frutado de avelãs.

*** CAMEMBERT DE NORMANDIE (DOP)

Classe: 2.1 – Massa mole, casca florida.
Leite: De vaca cru, essencialmente da raça Normande.
País: França (Normandie).

História: Foi criado em 1791, pela fazendeira Marie Harel, com a ajuda de um sacerdote de Brie, na vila de Vimoutiers, região do Pays d'Auge, no departamento de Orne, Basse-Normandie.
Região: Atualmente, é produzido em todos os departamentos da Basse-Normandie e da Haute-Normandie.
Origem do nome: Comuna de Camembert, vizinha de Vimoutiers, onde ele era comercializado.
Formato: Cilindro.
Dimensões: 10,5–11,5 centímetros de diâmetro, 3 centímetros de espessura.
Peso: Mínimo de 250 gramas.
Gordura: Mínimo de 45%.
Cura: Mínimo de três semanas, mais afinado com 4–5 semanas.
Descrição: É um dos AOPs franceses. Um dos grandes queijos franceses, e talvez o mais famoso de todos. Tourne-Broche, um grande gastrônomo francês, o reputa como o melhor queijo do país. O sabor levemente salgado é inicialmente lácteo e suave, depois franco e frutado com a maturação.

/* CANTAL OU FOURME DE CANTAL (DOP)

Classe: 4.4 – Massa prensada não cozida, pasta triturada (*broyage*).
Leite: De vaca cru (*fermier*) ou tratado termicamente.
País: França (Auvergne).
História: Um dos queijos mais antigos da França, com mais de mil anos.
Região: Originário do departamento de Cantal e dos quatro vizinhos de Haute--Loire e Puy-de-Dôme, também em Auvergne, Corrèze, no Limousin e Aveyron, no Midi-Pyrénées.
Origem do nome: Departamento de Cantal.
Formato: Cilindro alto.
Dimensões: Duas versões, 35–40 centímetros de altura:
    Normal: 36–42 centímetros de diâmetro
    Petit: 20–22 centímetros de diâmetro
Peso: 35–45 quilos (normal) e 8–10 quilos (*petit*).
Gordura: Mínimo de 45%.
Cura: Mínimo de quatro semanas. Ele está disponível em três versões:
    Jeune: 1–2 meses; *Entre-deux*: 3–7 meses; *Vieux*: acima de oito meses.

Cantal

Chaource

Descrição: É um dos AOPs franceses. O Cantal Vieux*** representa apenas cerca de 2% da produção, mas é excelente. A massa é triturada entre as duas prensagens e é proibida a maturação *in-foil*. Exceto pelas porções individuais vendidas, com menos de 70 gramas, em cubos e raladas, a presença de uma parte da casca é obrigatória. Tem gosto láctico, podendo ser ligeiramente acidulado no início da maturação, tornando-se, depois, bem amarelado, frutado, intenso e persistente.

** CHAOURCE (DOP)

Classe: 2.1 – Massa mole, casca florida.
Leite: Exclusivamente de vaca cru.
País: França (Champagne).
História: Conhecido desde o século XIX, mas já eram mencionados na região desde o século XIV.
Região: Produzido nos departamentos de Aube, na Champagne-Ardenne e de Yonne, na Bourgogne.
Origem do nome: Comuna de Chaource, em Aube.
Formato: Cilindro.
Dimensões: 8,5–9,0 ou 11,0–11,5 centímetros de diâmetro, espessuras respectivas de 5–6 e 6–7 centímetros.
Peso: Respectivos 250–380 gramas e 450–700 gramas.
Gordura: Mínimo de 48%.
Cura: Mínimo de duas semanas, mas geralmente quatro semanas.
Descrição: É um dos AOPs franceses. Exala um leve aroma de cogumelos, podendo desenvolver odores frutados, como de avelãs, e sabor de cogumelo fresco.

Comté

/* COMTÉ (DOP)

Classe: 5.1 – Massa prensada cozida, textura normal.
Leite: De vaca cru, das raças Montbéliarde ou Simmental Française.
País: França (Franche-Comté).
História: Produzido desde o século XII.
Região: Elaborado principalmente nos departamentos de Doubs e Jura, no Franche-Comté, e de Ain, em Rhône-Alpes; além de uma pequena parte dos departamentos de Saône-et-Loire, em Bourgogne, e Haute-Savoie, em Rhône-Alpes.
Origem do nome: Região de Franche-Comté.
Formato: Cilindro.
Dimensões: 55–75 centímetros de diâmetro e 8–13 centímetros de altura.
Peso: 32–45 quilos.
Gordura: Mínimo de 45% e máximo de 54%.
Cura: Mínimo de quatro meses, mas frequentemente acima de oito meses em média, podendo ir até 12–24 meses.
Descrição: É um dos AOPs franceses. É o queijo duro mais popular da França, bastante servido até no café da manhã de hotéis e cafeterias. Depois da maturação, cada lote é provado oficialmente. Aqueles que recebem mais de 15/20 pontos são declarados Comté Extra*** e recebem um rótulo verde, que é colado na lateral de cada queijo. Caso obtenham entre 12–14/20 pontos, os queijos recebem um rótulo marrom e, abaixo dessa pontuação, não pode ser vendido como Comté. Possui uma grande riqueza aromática e sabor de média intensidade, com nuanças frutadas, torradas, florais, vegetais e lácticas.

Époisses

Fourme d'Ambert

*** ÉPOISSES (DOP)

Classe: 2.2 – Massa mole, casca lavada com água e Marc de Bourgogne (uma *grappa* francesa).
Leite: De vacas das raças Brune, Montbéliarde ou Simmental Française.
País: França (Bourgogne).
História: Sua origem remonta ao século XVI, quando monges cistercianos o criaram, na comuna de Époisses, no departamento de Côte d'Or, Bourgogne.
Região: Atualmente também é produzido no departamento de Yonne, na Bourgogne; e no de Haute-Marne, na Champagne-Ardenne.
Origem do nome: Comuna de Époisses.
Formato: Cilindro.
Dimensões: 9,5–11,5 ou 16,5–19 centímetros de diâmetro, 3–4,5 centímetros de espessura.
Peso: 250–350 gramas ou 700–1.000 gramas.
Gordura: Mínimo de 50%.
Cura: Mínimo de quatro semanas, mas geralmente 6–8 semanas.
Descrição: É um dos AOPs franceses. No início do século XIX, foi considerado pelo grande gastrônomo Brillat-Savarin o "rei dos queijos". O mestre queijeiro Pierre Androuët o reputava como seu segundo predileto do país. O odor é forte e penetrante, com toques de *sous-bois*. O sabor é untuoso, não tão pronunciado, com notas de frutos secos. Um dos grandes queijos franceses.

*** FOURME D'AMBERT (DOP)

Classe: 3.1 – Massa azul, casca natural. Não prensada nem cozida.
Leite: De vaca cru, para os queijos *fermier* (de fazenda).
País: França (Auvergne).
História: Remonta à alta Idade Média.
Região: Produzido principalmente no departamento de Puy-de-Dôme e nos vizinhos: Cantal, também em Auvergne, e Loire, na região de Rhône-Alpes. É produzido entre 600–1.600 metros de altitude.
Origem do nome: Junção da palavra "fourme", que significa "forma", com a comuna de Ambert, em Puy-de-Dôme.
Formato: Cilindro alto.
Dimensões: 17–21 centímetros de diâmetro, 12,5–14 centímetros de altura.
Peso: 1,9–2,5 quilos.
Gordura: Mínimo de 50%.
Cura: Mínimo de 28 dias, mas geralmente leva dois meses.
Descrição: É um dos AOPs franceses. Seria a versão francesa do famoso Blue Stilton inglês. O *gourmet* Robert Courtine, cujo codinome era La Reynière, autor do *Larousse des fromages*, o reputava como seu queijo francês preferido. A casca contém mofos naturais brancos, amarelos e vermelhos. É um dos queijos azuis mais suaves.

/* LINGOT DE CAUSSES

Classe: 2.3 – Massa mole, casca natural.
Leite: De cabra integral e cru, exclusivamente da raça alpina.
País: França (Quercy).
Região: Produzido no departamento de Lot, nas "Causses", zona montanhosa situada ao sul do Maciço Central, na antiga província de Quercy.
Origem do nome: Formato do queijo (lingote) e região de origem.
Formato: Paralelepípedo.
Dimensões: 10 centímetros de comprimento; 5 centímetros de largura; 2 centímetros de altura.
Peso: 180 gramas.
Gordura: Mínimo de 54% e máximo de 69%.
Cura: Mínimo de 35 dias.
Descrição: É o irmão maior do conhecido Rocamadour, que também é fabricado nessa região. Tem uma crosta fina, levemente florida, que cobre uma massa muito branca,

Lingot des Causses

Livarot

densa e homogênea. Tem sabor fresco, acidulado e pouco salgado, com suave perfume caprino e herbáceo, acompanhado de textura firme, mas bem fina e fundente.

** LIVAROT (DOP)

Classe: 2.2 – Massa mole, casca lavada (e colorida com urucum).
Leite: De vaca, essencialmente da raça Normande; em geral, termizado ou pasteurizado, mas às vezes cru.
País: França (Normandie).
História: Mencionado desde o século XVII, tendo seu apogeu no século XIX, quando era o queijo mais consumido da Normandie.
Região: Originário da região do Pays d'Auge, nos departamentos de Calvados e Orne, na Basse-Normandie; e em uma pequena parte no departamento de Eure, na Haute Normandie.
Origem do nome: Comuna de Livarot, em Calvados.
Formato: Cilindro.
Dimensões: Quatro versões, 4–5 centímetros de espessura:
    Grand: 19,0–21,0 centímetros de diâmetro
    Normal: 12,0–12,8 centímetros de diâmetro
    Trois-quart: 10,7–11,5 centímetros de diâmetro
    Petit: 8,0–9,4 centímetros de diâmetro
Peso: 1,2–1,5 quilo (*grand*), 450–500 gramas (*normal*), 330–350 gramas (*trois-quart*) e 200–270 gramas (*petit*).
Gordura: Mínimo de 40%.
Cura: Mínimo de cinco semanas (*normal* e *grand*) e três semanas (*petit* e *trois-quarts*).

Maroilles

Descrição: É um dos AOPs franceses. Tem o apelido de "Coronel", devido às cinco tiras de junco que circundam o queijo. A massa é colorida com urucum. Caracterizado pela pungência e persistência de seu aroma, marcado por notas lácteas e animais. O sabor picante lembra palha, feno e charcutaria defumada. Hoje em dia, são menos fortes do que costumavam ser.

** MAROILLES (DOP)

Classe: 2.2 – Massa mole, casca lavada.
Leite: De vaca.
País: França (Flandre).
História: Criado por volta do ano de 960, pelos monges da Abadia de Maroilles, na comuna de mesmo nome.
Região: Originário da zona de Thiérache, no sul do departamento Nord, região de Nord-Pas-de-Calais (Flandre); e do norte do departamento de Aisne, na região da Picardie, próxima à fronteira com a Bélgica.
Origem do nome: Comuna de Maroilles, no Nord.
Formato: Paralelepípedo quadrangular.
Dimensões: Quatro versões, 6 centímetros de espessura:
    Normal: 12,5 × 13 centímetros
    Sorbais: 12 × 12,5 centímetros
    Mignon: 11 × 11,5 centímetros
    Quart: 8 × 8,5 centímetros
Peso: Cerca de 720 gramas (*normal*), 540 gramas (*sorbais*), 360 gramas (*mignon*) ou 180 gramas (*quart*).

Mont d'Or

Gordura: Mínimo de 40%.
Cura: Mínimo de cinco semanas (*normal*), quatro semanas (*sorbais*), três semanas (*mignon*) e duas semanas (*quart*).
Descrição: É um dos AOPs franceses. A casca é vermelha-alaranjada, devido aos fermentos surgidos durante a cura. A massa é macia e untuosa. Aroma e sabores pungentes, mas agradáveis. Regionalmente, costuma ser comido na mesa e também na *goyère*, uma torta salgada típica.

*** MONT D'OR OU VACHERIN DU HAUT-DOUBS (DOP)

Classe: 2.2 – Massa mole, casca lavada.
Leite: De vaca cru, exclusivamente das raças Montbéliarde ou Simmental Française.
País: França (Franche-Comté).
História: As primeiras menções a ele datam do século XII.
Região: Produzido em algumas comunas do departamento de Doubs, em Franche-Comté, fronteira com a Suíça.
Origem do nome: O ponto culminante desse departamento: o Mont d'Or, com 1.461 metros de altitude.
Formato: Cilindro.
Dimensões: 11–33 centímetros de diâmetro e 6–7 centímetros de espessura (caixa inclusa).
Peso: 480 gramas–3,2 quilos (caixa inclusa).
Gordura: Mínimo de 45%.
Cura: Mínimo de três semanas.
Descrição: É um dos AOPs franceses. Um dos grandes queijos franceses, embora só conhecido pelos aficionados. A produção do leite, a elaboração e a cura do quei-

Morbier

jo devem ser realizadas a uma altitude de no mínimo 700 metros. Sua massa, apesar de mole, é levemente prensada. É sazonal: produzido somente entre 15 de agosto e 15 de março, e comercializado entre 10 de setembro e 10 de maio. É vendido com uma cinta de abeto e dentro de uma caixa do mesmo material. O formato pequeno, de 480–600 gramas, é o mais fácil de ser encontrado fora de sua região de origem. Geralmente, é comido de colher, podendo ser saboreado frio ou aquecido. O aroma é resinoso, dominado pelo abeto e gosto amadeirado, mas com toques de cogumelos e batata. Eu o adoro!

** MORBIER (DOP)

Classe: 4.3 – Massa prensada não cozida, casca natural.
Leite: De vaca cru, das raças Montbéliarde ou Simmental Française.
País: França (Franche-Comté).
História: A primeira menção ao nome desse queijo aconteceu em 1795.
Região: Originário da comuna de Morbier, em Jura, em Franche-Comté. Produzido nos departamentos de Jura e Doubs, em Franche-Comté; e de Ain, em Rhône-Alpes.
Origem do nome: Comuna de Morbier, em Jura.
Formato: Cilindro.
Dimensões: 30–40 centímetros de diâmetro e 5–8 centímetros de espessura.
Peso: 5–8 quilos.
Gordura: Mínimo de 45%.
Cura: Mínimo de seis semanas, mas em geral 8–12 semanas.
Descrição: É um dos AOPs franceses. Como traço típico, apresenta uma fina camada negra de carvão vegetal no centro, entre as duas camadas de massa, obtidas

Munster

respectivamente das duas ordenhas, uma noturna e outra matinal. Perfume frutado e persistente; sabor leve de creme e de fruta.

** MUNSTER OU MUNSTER-GÉROMÉ (DOP)

Classe: 2.2 – Massa mole, casca lavada.
Leite: De vaca.
País: França (Alsace).
História: Antigo queijo monástico, existente desde a Idade Média.
Região: Originário da Alsace. Hoje também é elaborado em parte das regiões vizinhas de Lorraine e Franche-Comté. Produzido em ambas encostas do Maciço des Vosges.
Origem do nome: Comuna de Munster no departamento de Haut-Rhin, na Alsace. Na Lorraine, é conhecido com Géromé, pronúncia dialética da comuna de Gérardmer.
Formato: Cilindro.
Dimensões: Duas versões:
    Normal: 13-19 centímetros de diâmetro, 2,4-8 centímetros de espessura
    Petit: 7–12 centímetros de diâmetro, 2–6 centímetros de espessura
Peso: Mínimo de 450 gramas, indo até 1,5 quilo (*normal*) e mínimo de 120 gramas (*petit*).
Gordura: Mínimo de 45%.
Cura: Mínimo de três semanas (*normal*) e duas semanas (*petit*).
Descrição: É um dos AOPs franceses. Odor muito forte e penetrante, sabor de leite concentrado. Disponível também em uma versão com cominho.

Ossau-Iraty

** OSSAU-IRATY (DOP)

Classe: 4.3 – Massa prensada (ligeiramente) não cozida, casca natural.
Leite: De ovelhas das raças Basco-Béarnaise, Manech Tête-Noire ou Manech Tête-Rousse, podendo ser cru, nos queijos *fermier* (de fazenda), e termizado ou pasteurizado, nos queijos *laitier*.
País: França (Béarn/Pays Basque).
História: Originário das regiões de Béarn e Pays Basque, onde documentos do século XIV atestam a sua elaboração.
Região: Produzido principalmente no departamento de Pyrénées-Atlantique, na Aquitaine; e uma pequena parte no departamento de Hautes-Pyrénées, no Midi-Pyrénées, fronteira com a Espanha.
Origem do nome: Do Vale de Ossau, em Béarn (Pyrénées-Atlantiques), e da Floresta de Iraty, no Pays Basque (Hautes-Pyrénées).
Formato: Cilindro.
Dimensões: Três versões:
    Fermier: 24–28 centímetros de diâmetro, 9–15 centímetros de altura
    Laitier: 25,5–26 centímetros de diâmetro, 9–12 centímetros de altura
    Petit: 18–20 centímetros de diâmetro, 7–10 centímetros de altura
Peso: 7 quilos (*fermier*), 4–5 quilos (*laitier*) e 2–3 quilos (*petit*).
Gordura: Mínimo de 50%.
Cura: Mínimo de 120 dias (*fermier* e *laitier*) e de 80 dias (*petit*).
Descrição: É um dos AOPs franceses. Um produto sazonal, não podendo ser elaborado nos meses de setembro e outubro. De massa ligeiramente prensada, com odor assaz pronunciado e sabor agridoce, típico do leite de ovelha, com um toque de avelãs.

Pont L'Évêque

*** PONT L'ÉVÊQUE (DOP)

Classe: 2.2 – Massa mole, casca lavada.
Leite: De vaca, essencialmente da raça Normande; em geral, termizado ou pasteurizado, mas às vezes cru.
País: França (Normandie).
História: Começou a ser produzido no século XII, quando era conhecido pelo nome de Angelot. No século XVII, seu nome mudou para o atual.
Região: Originário da região do Pays d'Auge, no departamento de Calvados, região da Basse-Normandie. Atualmente, é produzido em toda Basse-Normandie e Haute-Normandie e no departamento de Mayenne, região do Pays-de-la-Loire.
Origem do nome: Comuna de Pont-l'Évêque, em Calvados.
Formato: Retangular, quase quadrado.
Dimensões: Quatro versões, 3,5 centímetros de espessura:
 Normal: 10,5 × 11,5 centímetros
 Grand: 19,0 × 21,0 centímetros
 Petit: 9,0 × 9,5 centímetros
 Demi: 10,5–11,0 × 5,2–5,7 centímetros
Peso: 300–400 gramas (*normal*).
Gordura: Mínimo de 45%.
Cura: Mínimo de duas semanas, mas geralmente seis semanas.
Descrição: É um dos AOPs franceses. Um dos grandes queijos franceses. Tourne-Broche, um grande gastrônomo francês, o reputa entre os dois melhores queijos do país. Apresenta aromas lácteos de avelãs e às vezes defumado, sabor sutil e refinado.

Reblochon de Savoie

*** REBLOCHON DE SAVOIE (DOP)

Classe: 4.1 – Massa prensada (ligeiramente) não cozida, casca lavada.
Leite: De vaca cru, exclusivamente das raças Abondance, Montbéliarde e Tarine.
País: França (Savoie).
História: Produzido desde o século XIII.
Região: Originário dos departamentos de Haute-Savoie e uma pequena parte da Savoie, na região de Rhône-Alpes. Dentro dessa zona situa-se Chamonix, a belíssima praça de esqui.
Origem do nome: Os camponeses tinham de pagar impostos aos donos das terras, nobres e monges, com o leite produzido em uma jornada. No momento do controle, eles faziam uma ordenha incompleta, para pagar menos impostos. Tão logo o inspetor partia, ele procedia a uma segunda ordenha. O leite obtido obviamente não era muito abundante, mas bastante rico em creme, apto para fazer queijo. O Reblochon deve seu nome a essa pequena fraude, chamada localmente de *rebloche*, pois em dialeto local *reblocher* significa apertar as tetas da vaca uma segunda vez.
Formato: Cilindro.
Dimensões: Duas versões:
    Normal: 13–14 centímetros de diâmetro, 3–3,5 centímetros de espessura
    Petit: 9 centímetros de diâmetro
Peso: 450–550 gramas (*normal*) e 240–280 gramas (*petit*).
Gordura: Mínimo de 45%.
Cura: Mínimo de duas semanas, mas geralmente de 3–4 semanas.

Rocamadour

Descrição: É um dos AOPs franceses. Queijo montanhês produzido em terrenos que estão situados acima de 500 metros de altitude. O *gourmet* Robert Courtine, cujo codinome era La Reynière, autor do *Larousse des fromages*, o considerava seu terceiro queijo francês preferido. O tipo *laitier* traz uma placa de caseína vermelha, e o *fermier*, o melhor feito em fazendas, como indica o nome, uma placa verde. Na boca, denota um sabor sutil e aveludado, com toques de avelãs. Um dos grandes queijos franceses.

*** ROCAMADOUR (DOP)

Classe: 2.3 – Massa mole, casca natural.
Leite: De cabra cru, exclusivamente das raças Alpine, Saanen ou do cruzamento dessas duas.
País: França (Quercy).
História: A primeira referência a ele ocorreu em 1451.
Região: Originário da zona de Rocamadour, na antiga província de Quercy. Produzido nas Causses du Quercy, principalmente no departamento de Lot, mas também nos vizinhos Aveyron e Tarn-et-Garonne, todos na região de Midi-Pyrénées, além de em Dordogne, na Aquitaine, e em Corrèze, no Limousin.
Origem do nome: Comuna de Rocamadour, no departamento de Lot.
Formato: Disco.
Dimensões: 4–5 centímetros de diâmetro, 1–1,5 centímetros de espessura.
Peso: Cerca de 35 gramas.
Gordura: Mínimo de 45%.
Cura: Mínimo de seis dias, podendo levar até quatro semanas.

Roquefort

Descrição: É um dos AOPs franceses. Antigamente era conhecido como Cabécou de Rocamadour. Tourne-Broche, um grande gastrônomo francês, o considera o terceiro melhor do país. Excelente queijo, que infelizmente dura pouco tempo. Odor levemente caprino, textura untuosa e sabor muito delicado de creme, manteiga e avelãs. Reputo o Rocamadour como o melhor queijo de cabra do mundo.

/* ROQUEFORT (DOP)

Classe: 3.1 – Massa azul, casca natural. Não prensada e não cozida.
Leite: De ovelha cru, exclusivamente da raça Lacaune.
País: França (Aveyron).
História: Apesar de o romano Plínio, o Velho, ter reportado sua existência em 79 d.C., e Carlos Magno tê-lo escolhido como um dos seus favoritos, o primeiro testemunho escrito data de 1070.
Região: Produzido principalmente no departamento de Aveyron e parte em Tarn, na região de Midi-Pyrénées; e em Aude, Gard e Hérault, na região do Languedoc-Roussillon.
Origem do nome: Comuna de Roquefort-sur-Soulzon, em Aveyron.
Formato: Cilindro.
Dimensões: 19–20 centímetros de diâmetro, 8,5–11,5 centímetros de altura.
Peso: 2,5–3 quilos.
Gordura: Mínimo de 52%.
Cura: Mínimo de três meses, sendo por pelo menos duas semanas nas cavernas de Combalou, situadas na comuna de Roquefort-sur-Soulzon, a 630 metros de altitude. Entretanto, é mais comum que a cura leve quatro meses.

Sainte-Maure de Touraine

Descrição: É um dos AOPs franceses. O mestre queijeiro Pierre Androuët o reputava como seu terceiro predileto do país. É embrulhado, quase sem casca, em papel-alumínio. Apresenta aspecto de mármore com veios e manchas de coloração azul-esverdeada. Tem um leve odor de mofo azul, um sabor fino, picante, bem salgado, e um inconfundível retrogosto ovino.

** SAINTE-MAURE DE TOURAINE (DOP)

Classe: 2.3 – Massa mole, casca natural.
Leite: De cabra.
País: França (Touraine).
História: Mencionado em 1841 por Honoré de Balzac.
Região: Produzido em todas as comunas do departamento de Indre-et-Loire e em parte dos departamentos vizinhos Indre e Loir-et-Cher, na região do Centre; também em Vienne, na região de Poitou-Charentes.
Origem do nome: Comuna de Sainte-Maure-de-Touraine, em Indre-et-Loire.
Formato: Rolo.
Dimensões: 4,5–5,5 centímetros de diâmetro, 16–18 centímetros de comprimento.
Peso: Mínimo de 250 gramas.
Gordura: Mínimo de 45%.
Cura: Mínimo de dez dias; em geral até duas semanas para o *demi-affiné* e quatro semanas para o *affiné*.
Descrição: É um dos AOPs franceses. Sua casca, além dos mofos superficiais naturais, recebe uma cobertura de cinzas. O flavor é acidulado e com avelãs quando jovem, ficando mais quebradiço, caprino e pungente com o tempo.

Saint Nectaire

** SAINT NECTAIRE (DOP)

Classe: 4.3 – Massa prensada não cozida, casca natural.
Leite: De vaca, podendo ser cru, termizado ou pasteurizado.
País: França (Auvergne).
História: Originário dos Monts-Doré, em Auvergne, tendo sido mencionado desde o século XVII, quando o rei Luís XIV o provou.
Região: Atualmente, é produzido nos departamentos de Puy-de-Dôme e de Cantal, na região de Auvergne.
Origem do nome: Comuna de Saint Nectaire, no departamento de Puy-de-Dôme.
Formato: Cilindro.
Dimensões: Duas versões:
    Normal: 20–24 centímetros de diâmetro, 3,5–5,5 centímetros de espessura
    Petit: 12–14 centímetros de diâmetro, 3,5–4,5 centímetros de espessura
Peso: Máximo de 1,85 quilo (*normal*) e de 650 gramas (*petit*).
Gordura: Mínimo de 45%.
Cura: Mínimo de quatro semanas (*normal*) ou de três semanas (*petit*), mas geralmente leva 6–8 semanas.
Descrição: É um dos AOPs franceses. O tipo *laitier* traz uma placa quadrada de caseína verde, e o *fermier*, o melhor feito em fazendas, como indica o nome, uma placa oval verde. A sua casca tem mofos naturais brancos, amarelos e vermelhos. Aroma leve de cogumelos e sabor típico de avelãs.

DICAS DE VIAGEM

LOJAS DE QUEIJO EM PARIS

» **ALLÉOSSE:** www.fromage-alleosse.com
13, rue Poncelet – 75017 Paris, tel. +33 01 46 22 50 45

» **ANDROUËT:** www.androuet.com
134, rue Mouffetard – 75005 Paris, tel. +33 01 45 87 85 05
37, rue de Verneuil – 75007 Paris, tel. +33 01 42 61 97 55
13, rue Daguerre – 75014 Paris, tel. +33 01 40 47 53 03
93, rue Cambrone – 75015 Paris, tel. +33 01 47 83 32 05
17, rue des Belles-Feuilles – 75016 Paris, tel. +33 01 45 05 11 77
1, rue Bois-le-Vent (Marché de Passy) – 75016 Paris, tel. +33 01 42 24 17 52
23, rue de la Terrasse – 75017 Paris, tel. +33 01 47 64 39 20

» **BARTHÉLEMY FROMAGER:** www.rolandbarthelemy.com
51, rue de Grenelle – 75007 Paris, tel. +33 01 42 22 82 24

» **CHEZ VIRGINIE:** www.chezvirginie.com
54, rue de Damrémont – 75018 Paris, tel. +33 01 46 06 76 54

» **HARDOUIN-LANGLET, FROMAGERIE:** www.fromagerie-hardouin-paris.fr
6, place d'Aligre – 75012 Paris, tel. +33 01 43 45 35 09

» **JOUANNAULT, FROMAGERIE:** www.fromagerie-jouannault.fr
39, rue de Bretagne – 75003 Paris, tel. +33 01 42 78 52 61

» **LA FERME SAINT-HUBERT:** www.la-ferme-saint-hubert-de-paris.com
36, rue de Rochechouart – 75009 Paris, tel. +33 01 45 53 15 77

» **LAURENT DUBOIS, FROMAGERIE:** www.fromagelaurentdubois.com
97-99, rue Saint-Antoine – 75004 Paris, tel. +33 01 48 87 17 10
47 ter, boulevard St-Germain – 75005 Paris, tel. +33 01 43 54 50 93
2, rue de Lourmel – 75015 Paris, tel. +33 01 45 78 70 58

» **MARIE-ANNE CANTIN, FROMAGERIE:** www.cantin.fr
12, rue du Champ-de-Mars – 75007 Paris, tel. +33 01 45 50 43 94

» **MARTINE DUBOIS, FROMAGERIE**
80, rue de Tocqueville – 75017 Paris, tel. +33 01 42 27 11 38

» QUATREHOMME, FROMAGERIE: www.quatrehomme.fr
62, rue de Sèvres – 75007 Paris, tel. +33 01 47 34 33 45
4, rue de Rendez-Vous – 75012 Paris, tel. +33 01 47 34 33 45

» SANDERS, FROMAGERIE
4, rue Lobineau – 75006 Paris, tel. +33 01 46 34 05 94

LOJAS DE QUEIJO EM LYON
» DIDIER GALLAND, FROMAGERIE: www.fromageriegalland.com
8, rue d'Austerlitz – 69004 Lyon, tel. +33 04 78 39 98 84

» FROMAGERIE MONS – ETIENNE BOISSY: www.mons-fromages.com
102, cours Lafayette (Halles de Lyon) – 69003 Lyon, tel. +33 04 78 62 36 77

» FROMAGERIE TÊTE D'OR – DIDIER LASSAGNE: www.fromagerietedor.fr
51, rue Tête d'Or – 69006 Lyon, tel. +33 04 78 24 51 38

» L'ART DES CHOIX FROMAGERIE – ANNICK POLÈSE: www.fromagerie-polese.com
53, avenue Jean-Jaurès – 69007 Lyon, tel. +33 04 78 58 83 52

» LA CRÉMERIE DE CHARLIE: www.lacremeriedecharlie.com
9, rue du Plat – 69002 Lyon, tel. +33 04 78 60 11 24

» LA MÉRE RICHARD – RENÉE RICHARD, FROMAGERIE: www.hallespaulbocuse.lyon.fr
102, cours Lafayette (Halles de Lyon) – 69003 Lyon, tel. +33 04 78 62 30 78

LOJAS DE QUEIJO EM OUTRAS CIDADES
» LA SÉLECTION FROMAGÈRE
Galerie des Grands-Hommes – 33000 Bordeaux, tel. +33 05 56 44 54 73

» XAVIER, FROMAGERIE: www.xavier.fr
6, place Victor Hugo – 31000 Toulouse, tel. +33 05 34 45 59 45

RESTAURANTES E BARES DE QUEIJO EM PARIS
» PAIN, VIN, FROMAGES: www.painvinfromages.com
3, rue Geoffroy-l'Angevin – 75004 Paris, tel. +33 01 42 74 07 52

» LE CHALET SAVOYARD: www.lechaletsavoyard.fr
58, rue de Charonne – 75011 Paris, tel. +33 01 48 05 13 13

» SALON DU FROMAGE HISADA: www.hisada.fr
47, rue Richelieu – 75001 Paris, tel. +33 01 42 60 78 48

RESTAURANTE COM ÓTIMO *CHARIOT DE FROMAGES* (CARRINHO DE QUEIJO) EM PARIS

» CARRÉ DES FEUILLANTS (**MICHELIN): www.carredesfeuillants.fr
14, rue de Castiglione – 75001 Paris, tel. +33 01 42 86 82 82

RESTAURANTES E BARES DE QUEIJO EM LYON

» L'INSTANT FROMAGE: www.linstant-fromage.fr
31, rue Sainte-Hélène – 69002 Lyon, tel. +33 04 78 92 93 54

» LE REFUGE: www.le-refuge-lyon.com
52, rue Tramassac – 69005 Vieux-Lyon, tel. +33 04 27 11 65 87

FEIRAS E MERCADOS DE QUEIJO

» SALON DU FROMAGE ET DES PRODUITS LAITIERS: www.salon-fromage.com
Paris Expo Porte de Versailles, 1 place de la Porte de Versailles – 75015 Paris

» SIAL PARIS: www.sialparis.fr
Parc des Expositions de Paris-Nord Villepinte – 95970 Roissy-en-France, Val-d'Oise, Île-de-France

MUSEUS DE QUEIJO

» MAISON DE LA FOURME D'AMBERT: www.maison-fourme-ambert.fr
29, rue des Chazeaux – 63600 Ambert, Puy-de-Dôme, Auvergne, tel. +33 04 73 82 49 23

» MAISON DU FROMAGE MUNSTER: www.maisondufromage-munster.com
23, route de Munster – 68140 Gunsbach, Alsace, tel. +33 03 89 77 90 00

» MUSÉE DU FROMAGE À LUGRIN EN HAUTE-SAVOIE (RESTAURANTE, LOJA E MUSEU):
www.temple-du-fromage.com/le-musee-du-fromage-haute-savoie.html
Av. du Stade – 74500 Lugrin, Haute-Savoie, Rhône Alpes, tel. +33 04 50 76 00 14

» MUSÉE DU CAMEMBERT: www.vimoutiers.fr/Musee-du-camembert-,5,0,86.html
10, av. du Géneral de Gaulle – 61120 Vimoutiers, Orne, Normandie, tel. +33 02 33 39 30 29

» MUSÉE DU FROMAGE CHAOURCE: www.chaource.fr
17, place de l'Église – 10210 Chaource, Aube, Champagne, tel. +33 03 25 40 10 67

» MUSÉE DU FROMAGE LIVAROT: o.t.s.i.livarot.pagesperso-orange.fr/manoir_isle.htm
68, rue Marcel Gambier (Manoir de l'Isle) – 14149 Livarot, Calvados, Normandie

» MUSÉE DU FROMAGE SAINT MARCELLIN: www
2, av. du College – 38160 Saint Marcellin, Isère, Rhône-Alpes, tel. +33 04 76 38 69 98

» MUSÉE LE HAMEAU DU FROMAGE DE FRANCE-COMTÉ: www.hameaudufromage.com/restaurant/le-musee-2.html
Zone Artisanale – 25330 Cleron, Doubs, Franche-Comté, tel. +33 03 81 62 41 51

» MUSÉE DE TREPOT DU COMTÉ: www.fromagerie-musee-trepot.fr/musee_de_trepot.html
3, place de la Mairie – 25620 Trepot, Doubs, Franche-Comté, tel. +33 03 81 86 71 06

ITÁLIA

GERAL

A Itália engloba 20 regiões, divididas em províncias. Em todas elas, o queijo é fabricado, tanto artesanal como industrialmente.

É um país muito importante em queijarias: o quarto produtor mundial, atrás apenas dos Estados Unidos, da Alemanha e da França. Sua produção soma cerca de 600 tipos de queijos, alguns deles esplêndidos. É também o quinto maior exportador do mundo e o nono em consumo *per capita* (20,9 quilos/ano).

Ao contrário dos vizinhos franceses, que privilegiam os queijos de mesa, os queijos italianos são mais usados na culinária. No norte da Itália predomina o leite de vaca das raças Parda Italiana, Simmental Italiana, Burlina e Aosta Pé Vermelho. No centro, a ovelha é a rainha e, no sul, ela divide essa honra com a búfala. Pequenas quantidades de lácteos de cabra são elaboradas por todo o país.

A Lombardia é a região com os queijos mais badalados: Gorgonzola, Taleggio, Quartirolo Lombardo, Crescenza, Italico/Bel Paese e Mascarpone. Já os dois queijos mais produzidos e exportados – Grana Padano e Parmigiano-Reggiano – são da região da Emilia-Romagna.

Os queijos Denominazione di Origine Protetta (DOP, Denominação de Origem Protegida) mais produzidos em 2013 foram: Grana Padano, Parmigiano-Reggiano, Gorgonzola, Mozzarella di Bufala Campana (b), Pecorino Romano (o), Asiago, Taleggio, Montasio, Provolone Valpadana, Fontina e Quartirolo Lombardo.

> **QUEIJO NA ROMA ANTIGA**
>
> A TRADIÇÃO DE ELABORAR queijos na Península Itálica surgiu em algum momento entre a fundação de Roma, em 753 a.C., e o início da era Cristã.
>
> Muitos autores latinos escreveram estudos sobre a criação de gado e a produção de laticínios. O livro *De agri cultura* (*Acerca da agricultura*), escrito em prosa por Catão, o Velho (Marcus Porcius Cato, 234–149 a.C.), é o trabalho mais antigo sobre o tema de que se tem notícia. Nessa obra, o autor dá instruções sobre a alimentação do gado no verão e no inverno e várias receitas com queijo.
>
> Em *Res rusticae* (*As coisas do campo*), o erudito Varrão (Marcus Terentius Varro, 116–27 a.C.) descreveu as várias qualidades das ovelhas, além de muitos aspectos da sua criação.

Virgílio (Publius Vergilius Maro, 70–19 a.C.), o poeta pastoral, tem duas obras sobre o tema: *Eclogae* (*Bucólicas*) e *Georgicon* (*Geórgicas*). No terceiro livro das *Geórgicas*, ele trata da particularidade da criação de ovelhas de acordo com a época do ano.

O gastrônomo Apício (Marcus Gavius Apicius, 25 a.C.–37 d.C.) nos legou a melhor fonte sobre a gastronomia do Império Romano. O famoso *De re coquinaria* (*Sobre culinária*) é um compêndio de receitas da época, no qual o queijo estava entre os ingredientes.

Columella, alcunha do escritor agronômico Lucius Junius Moderatus (4–70 d.C.), inspirado em obras anteriores de Catão, o Velho, e de Varrão, escreveu *De re rustica* (*Os trabalhos do campo*). Nos 12 volumes desse tratado de agricultura e pecuária ele explica o processo de fabricação de queijo, desde a adição de coalho ao leite, a separação do soro, a prensagem da coalhada, a salga e a cura.

Na enciclopédia em 37 volumes *Naturalis Historia* (*História natural*), o naturalista Plínio, o Velho (Gaius Plinius Secundus, 23–79 d.C.), aborda nos livros VIII a XI vários temas de zoologia. Ele descreve a diversidade dos queijos consumidos pelos romanos do início do império e, no capítulo "De diversitate caseorum", trata da elaboração de queijos de ovelha.

De Roma, a elaboração de queijos difundiu-se rapidamente no rastro das conquistas bélicas por toda a Europa, substituindo, em muitos casos, as práticas rudimentares empregadas pelos helvécios, celtas, íberos e bretões. Apenas os gregos não foram influenciados pelos romanos, pois o seu conhecimento de laticínios era bem anterior.

Durante o Império Romano, os mercados de Roma vendiam diversos tipos de queijo, procedentes tanto da Itália como das terras conquistadas da Helvécia, Gália, Ibéria, Grécia e até mesmo da Britânia.

Nessa época, o queijo representava papel primordial na alimentação das populações italianas. Os tipos mais apreciados eram o Vestus (tipo de Grana local), o Velabre (tipo filado levemente defumado) e o de Trebula (de cabra dos samitas na Campania).

Mas os queijos mais duros, precursores dos Granas e dos Pecorinos, também eram bastante populares, pois eram consumidos pelos legionários romanos em suas viagens. Com o colapso do Império Romano, causado pelas invasões bárbaras, o queijo no mundo ocidental sobreviveu graças aos inúmeros monastérios cristãos instalados na Europa.

PRINCIPAIS QUEIJOS

A Itália é um dos países com a maior quantidade de queijos certificados com Denominação de Origem Protegida (DOP), totalizando 51. Possui também um Indicazione Geografica Protteta (IGP, Indicação Geográfica Protegida) – o Canestrato de Moliterno – e um Specialità Tradizionale Garantita (STG, Especialidade Tradicional Garantida) – a Mozzarella. Os principais queijos italianos (todos DOP) são:

- **Asiago:** 4.3 – Massa prensada não cozida (semicozida), casca natural. Obtido de leite de vaca cru ou pasteurizado, nas regiões de Veneto e Trentino-Alto Adige. Comercializado em duas versões: Asiago Pressato (quase fresco, com no mínimo 20 dias de cura) e Asiago d'Allevo (Mezzano com 4–6 meses de cura, Vecchio com no mínimo dez meses, e Stravecchio com no mínimo 15 meses e bem picante).
- **Caciocavallo Silano:** 6.2 – Massa filada, maturada. Feito nas regiões sulinas de Calabria, Campania, Molise, Puglia e Basilicata, com leite de vaca cru ou termizado. Vendido no tradicional e milenar formato de cabaça, com 1–2,5 quilos e no mínimo 30 dias de maturação, quando fica fundente e suave na boca, tornando-se mais picante conforme amadurece.
- **Fiore Sardo:** 4.3 – Massa prensada não cozida, casca natural. Produzido na Sardegna, é o típico queijo de ovelha levemente defumado. Usado como queijo de mesa, quando a cura não supera os três meses, e como queijo ralado, quando acima de seis meses.
- **Fontina:** Ver descrição a seguir, neste capítulo.
- **Gorgonzola:** Ver descrição a seguir, neste capítulo.
- **Grana Padano:** Ver descrição a seguir, neste capítulo.
- **Mozzarella di Bufala Campana:** 6.1 – Massa filada, fresca. Famoso queijo branco de leite de búfala cru ou pasteurizado, produzido nas regiões de Campania, Lazio, Puglia e Molise. Ele é moldado em diferentes formatos, chamados *tondeggiante*, *bocconcini*, *trecce*, *perline*, *ciliegine*, *nodini* e *ovolini*. Tem textura levemente elástica e sabor característico e delicado, ligeiramente defumado na versão Affumicata.
- **Parmigiano-Reggiano:** Ver descrição a seguir, neste capítulo.
- **Pecorino Romano:** 4.3 – Massa prensada não cozida (semicozida), casca natural. Reputado queijo de *pecora* (ovelha), muito consumido na Roma Imperial.

É muito usado na culinária italiana: ralado, quando tem pelo menos oito meses de cura, e como queijo de mesa com pelo menos cinco meses. Confeccionado em grandes formas de 20–35 quilos, principalmente na Sardegna e em Lazio, mas também em parte da Toscana.

- **Provolone Valpadano:** 6.2 – Massa filada, curada. Elaborado nas regiões do vale do rio Pó, daí o seu nome, na Lombardia, em Veneto, no Trentino-Alto Adige e na Emilia-Romagna. Procede de leite de vaca, sendo moldado em diversos formatos: salame, melão, tronco-cônico, pera e *fiaschetta* (formato de garrafa). Vendido em diferentes tamanhos, com 0,5–6 quilos e no mínimo 30 dias de maturação, ou com 6–100 quilos e geralmente mais de três meses e até 12 meses ou mais. Opcionalmente, pode ser *affumicato* (defumado). Os menos curados são comercializados como *dolce* e os mais curados como *piccante*.
- **Robiola di Roccaverano:** 1.0 – Massa fresca ou 2.3 – Massa mole, casca natural. Originário do Piemonte, de leite de cabra ou misto de leite de ovelha e de vaca. Pequeno queijo macio e suave, de 250–400 gramas, em duas versões: *Fresco* tem 4–10 dias de cura (1.0) e *affinato* acima de 11 dias (2.3).
- **Taleggio:** Ver descrição a seguir, neste capítulo.

Outros queijos italianos DOP dignos de menção são: Bra, Casciotta d'Urbino (o+v), Castelmagno, Montasio, Pecorino Sardo (o), Pecorino Siciliano (o), Pecorino Toscano (o), Quartirolo Lombardo e Toma Piemontese.

QUEIJOS FAVORITOS
Os meus queijos italianos prediletos são os seguintes:

/* FONTINA (DOP)

Classe: 4.3 – Massa prensada não cozida (semicozida), casca natural.
Leite: De vaca cru, da raça Valdostana (Pezzata Rossa, Pezzata Nera e Nera-Castana).
País: Itália (Valle d'Aosta).
História: As primeiras referências ao nome desse queijo datam do século XVIII.
Região: Produzido em toda a região do Valle d'Aosta, nas encostas dos Alpes, fronteira com a França e a Suíça.
Origem do nome: Monte Fontin.
Formato: Cilindro.
Dimensões: 35–45 centímetros de diâmetro, 7–10 centímetros de altura.

Fontina　　　　　　　　　　Vacas pastando no Valle d'Aosta

Peso: 7,5–12 quilos.
Gordura: Mínimo de 45%.
Cura: Mínimo de 80 dias, levando em média 4–5 meses.
Descrição: É um dos DOPs italianos. O melhor deles é o Fontina di Alpeggio***, elaborado em chalés montanheses a 1.800–2.300 metros de altitude. A massa é elástica, com orifícios dispersos, fundindo na boca. Sabor suave e delicado, mais intenso quanto mais curado. Devido à característica de sua massa fundir-se a 60°C, é muito usado na *Fonduta alla valdostana*, o típico e delicioso *fondue* de queijo local, misturado com gemas, leite, farinha de trigo e, muitas vezes, com trufas brancas. É um dos melhores queijos italianos.

/* GORGONZOLA (DOP)

Classe: 3.1 – Massa azul, casca natural. Não prensada e não cozida.
Leite: De vaca pasteurizado.
País: Itália (Lombardia e Piemonte).
História: Originado por volta dos séculos X a XII, em Gorgonzola, perto de Milão. O queijo maturava em cavernas naturais, onde era atacado pelos fungos. Antigamente era chamado de Stracchino Verde ou de Stracchino di Gorgonzola.
Região: Hoje é produzido nas províncias de Bergamo, Brescia, Como, Cremona, Lecco, Lodi, Milão, Pavia e Varese, na região da Lombardia; e nas províncias de Alessandria (parte), Biella, Cuneo, Novara, Vercelli, na região do Piemonte.
Origem do nome: Comuna de Gorgonzola, na província de Milano.
Formato: Cilindro.
Dimensões: 20–32 centímetros de diâmetro, altura mínima de 13 centímetros.
Peso: Há três versões:

Gorgonzola Dolce e Piccante   Grana Padano

Grande: 10–13 quilos, com ligeira marmorização, sabor *dolce*, mínimo 50 dias de cura
Media: 9–12 quilos, sabor *piccante*, mínimo 80 dias de cura
Piccola: 6–8 quilos, sabor *piccante*, mínimo 60 dias de cura
Gordura: Mínimo de 48%.
Cura: Mínimo de 50 dias, podendo levar 2–3 meses.
Descrição: É um dos DOPs italianos. É o melhor e mais consumido queijo azul do país, além de ser bastante exportado. Comercializado envolto em uma folha de alumínio. A casca é natural, fina, de cor rosácea. A massa é mole com textura um pouco quebradiça, porém cremosa na boca. Os sabores são levemente picante (*dolce*) ou muito picante (*piccante*), ambos bem salgados. O tipo *dolce*, criado em meados do século XX, é muito mais difundido que o tradicional *piccante*, que exige cura mais longa. Pena que o Gorgonzola al Cucchiaio***, um delicioso e cremoso *dolce* para ser comido de colher, viaje mal, e, portanto, não seja exportado para o Brasil.

** GRANA PADANO (DOP)

Classe: 5.2 – Massa prensada cozida, textura granulada.
Leite: Exclusivamente de vaca cru e parcialmente desnatado.
País: Itália (Norte).
História: Surgiu por volta do século XI, em abadias beneditinas da região.
Região: Produzido atualmente nas províncias de Alessandria, Asti, Biella, Cuneo, Novara, Torino, Verbania e Vercelli, na região do Piemonte; nas províncias de

Bergamo, Brescia, Como, Cremona, Lecco, Lodi, Mantova (parte), Milão, Monza, Pavia, Sondrio e Varese, na região da Lombardia; na província de Trento, na região do Trentino-Alto Adige; nas províncias de Padova, Rovigo, Treviso, Venezia, Verona e Vicenza, na região do Veneto; e nas províncias de Bologna (parte), Ferrara, Forlì, Cesena, Piacenza, Ravenna e Rimini, na região da Emilia-Romagna.

Origem do nome: Junção de "grana", por causa de sua massa granulada, com Val "Padano", isto é, o Vale do rio Pó.

Formato: Cilindro alto.

Dimensões: 35–45 centímetros de diâmetro, 18–25 centímetros de altura.

Peso: 24–40 quilos.

Gordura: Mínimo de 32%.

Cura: Mínimo de nove meses. É oferecido em quatro versões:

Grana Padano: 9–16 meses, mais indicado para uso de mesa, podendo ser ralado.

Grana Padano Trentino ou *Trentingrana*: 9–16 meses, novas versões provenientes da província de Trento

Oltre 16 mesi: mínimo de 16 meses, mais indicado para ralar, porém podendo ser usado na mesa

Riserva Oltre 20 mesi: mínimo de 20 meses, ótimo na mesa ou ralado

Descrição: É um dos DOPs italianos. Muito parecido com o seu primo mais famoso, o Parmigiano-Reggiano. A casca é grossa, de cor dourada, e a lateral é gravada com o nome do produto, o grau de cura, a queijaria produtora, o mês e ano de produção. A massa é granulosa, cor de palha. O aroma é fragrante e delicado. O sabor é suave e complexo, mas acentua-se com a maturação. Usado na mesa, cavucado (não cortado) ou ralado, por cima de massas.

*** PARMIGIANO-REGGIANO (DOP)

Classe: 5.2 – Massa prensada cozida, textura granulada.

Leite: Exclusivamente de vaca cru e parcialmente desnatado.

País: Itália (Emilia-Romagna).

História: Fontes históricas atribuem a sua origem às abadias beneditinas da região, na Idade Média.

Região: Produzido nas encostas dos Apeninos até o rio Pó, nas províncias de Parma, Reggio Emilia, Módena e Bologna (parte), na região da Emilia-Romagna; e na província de Mantova (parte), na Lombardia.

Parmiggiano-Reggiano   Taleggio

Origem do nome: Junção das províncias de Parma e Reggio Emilia.
Formato: Cilindro alto.
Dimensões: 35–45 centímetros de diâmetro, 20–26 centímetros de altura.
Peso: Mínimo de 30 quilos, em média 33–40 quilos.
Gordura: Mínimo de 32%.
Cura: Existem quatro versões:
   Maturo: 12–18 meses
   Extra ou *Export*: mínimo de 18 meses, selo vermelho
   Vecchio: mínimo de 22 meses, selo prata
   Stravecchio: mínimo de 30 meses, selo ouro
Descrição: É um dos DOPs italianos. Necessita de 16 litros de leite para produzir apenas 1 quilo de queijo. A casca é grossa, cor de palha, gravada na lateral com o nome do produto, o mês e ano de produção, a queijaria produtora e o selo de maturação, caso exista. A massa é granulosa, de mesma cor. O aroma é fragrante e delicado. O sabor é acentuado, mas não picante, e os mais curados são estupendos. Pode ser consumido em pedaços ou ralado por cima de massas. É considerado o rei dos queijos italianos.

/* TALEGGIO (DOP)

Classe: 2.2 – Massa mole, casca lavada.
Leite: De vaca, tanto pasteurizado quanto cru.
País: Itália (Lombardia).
História: Os primeiros registros datam do século XIII. A zona de origem é o Val Taleggio, na província de Bergamo, onde era curado em grutas naturais ou em chalés. Conhecido antigamente como Stracchino Quadrato.

Região: Produzido atualmente nas províncias de Bergamo, Brescia, Como, Cremona, Leco, Lodi, Milão e Pavia, na região da Lombardia; na província de Novara, na região do Piemonte; e na província de Treviso, em Veneto.
Origem do nome: Comuna de Taleggio.
Formato: Paralelepípedo quadrangular.
Dimensões: Lados com 18–20 centímetros, altura de 4–7 centímetros.
Peso: 1,7–2,2 quilos.
Gordura: Mínimo de 48%.
Cura: Mínimo de 35 dias, podendo ser estendido até 50 dias.
Descrição: É um dos DOPs italianos. O melhor deles é o Taleggio di Grotta***, elaborado com leite cru e curado em grutas naturais. A casca é fina e rosada, com mofo acinzentado, recebendo um entalhe de identificação com quatro círculos. A massa é mole, de cor branca a palha, com alguns pequenos orifícios. Delicado odor aromático e característico. O sabor é suave, levemente acídulo e final de boca às vezes trufado. É um dos melhores queijos italianos.

DICAS DE VIAGEM

LOJAS DE QUEIJO

» LUIGI GUFFANTI (AFINADOR DE QUEIJOS): www.guffantiformaggi.com
Via Milano, 140 – 28041 Arona (Novara), Piemonte, tel. +39 0322 242 038

» PECK: www.peck.it
Via Spadari, 9 – 20123 Milano (MI), Lombardia, tel. +39 028 693 017

» EATALY MILANO SMERALDO: www.eataly.it
Piazza XXV Aprile, 10 – 20121 Milano (MI), Lombardia, tel. +39 024 949 7301

» LA BAITA DEL FORMAGGIO: www.labaitadelformaggio.it
Via Vicenzo Foppa, 5 – 20144 Milano (MI), Lombardia, tel. +39 024 817 892

» EATALY TORINO LINGOTTO: www.torino.eataly.it
Via Nizza, 230 int. 14 – 10126 Torino (TO), Piemonte, tel. +39 011 1950 6801

» BORGIATTINO FORMAGGI: www.borgiattino.com
Corso Vinzaglio, 29 – 10121 Torino (TO), Piemonte, tel. +39 011 562 9075

» EATALY FIRENZE: www.eataly.it
Via de Martelli, 22 – 50129 Firenze (FI), Toscana, tel. +39 055 015 3601

» SALUMERIA ROSCIOLI: www.salumeriaroscioli.com
Via dei Giubbonari, 21 – 00186 Roma (RM), Lazio, tel. +39 06 687 5287

» BEPPE E I SUOI FORMAGGI: www.beppeeisuoiformaggi.it
Via Santa Maria del Pianto, 9ª – 00186 Roma (RM), Lazio, tel. +39 06 6819 2210

» ANTICA CACIARA TRASTEVERINA: www.anticacaciara.it
Via San Francesco a Ripa, 140ª – 00153 Roma (RM), Lazio, tel. +39 06 5581 2815

RESTAURANTES E BARES DE QUEIJO
» LA BAITA DEL FORMAGGIO: www.labaitadelformaggio.it
Via Vicenzo Foppa, 5 – 20144 Milano (MI), Lombardia, tel. +39 024 817 892

» PECK ITALIAN BAR: www.peck.it/it/peck-italian-bar
Via Cesare Cantù, 3 – 20123 Milano (MI), Lombardia, tel. +39 028 693 017

» TRATTORIA DELLA POSTA DI MONTICONE: www.trattoriadellaposta.com
Strada Mongreno, 16 – 10132 Torino (TO), Piemonte, tel. +39 011 898 0193

» CAFÉ CARDUCCI: www.cafecarducci.it
Via G. Carducci, 12 – 37129 Verona (VE), Veneto, tel. +39 045 803 0604

» LUNGARNO 23: www.lungarno23.it
Lungarno Torrigiani, 23 – 50125 Firenze (FI), Toscana, tel. +39 055 234 5957

» SALUMERIA ROSCIOLI: www.salumeriaroscioli.com
Via dei Giubbonari, 21 – 00186 Roma (RM), Lazio, tel. +39 06 687 5287

» BEPPE E I SUOI FORMAGGI: www.beppeeisuoiformaggi.it
Via Santa Maria del Pianto, 9ª – 00186 Roma (RM), Lazio, tel. +39 06 6819 2210

RESTAURANTES COM OS MELHORES *CARRELLO DEI FROMAGGI* (CARRINHOS DE QUEIJO) (segundo o site www.dissapore.com)
» AL SORRISO RISTORANTE HOTEL: www.alsorriso.com
Via Roma, 18 – 28010 Sorriso (Novara), Piemonte, tel. +39 0322 983 228

» ENOTECA PINCHIORRI: enotecapinchiorri.it
Via Ghibellina, 87 – 50122 Firenze (FI), Toscana, tel. +39 055 242 777

» LA PERGOLA, HOTEL ROME CAVALIERI: www.romecavalieri.it/lapergola.php
Via Alberto Cadlolo, 101 – 00136 Roma (RM), Lazio, tel. +39 06 3509 2152

» MIRAMONTI L'ALTRO: www.miramontilaltro.it
Via Crosette, 34 – 25062 Concesio (Brescia), Lombardia, tel. +39 030 275 1063

» VILLA CRESPI HOTEL: www.villacrespi.it
Via G. Fava, 18 – 28016 Orta San Giulio (Novara), Piemonte, tel. +39 0322 911 902

FEIRAS E MERCADOS DE QUEIJO
» MERCATO DEI FORMAGGI DI BRA / CHEESE BRA (FEIRA INTERNACIONAL DE QUEIJOS, REALIZADA A CADA DOIS ANOS, NOS ANOS ÍMPARES): www.cheese.slowfood.it
Piazza Carlo Alberto e Piazza Roma – 12042 Bra (Cuneo), Piemonte

Espanha

GERAL

A Espanha é um país *sui-generis* por ser formado por 17 comunidades autônomas, algumas delas falantes de outras línguas que não o espanhol. Essas comunidades, por sua vez, são divididas em províncias.

O país tem longa tradição queijeira, desenvolvida pelos celtas, depois pelos romanos e pelos monastérios medievais. Apesar de fabricar alguns queijos de padrão mundial, sua indústria laticínia é apenas a décima quinta em produção e a décima sétima em exportação. É conhecido como "o país dos 100 queijos".

A Espanha, depois da Suíça e da Áustria, é o país mais montanhoso da Europa. Por esse motivo, o queijo de leite de ovelha tem sido tradicionalmente o mais genuíno representante da queijaria espanhola. Os queijos de cabra também estão disseminados no país, porém mais presentes nas zonas montanhosas, assim como nos solos pobres e secos. Por sua vez, os queijos de vaca são característicos das zonas úmidas do norte e das atlânticas, onde abundam ricos pastos, e também da zona mediterrânea.

PRINCIPAIS QUEIJOS

A Espanha dispõe de uma grande gama de queijos certificados: 26 possuem Denominación de Origen Protegida (DOP, Denominação de Origem Protegida) e dois, os pouco expressivos Los Beyos e Valdeón, possuem Indicación Geográfica Protegida (IGP, Indicação Geográfica Protegida). Os queijos mais importantes com DOP são:

- **Cabrales:** Ver descrição a seguir, neste capítulo.
- **Idiazábal:** 4.3 – Massa prensada não cozida, casca natural. Elaborado com leite cru de ovelhas das raças Latxa e Karrantzana. Original das comunidades autônomas do País Basco e parte de Navarra (exceto o Vale del Roncal). Matura por no mínimo dois meses, pesando 1–3 quilos. Tem duas versões: não defumado (casca amarelo-pálida) e defumado (casca caramelo-escuro). O odor é penetrante e o sabor é equilibrado e intenso, com notas picantes, ácidas e de fumo (defumado). O retrogosto é persistente e pronunciado. Os melhores são os Idiazábal de Pastor**, provenientes de um grupo de 116 pastores-elaboradores bascos, que produzem o queijo com leite cru de seus rebanhos, tradições ancestrais de defu-

mação e cura de 4–5 meses. São três os seus níveis de qualidade: sem etiqueta, "etiqueta verde" e superior "etiqueta negra Latxa", que atinge altos preços.
- **Mahón-Menorca:** 4.3 – Massa prensada não cozida, casca natural. É o queijo de leite de vaca mais produzido na Espanha. É obtido de leite de vacas das raças Frisona, Mahonesa ou Menorquina ou Parda Alpina, e admite eventualmente até 5% de leite de ovelhas da raça Menorquina. É produzido na Ilha de Menorca, nas Baleares. Vendido no formato de paralelepípedo quadrado de 1–4 quilos, com cura de no mínimo dois meses e de no máximo cinco meses (semicurado) ou acima de cinco meses (curado). Há dois tipos: o Mahón Artesano de leite cru e o Mahón de leite tratado industrialmente.
- **Majorero:** 4.1 – Massa prensada não cozida, casca lavada. Procede do leite de cabra Majorera com adição eventual, quando se destina à maturação, de até 15% de leite de ovelha Canaria. É típico da Ilha Fuerteventura, nas Canárias. Dependendo do grau de cura, ele será *Tierno* (8–20 dias), *Semicurado* (20–60 dias) ou *Curado* (acima de 60 dias). Nesse estágio, costuma receber tratamentos na casca, que pode ser untada com gorduras ou azeite de oliva e, em seguida, com produtos que fechem seus poros, como pimenta-de-caiena, farinha de milho ou de trigo. Apresentam-se em formas cilíndricas de 1–6 quilos. Tem massa compacta, textura cremosa e sabor ácido e algo picante. É excelente quando tostado, como oferecido no Bar de Quesos Poncelet, em Madri.
- **Manchego:** Ver descrição a seguir, neste capítulo.
- **San Simón da Costa:** 4.3 – Massa prensada não cozida, casca natural. É o queijo de leite de vaca espanhol que ganha mais prêmios nos concursos dos quais participa. Utiliza leite cru ou pasteurizado de vacas das raças Rubia Gallega, Pardo Alpina e Frisona, e de seus cruzamentos. É típico da província de Lugo, na comunidade autônoma da Galícia. Tem formato entre pera e bala, casca defumada e dura, cor amarelo-ocre, massa com textura untuosa, semidura, semielástica e densa, macia ao corte e com olhos pequenos. Aroma e sabor com leve toque defumado característicos. Vendido em dois tamanhos: 400–800 gramas (cura mínima de 30 dias) e 800–1.500 gramas (cura mínima de 45 dias).
- **Torta del Casar:** Ver descrição a seguir, neste capítulo.
- **Zamorano:** 4.3 – Massa prensada não cozida, casca natural. Fabricado com leite de ovelhas das raças Churra e Castellana na província de Zamora, comunidade autônoma de Castilla y León. Essa província é a maior produtora de leite de ovelha da Espanha, com 18% do volume total. Deve ser maturado por

pelo menos 100 dias, chegando a 12 meses, e peso máximo de 4 quilos. Na média, pesa cerca de 3 quilos. Parece o vizinho Manchego, mas tem personalidade própria.

- **Garrotxa:** 4.1 – Massa prensada não cozida, casca lavada. Ótimo queijo, porém ainda sem certificação. É produzido em toda comunidade autônoma da Cataluña, principalmente em sua metade norte, com leite de cabra pasteurizado. É um queijo moderno que começou a ser fabricado no município de Garrotxa, província de Gerona, baseado em uma tradição antiga que tinha desaparecido. Pesa cerca de 1 quilo e passa por no mínimo três semanas de cura. A casca natural é coberta com um mofo cinza, que cresce espontaneamente. A textura é algo untuosa, amanteigada e fundente no paladar. O sabor é suave e agradável, ligeiramente ácido e com retrogosto de avelãs.

Os outros 18 queijos espanhóis com DOP são: Afuega'l Pitu, Arzúa-Ulloa, Camerano, Casín, Cebreiro, Gamoneu ou Gamonedo, Ibores, L'Alt Urgell y La Cerdanya, La Serena, Murcia, Murcia al Vino, Palmero, Picón-Bejes-Tresviso, Queso de Flor de Guía ou Queso Guía, Queso Nata de Cantabria, Quesucos de Liébana, Roncal e Tetilla.

QUEIJOS FAVORITOS

** CABRALES (DOP)

Classe: 3.1 – Massa azul, casca natural.
Leite: Cru de vaca, ovelha ou cabra, ou uma mescla de dois ou três tipos de leite.
País: Espanha (Astúrias).
História: Os primeiros testemunhos escritos sobre ele datam do século XVIII.
Região: Produzido artesanalmente em pequenas queijarias familiares, em 18 vilas do município de Cabrales e em três vilas do município de Peñamellera Alta, na comunidade autônoma de Astúrias. As pastagens encontram-se acima de 800 metros de altitude, nos Picos de Europa.
Origem do nome: Município de Cabrales.
Formato: Cilindro.
Dimensões: Diâmetro variável, altura de 7–15 centímetros.
Peso: 2–5 quilos.
Gordura: Mínimo de 45%.

Cabrales

Ovelhas pastando em La Mancha

Cura: Mínimo de dois meses, e até de cinco meses em cavernas naturais da região, que fornecem os fungos necessários para uma maturação adequada.

Descrição: Um dos DOPs espanhóis e é o queijo azul mais famoso do país. Produção sazonal, fundamentalmente na primavera e no verão, enquanto houver leite de ovelha ou cabra, e durante todo o ano enquanto houver leite de vaca. Os produtores locais consideram de suma importância a presença do leite de cabra para obter as melhores condições organolépticas. A massa, que não é prensada, cozida nem leva fungos adicionais, tem consistência untuosa, é compacta e sem orifícios. O odor é muito forte. O sabor é levemente picante, ácido, mais acentuado quando elaborado com leite de ovelha ou cabra ou com uma mescla de ambos.

** MANCHEGO (DOP)

Classe: 4.3 – Massa prensada não cozida, casca natural.
Leite: De ovelha da raça Manchega, podendo ser cru, para os queijos *Artesano* (de fazendas), ou pasteurizado.
País: Espanha (Castilla-La Mancha).
História: Elaborado desde tempos remotos, mas citado pela primeira vez em 1605, por Cervantes, em seu famoso *Don Quixote de La Mancha*.
Região: Produzido num planalto de mais de 600 metros de altitude, nas províncias de Albacete, Ciudad Real, Cuenca e Toledo, na comunidade autônoma de Castilla-La Mancha.
Origem do nome: Da comarca de La Mancha.
Formato: Cilindro.
Dimensões: Diâmetro máximo de 22 centímetros, altura máxima de 12 centímetros, relação diâmetro/altura de 1,5–2,2 centímetros.

Manchego — Torta del Casar

Peso: 0,4–4 quilos.
Gordura: Mínimo de 50%.
Cura: Mínimo de um mês (até 1,5 quilo) ou mínimo de dois meses e máximo de 24 meses (demais tamanhos). Dependendo do produtor, é comercializado em quatro versões:

Semicurado: 2–3 meses

Curado: 3–6 meses

Viejo: 6–12 meses

Añejo ou *En Aceite*: acima de 12 meses

Descrição: É um dos DOPs espanhóis e é o queijo mais famoso do país, além do mais produzido e consumido. Os melhores exemplares são os Manchego Artesano**/***. A casca dura apresenta entalhes típicos dos seus moldes, coberta com parafina ou plástico. A massa é firme e compacta, branca a marfim, com olhinhos erráticos. O odor é láctico, intenso e persistente, evoluindo para picante nos mais curados. Sabor ligeiramente ácido, forte e picante nos mais maturados. O retrogosto é de caramelo e lanolina, típico de ovelha. Geralmente, presente nas *tapas* servidas em todo o país.

*** TORTA DEL CASAR (DOP)

Classe: 4.1 – Massa prensada não cozida, casca lavada.
Leite: De ovelha cru, das raças Merino e Entrefino.
País: Espanha (Extremadura).
História: Elaborado desde tempos imemoriais na região.
Região: Província de Cáceres, na comunidade autônoma de Extremadura.

Origem do nome: Torta, pela sua textura, seguida do nome de um dos municípios produtores desse queijo, Casar de Cáceres.
Formato: Cilindro.
Dimensões: Altura de 5-7 centímetros (máximo de 11-13 centímetros), altura de 14-17 centímetros.
Peso: 500-700 gramas/900-1.100 gramas.
Gordura: Mínimo de 50%.
Cura: Mínimo de dois meses, em baixas temperaturas e altas umidades.
Descrição: um dos DOPs espanhóis. Considero o melhor queijo espanhol. Tem o mesmo estilo dos queijos de ovelha portugueses, pois sua região situa-se quase na fronteira com Portugal. Antigamente, a produção era sazonal, entre o inverno e a primavera, mas atualmente é produzido o ano todo. Entretanto, os melhores são os obtidos entre março e maio. A massa é macia e untuosa, de cor branca a amarelada, podendo apresentar pequenas olhaduras repartidas. Sua marca registrada é a textura altamente cremosa, permitindo ser comido, inclusive, com colher, depois de retirado o tampo. Seu odor é intenso e o sabor é levemente amargo, pelo uso de coalho vegetal.

DICAS DE VIAGEM

LOJAS DE QUEIJO

» PONCELET: www.poncelet.es
Argensola, 27 - 28004 Centro, Madri, tel. +34 91 308 0222

» LA FROMAGERIE DE MADRID
Plaza de San Miguel, s/n (Mercado de San Miguel) - 28005 Centro, Madri, tel. +34 91 541 0375

» LA BOULETTE: www.laboulette.com
Ayala, 28 ou Lagasca, 49 (Mercado de La Paz) - 28001 Salamanca, Madri, tel. +34 91 431 7725

» BON FROMAGE: www.bonfromage.es
Bolívia, 9 (Mercado de Chamartín) - 28016 Chamartín, Madri, tel. +34 91 344 0031

» COLMADO QUILEZ: www.lafuente.es
Rambla de Catalunya, 63 - 08007 L'Eixample Dreta, Barcelona, tel. +34 93 215 8785

» MAS GOURMETS: www.masgourmets.com
La Rambla, 91 (Mercat de La Boqueria) - 08001 El Raval, Barcelona, tel. +34 93 302 0079

RESTAURANTES E BARES DE QUEIJO
» PONCELET CHEESE BAR: www.ponceletcheesebar.es
José Abascal, 61 – 28003 Chamberi, Madri, tel. +34 91 399 2550

» CHEESE'S ART: www.cheesesart.es
Enric Granados, 13 – 08007 L'Eixample Dreta, Barcelona, tel. +34 93 532 1125

» BAR ZIM: barzimbcn.com
Dagueria, 20 – 08002 Barri Gòtic, Barcelona, tel. +34 93 412 6548

» BAR SAVOY: Francisco Bergamín, 27 – 31003 Pamplona, tel. +34 94 818 0020

PORTUGAL

GERAL

Historicamente, Portugal era dividido em províncias. Entretanto, a constituição de 1976 estabeleceu que os municípios fossem agrupados em regiões autônomas (nos arquipélagos dos Açores e da Madeira) e em regiões administrativas (em Portugal continental). Concretamente, como as oito regiões administrativas ainda não estão implantadas, o governo é exercido pelos 18 distritos. O queijo é produzido de norte a sul em Portugal continental e no arquipélago dos Açores.

Em termos estatísticos, a posição de Portugal em relação aos queijos no mundo é muito pouco significativa, haja vista que não se encontra entre os 20 primeiros colocados, seja em produção, exportação ou consumo *per capita*. Porém, alguns excelentes produtos são elaborados nesse pequeno país.

A produção dos queijos ainda é majoritariamente artesanal. Predominam os produtos de leite de ovelha e de cabra – devido à pobreza dos pastos –, que empregam coalhos vegetais do cardo ou da alcachofra-brava; exceto nos Açores, onde o leite de vaca predomina.

PRINCIPAIS QUEIJOS

Portugal dispõe de 11 queijos certificados com Denominação de Origem Protegida (DOP), além de outra certificação para o Requeijão da Serra da Estrela, e um queijo com Indicação Geográfica Protegida (IGP) – o pouco conhecido Queijo Mestiço de Tolosa. Os mais importantes com DOP são os seguintes:

- **Azeitão:** Ver descrição a seguir, neste capítulo.
- **Beira Baixo:** Engloba três denominações, **Castelo Branco**, **Amarelo da Beira Baixo** e **Picante da Beira Baixa**. 4.1 – Massa prensada não cozida, casca lavada. O primeiro é feito com leite de ovelha, e os dois outros com leite de ovelha ou misturado com o de cabra. Os dois primeiros podem ser comercializados frescos ou curados por no mínimo três meses, podendo então ser chamados de "velhos", quando ficam mais duros. Já o Picante é sempre curado.
- **Cabra Transmontano:** 2.3 Massa mole, casca natural. Fabricado com leite de cabra cru, da raça Serrana. Originário dos distritos de Bragança e Vila Real, na região de Trás-os-Montes e Alto-Douro, a mesma terra do vinho do Porto. Tem

textura muito dura, aroma e sabor forte e picante. É curado por no mínimo dois meses e vendido com 600 a 900 gramas.
- **Évora:** 4.1 – Massa prensada não cozida, casca lavada. Elaborado com leite de ovelha cru, em 16 concelhos em volta de Évora, no Alentejo. Ótimo queijo de ovelha, com textura dura ou semidura, leve acidez, sabor frutado e condimentado, com final salgado. Comercializado de três formas: Pequeno, de pasta dura (três meses de cura e 60–90 gramas); Merendeira, de pasta dura (três meses de cura e 120–200 gramas); e Merendeira, de pasta semidura (um mês de cura e 200–300 gramas).
- **São Jorge:** 4.4 – Massa prensada não cozida, pasta triturada. Melhor queijo de leite de vaca cru de Portugal. Sua origem é do século XV, fabricado pelos marinheiros flamengos que se instalaram na ilha de São Jorge, nos Açores, onde criaram esse queijo baseado no Gouda. Entretanto, em estilo, ele evoca tanto o Cheddar quanto o Gouda. É vendido com 8–12 quilos e no mínimo três meses de cura. Tem textura firme, dura ou semidura, e pequenas olhaduras irregulares na massa, com estrutura quebradiça.
- **Serpa:** Ver descrição a seguir neste capítulo.
- **Serra da Estrela:** Ver descrição a seguir neste capítulo.

Os outros quatro queijos portugueses com DOP são: Nisa, Pico, Rabaçal e Terrincho.

QUEIJOS FAVORITOS

** AZEITÃO (DOP)

Classe: 4.1 – Massa prensada não cozida, casca lavada.
Leite: Exclusivamente de ovelha cru.
País: Portugal (Setúbal).
História: Sua produção iniciou-se por volta de 1830, quando um beirense trouxe um rebanho de ovelhas da Serra da Estrela. Todo ano, ele contratava um queijeiro local para fazer os seus queijos. Posteriormente, essa técnica foi difundida na região.
Região: Produzido nas encostas da Serra da Arrábida, nos concelhos de Palmela, Sesimbra e Setúbal, no distrito de Setúbal.
Origem do nome: Da região de Azeitão, no concelho de Setúbal.
Formato: Cilindro pequeno.

Azeitão

Dimensões: 5–11 centímetros de diâmetro (em média 8 centímetros), 2–6 centímetros de espessura (em média 5 centímetros).
Peso: 100–250 gramas, sendo mais comum 250 gramas.
Gordura: Mínimo de 45%.
Cura: Mínimo de 20 dias, podendo levar até 40 dias.
Descrição: É um dos DOPs portugueses. Provavelmente o queijo mais caro de Portugal, perdendo em fama para o Serra da Estrela. É colocado no mercado normalmente envolto em papel vegetal. Massa semimole, amanteigada, untuosa, com poucos ou nenhum orifício, cor branca ou ligeiramente amarelada. Sabor muito delicado e levemente mais acídulo que o Serra da Estrela. Eu o acho extremamente saboroso.

** SERPA (DOP)

Classe: 4.1 – Massa prensada não cozida, casca lavada.
Leite: Exclusivamente de ovelha cru.
País: Portugal (Alentejo).
História: Elaborado desde a época dos romanos.
Região: Produzido nos concelhos de Aljustrel, Almodôvar, Alvito, Beja, Castro Verde, Cuba, Ferreira do Alentejo, Mértola, Moura, Odemira, Ourique, Serpa e Vidigueira (distrito de Beja), em partes dos concelhos de Alcácer do Sal, Grândola e Santiago do Cacém (distrito de Setúbal).
Origem do nome: Concelho de Serpa.

Serpa   Serra da Estrela

Formato: Cilindro baixo.

Dimensões: 10–12 centímetros de diâmetro, 3–4 centímetros de espessura (*Merendeira*); 15–18 centímetros de diâmetro, 4–5 centímetros de espessura (*Cunca*); 18–20 centímetros de diâmetro, 4–6 centímetros de espessura (*Normal*); e 25–30 centímetros de diâmetro, 6–8 centímetros de espessura (*Gigante*).

Peso: Há quatro versões:

 Merendeira: 200–250 gramas
 Cunca: 800–900 gramas
 Normal: 1–1,5 quilo
 Gigante: 2–2,5 quilos

Gordura: Mínimo de 45% e máximo de 60%.

Cura: Mínimo de 30 dias, podendo levar até 45 dias.

Descrição: É um dos DOPs portugueses. Junto com o Serra da Estrela e o Azeitão, compõe o trio de ouro dos queijos de Portugal. É comercializado envolto em uma cinta de tecido branca. Massa semimole, amanteigada, com poucos ou nenhum orifício, cor branco-amarelada ou amarelo-palha. Aroma geralmente forte. Sabor salgado e retrogosto picante.

*** SERRA DA ESTRELA (DOP)

Classe: 4.1 – Massa prensada não cozida, casca lavada.

Leite: De ovelha cru, exclusivamente das raças Bordaleira Serra da Estrela ou Churra Mondegueira.

País: Portugal (Beira Alta e Beira Baixa).

História: Elaborado na região desde a época dos romanos.

Região: Produzido artesanalmente nas encostas da Serra da Estrela, nos concelhos de Carregal do Sal, Mangualde, Nelas, Penalva do Castelo, Tondela e Viseu (distrito de Viseu), Aguiar da Beira, Celorico da Beira, Fornos de Algodres, Gouveia, Guarda, Manteigas, Seia e Trancoso (distrito de Guarda), Arganil, Oliveira do Hospital e Tábua (distrito de Coimbra) e Covilhã (distrito de Castelo Branco).
Origem do nome: Região em que é produzido, a Serra da Estrela.
Formato: Cilindro baixo.
Dimensões: 9–20 centímetros de diâmetro, 4–6 centímetros de altura (Serra da Estrela) e 11–20 centímetros de diâmetro, 3–6 centímetros de altura (Serra da Estrela Velho).
Peso: 0,5–1,7 quilo (Serra da Estrela) e 0,7–1,2 quilo (Serra da Estrela Velho).
Gordura: 45–60% (Serra da Estrela) e mínimo de 60% (Serra da Estrela Velho).
Cura: Há duas versões:
    Serra da Estrela: mínimo de um mês, conhecido como "Amanteigado"
    Serra da Estrela Velho: mínimo de quatros meses
Descrição: É um dos DOPs portugueses e o queijo mais famoso do país. A sua produção é sazonal, sendo elaborado apenas de outubro a abril. Os melhores são feitos de janeiro a março, quando as ovelhas comem apenas pastos de primeira categoria. É comercializado envolvido em uma cinta de tecido branco. O rótulo na casca superior pode ter um círculo amarelo (Amanteigado) ou bordô (Velho). Massa semimole, amanteigada e untuosa, com poucos ou nenhum orifício, de cor branca a levemente amarelada. O Velho tem massa de semidura a extradura (portanto, mais espremido), ligeiramente quebradiça e seca, cor laranja-acastanhada. O aroma é suave e limpo; no caso do Velho, é agradável e persistente, limpo, forte a levemente forte, levemente picante e salgado. O sabor é marcante, ligeiramente acídulo e de amargor suave. O retrogosto é de caramelo torrado. O queijo Amanteigado, que é o mais apreciado, em geral tem a parte de cima cortada e é servido com colher. Muita gente acha o Serra da Estrela Amanteigado o melhor queijo do mundo. Eu concordo em parte, achando que ele é o melhor queijo de ovelha do mundo.

DICAS DE VIAGEM

LOJAS DE QUEIJO

» QUEIJARIA NACIONAL: www.queijarianacional.pt
Rua da Conceição, 8 – 1100-154 Baixa, Lisboa, tel. +351 912 082 450

» EL CORTE INGLÉS: www.elcorteingles.pt
- Av. António Augusto de Aguiar, 31 – 1069-413, São Sebastião da Pedreira, Lisboa, tel. +351 213 711 700
- Av. da República, 1435 – 4430, Vila Nova de Gaia, Porto, tel. +351 223 781 400

» QUEIJARIA AMARAL: www.queijariaamaral.pt
Rua Santo Ildefonso, 190 – 4000-465 Santo Ildefonso, Porto, tel. +351 222 004 162

» COMER E CHORAR POR MAIS
Rua Formosa, 300 – 4000-248 Santo Ildefonso, Porto, tel. +351 222 004 407

» MERCEARIA DO BOLHÃO: www.merceariadobolhao.com
Rua Formosa, 305 – 4000-252 Santo Ildefonso, Porto, tel. +351 222 082 912

» A LOJA DO QUEIJO (QUEIJO AZEITÃO): www.facebook.com/ALojaDoQueijoPedacosdeAzeitao
Praça da República, 34 – 2925-585 Vila Nogueira de Azeitão, Setúbal tel. +351 212 180 084

» CASA MATIAS (QUEIJO SERRA DA ESTRELA): www.queijoscasamatias.com/lojaonline

» QUEIJARIA GUILHERME (QUEIJO SERPA): online.queijariaguilherme.com

RESTAURANTES E BARES DE QUEIJO

» QUEIJARIA NACIONAL: www.queijarianacional.pt
Rua da Conceição, 8 – 1100-154 Baixa, Lisboa, tel. +351 912 082 450

» PRESUNTISCO
Cais da Ribeira, 9 – 4050-509 Ribeira, Porto, tel. +351 222 038 457

» QUINTA DO CHÃO DA VINHA (QUEIJO SERRA DA ESTRELA)
6270-031 Carragosela, Seia, Guarda, tel. +351 238 903 651

SUÍÇA

GERAL

Na atualidade, a Suíça ou a Confederação Helvética (razão de a sigla "ch" ser o código TLD do país nos endereço de internet) é formada por 26 cantões. Em quase todos eles há produção de queijo. As quatro línguas oficiais do país – alemão, francês, italiano e romanche – refletem parte da sua cultura original.

Esse pequeno e montanhoso país tem uma longa tradição em laticínios. Os antigos helvécios, povo celta que habitava a região onde hoje se situa a Suíça, utilizavam o queijo como moeda de troca.

Os cerca de 450 tipos de queijo suíço são de alta qualidade, graças a diversos fatores. A região tem tradição queijeira milenar, transmitida de geração em geração, e as pastagens alpinas são muito favoráveis, com ar puro e água limpa. Oitenta por cento das terras agrícolas da Suíça são improdutivas, sendo essencialmente exploradas para o gado. Por fim, o rebanho é excelente. O leite mais utilizado na produção de queijos é o bovino, principalmente da premiada raça leiteira Braunvieh (a Pardo-Suíça), além das raças Simmental (leite e carne) e Alpina Herens (leite). Os queijos de cabra e de ovelha são secundários. Quase metade da produção leiteira do país é transformada em queijo.

Para se distinguirem, alguns queijos suíços levam na casca um selo de proteção, que atesta a sua qualidade e originalidade, com o nome "Switzerland" em forma de

Paisagem suíça

raio de roda. Esse selo é encontrado, principalmente, nos queijos Emmental, Gruyère, Raclette, Sbrinz, Vacherin Fribourgeois e Appenzell.

Fazer turismo nesse belíssimo país é sempre um grande prazer. Recomendo, sobretudo, que você visite Gruyères (com "s"), uma encantadora vila medieval, situada próximo de Lausanne. Lá é possível visitar a queijaria de demonstração do queijo Gruyère (sem "s").

PRINCIPAIS QUEIJOS

Os suíços são conhecidos por fazerem queijos de massa dura em imensas formas, como Emmental (75–120 quilos), Gruyère (25–40 quilos) e Sbrinz (30–40 quilos).

Atualmente, 12 queijos suíços são certificados com Denominação de Origem Protegida (DOP). São eles:

- **Berner Alpkäse/Berner Hobelkäse:** 5.1 – Massa prensada cozida, textura normal (Alpkäse) e 5.2 – Massa cozida, textura granulada (Hobelkäse). São elaborados no cantão de Berne, sendo de interesse mais regional.
- **Bloderkäse-Sauerkäse:** 1.0 – Massa fresca (Bloderkäse) e 2.3 – Massa mole, casca natural (Sauerkäse), ligeiramente curado, ambos fabricados no cantão de St. Gallen e de interesse apenas local.
- **Emmental** ou **Emmentaler:** Ver descrição a seguir, neste capítulo.
- **L'Etivaz:** 5.1 – Massa prensada cozida, textura normal. Produzido com leite cru, em "alpage", nos altos chalés nos Alpes, durante a estação de veraneio – de 10 de maio a 10 de outubro. Ótimo produto do cantão de Vaud, mas difícil de ser encontrado fora de sua zona de produção.
- **Formaggio d'Alpe Ticinese:** 4.3 – Massa prensada não cozida, casca natural. Na sua fabricação, pode ser acrescentado ao leite de vaca até 30% de leite de cabra. Originário do cantão de Ticino, de fala italiana, também apenas de interesse local.
- **Glarner Alpkäse:** 4.3 – Massa prensada não cozida, casca natural. Feito de leite cru de vaca, no cantão de Glaris, sendo de interesse somente local.
- **Gruyère:** Ver descrição a seguir neste capítulo.
- **Raclette du Valais:** Ver descrição a seguir, neste capítulo.
- **Sbrinz:** 5.2 – Massa prensada cozida, textura granulada. Produzido há vários séculos no país, é talvez o "Caseus Helveticus", descrito no século I por Plínio. Elaborado nos cantões de Luzern, Schwyz, Obwalden, Nidwalden, Zug, Aargau

e Berne. Usa leite cru e é maturado por no mínimo 18 meses. Quando mais curado, com 24–30 meses, é servido ralado na comida. É bem parecido com os Granas italianos.

- **Tête de Moine** ou **Fromage de Bellelay:** Ver descrição a seguir, neste capítulo.
- **Vacherin Fribourgeois:** 4.1 – Massa prensada não cozida, casca lavada. Elaborado no cantão de Fribourg e em parte do de Berne, com leite cru ou termizado. Disponível em três versões: *Classic*, curado por 9–12 semanas, ideal para o *fondue moitié-moitié*, junto com o Gruyère; *Extra*, curado por no mínimo 12 semanas, ficando frutado e cremoso; e *Rustic*, comido depois de cura de 5–6 meses, de sabor ainda mais forte, usado como sobremesa.
- **Vacherin Mont-d'Or:** Ver descrição a seguir, neste capítulo.

Outros ótimos queijos helvéticos, mas ainda sem certificação:

- **Appenzell** ou **Appenzeller®:** 4.1 – Massa prensada não cozida, casca lavada. Vem dos cantões de Appenzell Ausserrhoden, Appenzell Innerrhoden, St. Gallen e Thurgau. É o queijo suíço mais encorpado, com poucas olhaduras, do tamanho de ervilhas. Tem como características principais ser elaborado com leite cru e curado com a casca espessa constantemente esfregada, por no mínimo três meses, em uma mistura de salmoura, vinho branco e ervas da montanha. Vem pleiteando, desde 2009, registro como Indicação Geográfica Protegida (IGP).
- **Glarner Schabziger** ou **Fromage aux Herbes Glaronais:** 7.2 – Massa de soro, prensada. Feito no cantão de Glarus. Por causa da prensagem muito forte, a massa fica desidratada e sem casca. A cura é longa, dura oito meses. Depois disso a massa é esfarelada, temperada com feno-grego e, em seguida, novamente prensada. Torna-se então duro como pedra, de massa cor verde-claro, sendo usado para gratinar ou na culinária. O seu sabor é condimentado e muito picante.
- **Obwaldner Bratkäse:** 4.1 – Massa prensada não cozida, casca lavada. Muito similar ao Raclette. Fabricado no cantão de Obwalden com leite pasteurizado. É consumido de forma muito parecida com o Raclette, apenas utilizando um aparelho de aquecimento diferente, chamado de *bratkäse*.
- **Tilsit** ou **Tilsiter:** 4.1 – Massa prensada não cozida, casca lavada. Elaborado inicialmente na cidade de Tilsit, na Prússia Oriental, por emigrantes suíços. Em 1893, outro suíço trouxe de volta a receita para o cantão de Thurgau. Parece-se mais com o Appenzeller® do que com o Tilsiter alemão, pois é mais

consistente e tem menos olhaduras. Duas versões: leite cru (rótulo vermelho) e leite pasteurizado (rótulo verde).
- **Tomme Vaudoise:** 2.1 – Massa mole, casca florida. É elaborado nos cantões de Vaud e Genève com leite pasteurizado. Também é fabricado na versão temperada, com cominho.

QUEIJOS FAVORITOS

Meus cinco queijos suíços favoritos são (em ordem alfabética):

*** EMMENTAL OU EMMENTALLER (DOP)

Classe: 5.1 – Massa prensada cozida, textura normal.
Leite: Exclusivamente de vaca cru.
País: Suíça (Berna).
História: A primeira menção dele é atestada no século XII.
Região: Elaborado inicialmente no cantão de Berna. Nos dias atuais, também nos cantões de Aargau, Glarus, Luzern, Schwyz, Solothurn, St. Gallen, Thurgau, Zug, Zurique e parte do de Friburgo.
Origem do nome: Junção de Emme, rio do cantão de Berna, com "tal", que significa "vale", em alemão.
Formato: Cilindro.
Dimensões: 80–100 centímetros de diâmetro, média de 85 centímetros, 16–27 centímetros de altura.
Peso: 75–120 quilos, média de 90 quilos.
Gordura: 45–55%.
Cura: Quatro versões:
  Emmental Classic: mínimo de quatro meses, sabor suave de avelãs
  Emmental Réserve: mínimo de oito meses, sabor pronunciado
  Emmental Extra: mínimo de 12 meses, sabor poderoso
  Emmental Affiné en Grotte ou Höhlengereiften***: mínimo de 12 meses, mais mínimo de seis meses em grutas, sabor muito aromático de nozes
Descrição: É um dos DOPs suíços e o queijo mais produzido do país. Junto com o Gruyère, contribui na receita do famoso *fondue Neufchateloise* suíço. Ele difere do Gruyère nos seguintes aspectos: é produzido na Suíça alemã; tem rótulo vermelho, colado na casca; suas dimensões são maiores (é o maior queijo do país); a massa tem orifícios regulares, redondos e ovais, entre 2–4 centímetros, por causa da fer-

Emmental

Gruyère

mentação propiônica a qual é submetido (que gera gás carbônico e causa os buracos); a textura é mais elástica, pois é menos prensado e cozido; o aroma é menos pronunciado; o sabor é adocicado e menos picante. Apresenta aroma sutil de avelãs e um sabor típico agridoce, levemente salgado e aromático. Muito imitado em todo o mundo, inclusive no Brasil, sob o nome de Suíço.

*** GRUYÈRE (DOP)

Classe: 5.1 – Massa prensada cozida, textura normal.
Leite: Exclusivamente de vaca cru.
País: Suíça (Friburgo).
História: A primeira menção dele data de 1115.
Região: Elaborado inicialmente no cantão de Friburgo. Hoje também é produzido nos cantões de Vaud, de Neufchâtel, de Jura e em parte do de Berna.
Origem do nome: Comuna de Gruyères (com "s", ao contrário do nome do queijo), no cantão de Friburgo. Chama-se Greyerzer em alemão. Curiosamente, os grandes queijos franceses DOP de massa cozida também são chamados Gruyère, como o Beaufort e o Comté, além de um IGP com esse mesmo nome.
Formato: Cilindro.
Dimensões: Duas versões:
  Gruyère: 55–65 centímetros de diâmetro, 9,5–12 centímetros de altura
  Gruyère d'Alpage: 50–65 centímetros de diâmetro, 9–11,5 centímetros de altura

Peso: 25–40 quilos, média de 35 quilos (Gruyère); e 20–35 quilos, média de 25 quilos (Gruyère d'Alpage).
Gordura: 49–53%.
Cura: Mínimo de cinco meses, podendo ir até 18 meses.
Descrição: É um dos DOPs suíços e o queijo mais popular do país. O Gruyère d'Alpage*** é o melhor. Produzido no verão e elaborado exclusivamente com leite de vacas que pastam nas montanhas alpinas. Sua massa apresenta orifícios bem pequenos e escassos. Aroma picante muito rico e sabor predominantemente frutado e marcante. Recomendo a visita à Queijaria de Demonstração, situada em Pringy-Gruyères, aos pés da vila de Gruyères. Essa vila, com o seu belo castelo, é, na minha opinião, um dos locais mais encantadores do mundo.

/* RACLETTE DU VALAIS (DOP)

Classe: 4.1 – Massa prensada não cozida, casca lavada.
Leite: Exclusivamente de vaca cru.
País: Suíça (Valais).
História: Produzido desde a Idade Média.
Região: Elaborado nas montanhas do cantão de Valais. Na lateral do queijo pode estar mencionada a zona de produção: Anniviers, Bagnes, Gomser, Wallis etc.
Origem do nome: Da palavra francesa "racler", isto é, "raspar", devido à forma particular de como esse queijo é comido.
Formato: Cilindro.
Dimensões: Três versões:

Raclette du Valais: semiduro (< 43% de umidade), 29–31 centímetros de diâmetro, 6–7 centímetros de espessura

Raclette du Valais à la coupe: semiduro (< 42% de umidade), 29–31 centímetros de diâmetro, 6–7 centímetros de espessura

Raclette du Valais à rebibes: duro (< 35% de umidade), 29–31 centímetros de diâmetro, 4–5 centímetros de espessura

Peso: 4,8–5,2 quilos (*Raclette du Valais* e *Raclette du Valais à la coupe*) e 3,8–4,5 quilos (*Raclette du Valais à rebibes*)
Gordura: Mínimo de 50%.
Cura: Mínimo de três meses (*Raclette du Valais*), dois meses (*Raclette du Valais à la coupe*) ou 12 meses (*Raclette du Valais à rebibes*).

Raclette   Tête de Moine e Girolle

Descrição: É um dos DOPs suíços. O aroma é láctico, fresco e floral, e o sabor acídulo, suave, com notas vegetais e frutadas. Com exceção do *Raclette du Valais à rebibes*, costuma ser cortado ao meio para ser servido. Uma metade é aquecida em aparelho próprio (o *appareil à raclette*) e, em seguida, raspada e comida junto com batatinhas cozidas com casca, pepinos e cebolinhas em conserva, coberto com pimenta-do-reino. Esse famoso prato suíço inclusive leva o próprio nome do queijo, isto é, *raclette*.

/* TÊTE DE MOINE OU FROMAGE DE BELLELAY (DOP)

Classe: 4.1 – Massa prensada não cozida e casca lavada.
Leite: De vaca cru.
País: Suíça (Jura).
História: Originado no século XII.
Região: Fabricado nos distritos de Franches-Montagnes e Porrentruy, no cantão de Jura; e nos de Moutier e Courtelary, no cantão de Berna.
Origem do nome: O nome provém da Abadia de Bellelay, no cantão de Jura. Entretanto, ele é mais conhecido como Tête de Moine ("Cabeça-de-Monge"), pois a forma como é cortado o seu topo lembra a tonsura de uma cabeça de monge.
Formato: Cilíndrico alto.
Dimensões: 10–15 centímetros de diâmetro, altura no mínimo de 70–100% do diâmetro.
Peso: 700–900 gramas.
Gordura: Mínimo de 51%.
Cura: Mínimo de três meses.

Vacherin Mont d'Or

Descrição: É um dos DOPs suíços. Esse queijo tem uma forma muito original de ser servido. Tão logo retirado da geladeira, elimina-se a casca marrom do topo e, em seguida, com o auxílio da *girolle*, uma guilhotina circular especial, corta-se a massa em finas lâminas, chamadas de *rosettes*. As delicadas rosetas fundem-se deliciosamente na boca. O seu flavor lembra o do Gruyère, porém ligeiramente mais forte.

*** VACHERIN MONT D'OR (DOP)

Classe: 2.2 – Massa mole, casca lavada.
Leite: De vaca termizado.
País: Suíça (Vaud).
História: As primeiras menções a ele datam da primeira metade do século XIX.
Região: Produzido no Jura Vaudois e em encostas, no cantão de Vaud, na fronteira com a França.
Origem do nome: Junção de "vacherin", isto é, "queijo feito de leite de vaca", com o Mont d'Or, uma montanha próxima.
Formato: Cilindro.
Dimensões: Quatro versões, com espessura 3–5 centímetros:
    Grand: 20–32 centímetros de diâmetro
    Moyen: 12–20 centímetros de diâmetro
    Petit: 10–12 centímetros de diâmetro
    Demi: --
Peso: 1,2–3 quilos (*grand*), 500–1.200 gramas (*moyen*), 350–500 gramas (*petit*) e 260–350 gramas (*demi*).

Gordura: 49–55%.
Cura: 17–25 dias, dependendo do tamanho.
Descrição: É um dos DOPs suíços. É sazonal, produzido apenas entre 15 de agosto e 31 de março, e comercializado entre setembro e abril. É vendido acondicionado em uma caixa de abeto, dentro da qual é protegido por uma cinta também de abeto. Geralmente é comido de colher, podendo ser saboreado frio ou aquecido. O aroma é resinoso, dominado pelo abeto, e o sabor é levemente salgado e um pouco ácido. Apesar de elaborado com leite termizado, é tão bom quanto o seu primo francês Mont d'Or, feito com leite cru.

DICAS DE VIAGEM

LOJAS DE QUEIJO

» AU GRUYÈRE: www.facebook.com/AuGruyere?ref=stream&filter=1
Avenue du Mail 3 – 1205 Genebra, tel. +41 022 328 7518

» BRUAND FROMAGERIE: www.fromage-bruand.ch
Boulevard Helvétique 29 (Halle de Rive) – 1207 Genebra, tel. +41 22 736 9350
Route de Thonon 52 – 1222 Vésenaz, tel. +41 022 752 5317

» CHÄS & BROT: www.chaes-und-brot.ch
Mutschellenstrasse 197 – 8038 Zurique, tel. +41 044 481 7543

» JELMOLI (SHOPPING CENTER), FOOD MARKET: www.jelmoli.ch
Bahnhofstrasse Postfach 3020 – 8021 Zurique, tel. +41 044 220 4600

» LA FROMAGERIE
Rue de Cornavin 1 – 1201 Genebra, tel. +41 022 731 2505

» LA MAISON DU GRUYÈRE LE MARCHÉ GRUÉRIEN: www.lamaisondugruyere.ch/marche-gruerien
1663 Pringy-Gruyères, Friburgo, tel. +41 026 921 8425

» WELSCHLAND LÄDELI: www.welschland.com
Zweierstrasse 56 – 8004 Zurique, tel. +41 043 243 9850

RESTAURANTES E BARES DE QUEIJO

» CAVE VALAISANNE – CHALET SUISSE: www.chaletswiss.ch/site/fr
Boulevard Georges Favon 23 – 1204 Genebra, tel. +41 022 328 1236

» CHALET FONDUE: www.fondue-chalet.ch
Kalanderplatz – 8045 Zurique, tel. +41 044 500 9663

» CHANNE VALAISANNE: www.walliserkanne-zuerich.ch
Lintheschergasse 21 – 8001 Zurique, tel. +41 044 211 3133

» LA BERGERIE DU GRUYÉRIEN: www.le-gruyerien.ch
Rue François Bonivard 6 – 1201 Genebra, tel. +41 022 732 3042

» LA MAISON DU GRUYÈRE RESTAURANT DE LA MAISON DE GRUYÈRE: www.lamaisondugruyere.ch/restaurant/le-restaurant-de-la-maison-du-gruyere
CH-1663 Pringy-Gruyères, Friburgo, tel. +41 026 921 8422

» LE CHALET DE GRUYÈRES: www.gruyeres-hotels.ch
Rue du Bourg 53 – 1663 Gruyères, Friburgo, tel. +41 026 921 2154

» LE GRUYÉRIEN PLAINPALAIS: www.le-gruyerien.ch
Boulevard de Saint-Georges 65 – 1205 Genebra, tel. +41 022 320 8184

» LES ARMURES: www.hotel-les-armures.ch/restaurant-geneve
Rue Puits-St-Pierre 1 – 1204 Genebra, tel. +41 022 310 3442

» SWISS CHUCHI: www.hotel-adler.ch/index.php/en/restaurant
Rosengasse 10 – 8001 Zurique, tel. +41 044 266 9696

FEIRAS E MERCADOS DE QUEIJO

» CHEESE-FESTIVAL: www.regionalprodukte.ch/veranstaltungen/cheese-festival/anlaesse-2014.html
Käsefest Thun, Bälliz
Käsefest Luzern, Kapellplatz
Käsefest Bern, Waisenhausplatz

» KÄSEMARKT IN HUTTWIL: regio-huttwil.ch/de/MAeRKTE-IN-HUTTWIL/Kaesemarkt-1
Marktgasse 1 – 4950 Huttwil, tel. +41 062 962 5605

» SLOW FOOD MARKET ZÜRICH: www.slowfoodmarket.ch
Messe Zürich Halle 9, Thurgauerstrasse 7 – 8050 Zurique, tel. +41 044 450 8650

MUSEUS E ROTAS DE QUEIJO

» **APPENZELLER SHOW DAIRY:** www.schaukaeserei.ch/en
Dorf 711 – 9063 Stein, tel. +41 071 368 5070

» **EMMENTALER CHEESE ROUTE, EMMENTAL TOURISM:** www.kaeseroute.ch/en
Bahnhofstrasse 44 – 3400 Burgdorf, tel. +41 402 4252

» **LA MAISON DU GRUYÈRE FROMAGERIE DE DÉMONSTRATION:** www.lamaisondugruyere.ch
1663 Pringy-Gruyères, Friburgo, tel. +41 026 921 8406

» **MUSÉE DU VACHERIN MONT D'OR, CAVES DU PÈLERIN:** www.vacherin-le-pelerin.ch/index.php?page=musee
Rue du Mont-d`Or 17 – 1343 Les Charbonnières, tel. +41 021 841 1014

» **MUSÉE TÊTE DE MOINE:** domaine-bellelay.ch/reservation-musee-tete-de-moine
Le Domaine 1 – 2713 Bellelay, +41 032 484 0316

ÁUSTRIA

GERAL

A Áustria é uma república federal composta por nove estados. A produção de queijos está centrada na sua parte alpina ocidental.

Por ser o segundo país mais montanhoso da Europa, muitos dos seus queijos, notadamente os dos estados alpinos de Vorarlberg e Tirol, são feitos com leite ordenhado em altas pastagens, como indicam as palavras "Alpkäse" (queijo dos Alpes) e "Bergkäse" ou "Almkäse" (queijo de montanha), presentes nas embalagens. Vários deles são elaborados por *senner*, como são chamados os pastores alpinos, que se inspiram nos queijos duros de seus vizinhos suíços.

A sua produção de queijo é baixa, apesar de contar com mais de uma centena de tipos. Empregam, principalmente, o gado bovino da raça Pinzgau, de duplo propósito.

PRINCIPAIS QUEIJOS

A Áustria dispõe de seis queijos certificados com Denominação de Origem Protegida (DOP), apesar de sua tímida produção. São eles:

- **Gailtaler Almkäse:** 5.1 – Massa prensada cozida, textura normal. É elaborado desde o século XIV, nas altas pastagens do vale do rio Gail, no estado de Kärnten (Caríntia). Feito de leite cru de vaca com até 10% de leite de cabra. Formato de roda, com 0,5–35 quilos e cura acima de sete semanas. É um queijo com massa macia, poucos olhos e bem saboroso.
- **Tiroler Almkäse** ou **Tiroler Alpkäse:** 5.1 – Massa prensada cozida, textura normal. Produzido desde 1544, exclusivamente de leite cru, durante 90-120 dias em pastagens alpinas, no estado do Tirol. Nas zonas mais elevadas, é conhecido como "Alpkäse"; nas mais baixas, como "Almkäse". É um queijo grande, redondo, pesando entre 30 e 60 quilos e amadurecido por 4-6 meses. Um dos bons queijos do país, aromático e picante.
- **Tiroler Bergkäse:** 5.1 – Massa prensada cozida, textura normal. Fabricado a partir de leite cru de vaca, oriundo de pastos alpinos sem uso de forragem. As vacas podem ser alimentadas de pastagens, forragens ou de um misto de ambos. Nesse caso, só se alimentam nos pastos. Roda de no mínimo 12 quilos.

Cura de 3-5 meses. Massa elástica, com pequenas olhaduras do tamanho de ervilhas. Flavor suave, entre aromático a levemente picante.
- **Tiroler Graukäse:** 3.1 - Massa azul, casca natural. Queijo tradicional, muito magro, produzido em pequenas fazendas com leite ácido sem uso de coalho. O nome significa "queijo verde tirolês". Durante a cura, de cerca de duas semanas, ele é lavado com fungos de *Penicillium*, fazendo com que o mofo esverdeado se espalhe da superfície para o interior. Em formato de pão de forma ou em barras de 1-4 quilos. Sabor acídulo, condimentado a picante.
- **Vorarlberger Alpkäse:** 5.1 - Massa prensada cozida, textura normal. Similar ao Tiroler Alpkäse, mas produzido no estado de Vorarlberg.
- **Vorarlberger Bergkäse:** 5.1 - Massa prensada cozida, textura normal. Similar ao Tiroler Bergkäse, só que produzido no estado de Vorarlberg com leite cru. Em formato de roda, com 8-35 quilos, e amadurecido por 3-6 meses. Tem muitos fãs em todo o país. Nenhum queijo austríaco entrou na minha lista dos 50 favoritos.

Outros queijos austríacos interessantes, mas ainda não certificados:

- **Mondseer:** 4.1 - Massa prensada não cozida, casca lavada. Receita antiga, originária do monastério de Mondsee, na zona ao redor do lago Mondsee, no estado de Niederösterreich (Baixa Áustria). Formato de roda com 0,5-3,5 quilos. Maturação de 4-6 semanas. Massa macia, com inúmeras olhaduras. Flavor levemente picante, como quase todos os queijos trapistas.
- **Pinzgauer Bierkäse:** 4.1 - Massa prensada não cozida, casca lavada. Produzido desde o século XVII na região alpina de Pinzgau, no estado de Salzburgo. Em 1951, foi reconhecido, pela Convenção de Stressa, como um produto tipicamente austríaco. O seu nome significa "queijo de cerveja" e deriva do fato de ele ser envolvido em cerveja e, em seguida, armazenado em um tecido encharcado da bebida. É feito com leite desnatado de vaca opcionalmente misturado ao leite de cabra. Vendido em bloco ou no formato de pão de forma, com 2-5 quilos. Matura por seis semanas. Sabor bem picante.
- **Schlosskäse:** 2.2 - Massa mole, casca lavada. O "queijo do castelo" é elaborado em fazendas aos pés dos Alpes, em Oberösterreich (Alta Áustria). Em formato de pequeno cilindro com 45-100 gramas e cura de 3-4 semanas. Textura mole e flavor forte, mas não excessivamente.

Tábua de queijos austríacos – Agrarmarkt Austria Marketing

DICAS DE VIAGEM

LOJAS DE QUEIJO
» MEINL AM GRABEN: www.meinlamgraben.at
Graben 19 – 1010 Innere Stadt, Viena, tel. +43 01 532 3334

» KÄSELAND: www.kaeseland.com
Naschmarkt 172 – 1040 Wieden, Viena, tel. +43 01 587 2958

» KARMELITERMARKT: www.wien.info/en/shopping-wining-dining/markets/karmeliter-district
1020 Leopoldstadt, Viena, tel. +43 01 400 059210

RESTAURANTES E BARES DE QUEIJO
» MEIEREI IM STADTPARK (mesmos donos do famoso Steirereck): www.steirereck.at
Am Heumarket 2a – 1030 Landstrasse, Viena, tel. +43 01 713 3168

» DAS SCHICK, HOTEL PARKRING: www.schick-hotels.com/en/restaurant-das-schick/menu-card-vienna.html
Parkring 12 – 1010 Innere Stadt, Viena, tel. +43 01 514 80417

ROTA DE QUEIJOS
» BREGENZERWALD KÄSESTRASSE: www.kaesestrasse.at
Zelhenbühl 423 – 6951 Lingenau, Vorarlberg, tel. +43 5513 42870

ALEMANHA

GERAL

A Alemanha é formada por 16 estados federados, divididos em distritos. É um dos países gigantes do setor, o segundo maior produtor mundial de queijos, depois dos Estados Unidos, e o primeiro maior exportador mundial. Além disso, é o quarto maior consumidor *per capita*, com 24,3 quilos/ano. Empregam gado bovino das raças leiteiras Angeln e German Red Pied, e da raça bávara de duplo propósito Fleckvieh.

A Alemanha produz cerca de 600 tipos diferentes de queijo. Setenta e cinco por cento da produção queijeira do país sai do estado de Bayern (Baviera), responsável por 400 variedades de queijo. Durante muito tempo, os estados do Norte, situados na grande planície norte-europeia, foram os campeões em produção, sendo depois superados pelos bávaros.

O coração da produção queijeira alemã é a região pré-alpina e alpina de Allgäu, que se localiza no distrito bávaro da Suábia e se estende até pequena parte do vizinho estado de Baden-Württemberg, na fronteira com a Suíça, país que muito influenciou os queijos. Por sinal, esses dois estados sulistas são os mais ricos da Federação Alemã. Se você gosta de fazer turismo, esquiar e provar queijos, pode muito bem juntar os três *hobbies* visitando essa linda região. O belíssimo castelo de Neuschwanstein, que fica no topo de uma colina suábia, vale uma visita.

PRINCIPAIS QUEIJOS

A classe dos queijos frescos é a mais produzida e consumida do país. Como principais variações estão: Quark, Topfen (da Baviera), Rahm Frischkäse, Doppelrahm Frischkäse e Körniger Frischkäse.

Uma das especialidades originais desse país são os queijos da família Sauermilchkäse (queijo de leite ácido), cujos exemplares mais importantes são os Handkäse. Outros membros dessa família são os Nieheimer Käse, Harzer Käse, Mainzer Käse, Korbkäse, Spitzkäse, Stangenkäse etc.

Até agora, cinco queijos alemães receberam o certificado de Denominação de Origem Protegida (DOP) e um está em análise, o Allgäuer Sennalpkäse. São eles:

- **Allgäuer Bergkäse:** 5.1 – Massa prensada cozida, textura normal. Produzido há séculos na região alpina bávara do Allgäu. Em 1820, queijeiros suíços refinaram esse produto. Seu nome significa "queijo de montanha". Usa leite cru de vaca. Formato de roda, com 15-50 quilos e cura acima de quatro meses. Parecido com o Emmentaler, porém menor, esse queijo tem pequenas olhaduras, gosto mais forte e é consumido mais jovem.

- **Allgäuer Emmentaler:** 5.1 – Massa prensada cozida, textura normal. Desenvolvido por volta de 1821, por queijeiros suíços vindos à região alpina bávara do Allgäu. Produzido exclusivamente com leite cru. Grande queijo vendido em formato de roda, acima de 60 quilos, ou de pão de forma com mais de 40 quilos, chegando a 130 quilos. Matura por no mínimo três meses, e fica excelente em seis meses. Guarda muitas semelhanças com o original suíço, sendo bastante conceituado.
- **Allgäuer Sennalpkäse:** 5.1 – Massa prensada cozida, textura normal. Produzido na região alpina do Allgäu bávaro. Seu nome significa "queijo de pastores dos Alpes". Emprega leite cru de vaca. Disponível em formato de roda de 5-35 quilos. Deve maturar por no mínimo quatro meses.
- **Altenburger Ziegenkäse:** 4.2 – Massa prensada não cozida, casca mista. Tradicional dos estados da ex-Alemanha Oriental de Turíngia (Altenburg é uma cidade desse estado), Saxônia e Saxônia-Anhalt. Fabricado com leite de vaca, misturado com pelo menos 15% de leite de cabra (daí seu nome, "queijo de cabra"). Pequeno cilindro de 250 gramas. Durante a cura, recebe a adição de fungos *Penicillium candidum* e de bactérias do gênero *Corynebacterium*, que deixam a casca com floras branca e vermelha. Opcionalmente, pode ser temperado com alcaravia. Massa macia, com pouquíssimas olhaduras. Odor e sabor bem pungentes.
- **Odenwälder Frühstückäse:** 2.2 – Massa mole, casca lavada. O "queijo do desjejum" é mencionado desde o século XVIII, elaborado na região de Odenwald, no estado de Hessen. Pequeno cilindro de 100 gramas. Matura por duas semanas. Aroma condimentado a picante, sabor forte.
- **Weisslacker** ou **Allgäuer Weisslacker:** 4.1 – Massa prensada não cozida, casca lavada. Desenvolvido em 1874, na Baviera. Seu nome significa "queijo de laca branca", por causa da aparência do seu mofo superficial. Também é conhecido pela designação de Bierkäse, ou seja, "queijo de cerveja", por combinar muito bem com essa bebida. Cubo de 60 gramas ou 1,7 quilo. Odor forte e sabor poderoso e salgado.

Além desses, existem três outros produtos com Indicação Geográfica Protegida (IGP) e um em análise, o Bayerischer Obazda, que são:

- **Hessischer Handkäse:** 2.3 – Massa mole, casca natural. Pequeno queijo artesanal, moldado à mão, pesando 20-125 gramas. Especialidade secular do estado de Hessen. É magro, com apenas 1,1-2,3% de gordura. Cura por secagem de 2-3 dias. Opcionalmente, pode ser adicionado cominho. Feitos em duas versões: o Gelbkäse, ou seja, "queijo amarelo", de casca lavada e lisa, translúcida e oleosa, cor entre amarelo-dourado e vermelho-acastanhado, massa entre macia e firme, amarela-claro, e sabor salgado e picante; e o Gelbkäse mit Milchshimmelbildung, de casca amarelada com uma camada superficial de bolor láctico, como seu nome indica. A consistência é mais macia que a do primeiro, e o odor e sabor são mais suaves e aromáticos.
- **Holsteiner Tilsiter:** 4.1 – Massa prensada não cozida, casca lavada. Antes chamado de Wilstermarschkäse ou Holsteiner Marschkäse, é fabricado na zona de Marsch, no estado nortista de Schleswig-Holstein. Tem sabor ácido e marcante.
- **Nieheimer Käse:** 2.3 – Massa mole, casca natural. Elaborado na cidade de Nieheim, na região da Vestfália, estado de Nordrhein-Westfalen, com um método ancestral. A coalhada desnatada de leite ácido é seca e ralada. É, então, deixada curar por secagem durante 3-5 dias. O pequeno queijo resultante é magro, com menos de 1% de gordura, e peso de 32-37 gramas. A casca é macia e lisa, com cor entre amarelado e cinzento-esverdeado. Massa macia e amarelada, com textura compacta. Sabor acentuadamente picante. Opcionalmente, pode ser temperado com cominho. Quando envolvido em folhas de lúpulo, é chamado de Nieheimer Hopfenkäse, combinando com cervejas bem lupuladas.
- **Obazda** ou **Bayerischer Obazda:** 8.0 – Massa processada. O seu nome deriva do dialeto bávaro e significa "triturado". Essa especialidade bávara de queijo pode ser comprada pronta ou preparada em casa. A receita básica leva um terço de queijo Camembert bávaro (quanto mais curado, mais picante ficará a mistura final), um terço de queijo Romadur bávaro e um terço de manteiga bávara. Os queijos, geralmente, são misturados com as seguintes especiarias: rodelas de cebola crua, pimentão doce ou picante em pó (páprica), pimenta-do-reino e sal. A pasta espessa obtida, cremosa e picante, é normalmente consumida no pão.

Também importantes, mas sem certificação, são os seguintes queijos:

- **Bergader Cremosissimo®:** Ver descrição a seguir, neste capítulo.

- **Blauschimmelkäse** ou **Blue Brie** (como é conhecido internacionalmente): 3.2 – Massa azul, casca mofada. Os queijos azuis com casca florida foram descobertos pelos alemães na década de 1970, mesclando a casca florida do Brie com os veios internos dos azuis. Desde então, o seu sucesso é galopante. Apesar de azul, ele é muito mais suave que a maioria dos queijos dessa classe. São fabricados principalmente na Baviera, sob o nome genérico de Bayerischer Blauschimmelkäse. O mais importante deles é o Bavaria Blu®. Outro bem conhecido é o também bávaro Cambozola® (Camembert + Gorgonzola).
- **Edelpilzkäse:** 3.1 – Massa azul, casca natural. Seu nome significa "queijo com mofo nobre". Produzido na Baviera desde 1927, sob a designação de Bayerischer Edelpilzkäse. Em formato de barra ou cilindro de cerca de 2,5 quilos, com cura de mais de 2-3 meses. Textura levemente quebradiça. Flavor picante, mas não excessivamente.
- **Limburger:** Ver descrição a seguir, neste capítulo.
- **Romadur:** 2.2 – Massa mole, casca lavada. Foi introduzido na Alemanha, especificamente na Baviera, nos anos 1830. Bloco de geralmente 100-125 gramas. Assim como o Limburger, ele também foi espelhado num queijo belga, o Remoudou. Entretanto, é menor, mais macio e mais suave, além de ter um odor menos intenso que o Limburger.
- **Quark:** 1.0 – Massa fresca. Queijo cujo nome significa "coalhada", produzido em todas as regiões alemãs e disponível nas seguintes versões: Magerquark (muito desnatado, com apenas 10% de gordura), Quark (desnatado), Speisequark (Quark com mais um pouco de creme), Rahmquark (Quark com mais creme) e Doppelrahmquark (Quark com duplo creme). Sabor fresco e ácido. Vendidos em potes. Comidos puros ou com temperos ou frutas.
- **Handkäse:** 2.3 – Massa mole, casca natural. O "queijo de mão" é a variedade mais importante dentro da típica família alemã dos Sauermilchkäse, elaborados sem a adição de coalho. São queijos artesanais, feitos em fazenda, e hoje produzidos nos estados da Baixa-Saxônia, Hessen, Turíngia, Saxônia-Anhalt e Saxônia. São moldados em diferentes formatos: barras, discos, cubos etc. O sabor varia de suave a forte. Veja também **Hessischer Handkäse** (IGP) na página 223.
- **Steinbuscherkäse:** 4.1 – Massa prensada não cozida, casca lavada. É um dos queijos alemães mais antigos. Elaborado desde o século XIX na cidade de Steinbuscher, na antiga província da Prússia Oriental. Atualmente, é produzido

em laticínios da região do Allgäu bávaro. Sabor ligeiramente picante, porém menos que o Port-Salut.
- **Steppenkäse:** 4.1 – Massa prensada não cozida, casca lavada. Queijo originalmente feito por imigrantes alemães nas estepes russas, daí o nome "queijo da estepe". Curiosamente, ele empresta, pela sua versão dinamarquesa, seu nome ao queijo Estepe feito no Brasil.
- **Tilsiter:** 4.1 – Massa prensada não cozida, casca lavada. Originário da cidade de Tilsit, na antiga província da Prússia Oriental. Foi criado por imigrantes holandeses em meados do século XIX. Hoje, é produzido principalmente no Norte da Alemanha (ver Holsteiner Tilsiter, p. 223). Alguns são temperados com alcaravia. Textura cremosa, aroma pungente, sabor suave e ácido.

QUEIJOS FAVORITOS

São três os meus queijos alemães prediletos, listados a seguir em ordem alfabética:

** BAVARIA BLU®

Classe: 3.2 – Massa azul, casca mofada.
Leite: De vaca pasteurizado.
País: Alemanha (Baviera).
História: Estilo único de queijo, desenvolvido pelos alemães nos anos 1970, mesclando a casca florida do Brie com os veios internos dos azuis.
Região: Oberbayern ou Alta-Baviera.
Origem do nome: Junção do estado da "Bavaria", com "blu", isto é, "queijo azul".

Vacas pastando na Baviera

Bavaria Blu

Formato: Cilindro.
Dimensões: 30 centímetros de diâmetro, 7 centímetros de espessura.
Peso: 1,5 quilo.
Gordura: Duas versões: 45% e 25%.
Cura: 1-2 meses.
Descrição: Existem outras marcas de queijo alemão azul com casca florida, como o Cambozola®. Contudo, o Bavaria Blu® é uma das melhores, além de ser fácil de encontrar no mercado brasileiro. A massa tem consistência mole, muito cremosa, e sabor mais delicado e sutil do que a grande maioria dos outros queijos azuis.

** BERGADER CREMOSISSIMO®

Classe: 2.1 – Massa mole, casca florida.
Leite: De vaca.
País: Alemanha (Baviera).
História: Moderno.
Região: Baviera.
Origem do nome: Marca registrada, apregoando a sua imensa cremosidade.
Formato: Cilindro.
Dimensões: 11 centímetros de diâmetro, 3,5 centímetros de espessura.
Peso: 350 gramas e 1,2 quilo.
Gordura: 72%.
Cura: --
Descrição: O L'Originale é um dos queijos de massa mole e casca florida mais cremosos e suaves que já provei; uma delícia. Felizmente, é possível encontrá-lo no Brasil. Atenção ao adquirir, pois existe também uma versão com *peperoncino*, isto é, temperado com pimenta.

** LIMBURGER

Classe: 2.2 – Massa mole, casca lavada.
Leite: De vaca pasteurizado.
País: Alemanha (Baviera).
História: Originalmente feito por monges belgas. Por volta de 1830, Karl Hirnbein trouxe queijeiros do país vizinho para desenvolvê-lo na região bávara do Allgäu.
Região: Baviera.
Origem do nome: Comuna e província de Limburgo, na Bélgica.

Cremosissimo L'Originale   Limburger

Formato: Retangular.
Dimensões: Variáveis.
Peso: Pela lei, 180 gramas a 1 quilo, mais usual 200–500 gramas.
Gordura: Duas versões: 40% e 20%.
Cura: 6–12 semanas.
Descrição: Apesar de ser originário da Bélgica, hoje é muito mais produzido, popular e famoso na Alemanha. Massa mole, com um aroma proverbialmente pungente e um sabor delicioso e picante, porém mais suave que o odor. Os bávaros gostam de comê-lo com cebolas, vinagre e azeite.

DICAS DE VIAGEM

LOJAS DE QUEIJO

» KADEWE – KAUFHAUS DES WESTENS: www.kadewe.de
Tauentzienstrasse 21-24 – 10789 Schöneberg, Berlim, tel.+49 030 21210

» GALERIES LAFAYETTE BERLIN: www.galerieslafayette.de
Friedrichstrasse 76 – 10117 Mitte, Berlim, tel. +49 030 209 480

» GALERIA KAUHOF ALEXANDERPLATZ: www.galeria-kaufhof.de/filialen/berlin-alexanderplatz
Alexanderplatz 9 – 10178 Mitte, Berlim, tel. +49 030 247 430

» GALERIA KAUHOF MARIENPLATZ: www.galeria-kaufhof.de/filialen/muenchen-marienplatz
Kaufingerstrasse 1 – 80331 Altstadt-Lehel, Munique, tel. +49 089 231 851

» **KÄSE ALPEN HITTISAU (QUEIJOS ALPINOS):** www.wochenmarkt.de
Karl-August-Platz – 10625 Charlottenburg, Berlim

» **LE FLÂNEUR (QUEIJOS FRANCESES):** www.leflaneur.de
Greifswalder Strasse 214 – 10405 Prenzlauer Berg, Berlim, tel. +49 030 7024 3192

» **LA CRÉMERIE (QUEIJOS FRANCESES)**
Windscheidstrasse 22 – 10627 Charlottenburg, Berlim, tel. +49 030 3180 9288

» **PEPPIS KÄSE LAGER (QUEIJOS AUSTRÍACOS E SUÍÇOS):** www.peppikaese.de
Weichselstrasse 65 – 12043 Neuköln, Berlim, tel. +49 0176 5030 7656

» **KÄSE ABT:** www.kaese-abt.de
Kurfürstenplatz 1 – 80796 Schwabing-West, Munique, tel. +49 089 2737 2105
Schellingstrasse 115 – 80798 Maxvorstadt, Munique, tel. +49 089 7009 6787
Pasing Viktualienmarkt, Bäckerstrasse 7 – 81241 Pasing, Munique, tel. +49 089 883 313

» **LUPPER:** www.feinkost-lupper.de
Viktualienmarkt 3 – 80331 Altstadt-Lehel, Munique, tel. +49 089 260 7524

» **TÖLZER KASLADEN:** www.mux.de/Toelzer-Kasladen
Viktualienmarkt 3 – 80331 Altstadt-Lehel, Munique, tel. +49 089 226 322

» **CASEUS SPEZEREIN:** www.mux.de/Caseus-Spezereien
Viktualienmarkt 3 – 80331 Altstadt-Lehel, Munique, tel. +49 089 266 155

» **THOMA FROMAGES ET VINS:** www.mux.de/Thoma-Fromages-et-Vins
Viktualienmarkt 3 – 80331 Altstadt-Lehel, Munique, tel. +49 089 266 125

» **SCHLEMMERMEYER KÄSEFACHGESCHÄFT:** www.mux.de/Schlemmermeyer-Kaesefachgeschaft
Viktualienmarkt 3 – 80331 Altstadt-Lehel, Munique, tel. +49 089 297 271

» **DIE KÄSEMAUS:** www.mux.de/Die-Kaesemaus
Schulstrasse 23 – 80634 Neuhausen-Nymphenburg, Munique, tel. +49 089 1895 7859

» **LE CHÂLET DU FROMAGE:** www.kaeseversand24.de (loja virtual)
Elisabethmarkt, Elisabethplatz – 80796 Schwabing-West, Munique, tel. +49 089 271 2243

» **KÄS-MÜLLER:** www.kaes-mueller.de
Wörthstrasse 51 – 81667 Au-Haidhausen, Munique, tel. +49 089 484 447

FEIRA DE QUEIJO
» ANUGA KOELNMESSE: www.anuga.com
Messeplatz 1 – 50679 Colônia, Nordrhein-Westfalen, tel. +49 01806 002 200

ROTA DE QUEIJO
» ALLGÄUER KÄSESTRASSE: www.westallgaeuer-kaesestrasse.de
Käsgasse 17 – 88171 Weiler im Allgäu, Baviera, tel. +49 08387 92100

Holanda

GERAL

Os Países Baixos – o nome oficial do país é Holanda, pois essa foi, historicamente, a mais influente das sete províncias iniciais – atualmente estão divididos em 12 províncias. Existem três regiões queijeiras tradicionais: a província de Noord-Holland, a de Zuid-Holland e as de Friesland (Frísia), Drenthe e Overijssel. Destas, as províncias de Noord-Holland, de Zuid-Holland e de Friesland são as mais propícias, por causa do solo úmido, decorrente do avanço do mar. A qualidade de seus pastos nas terras baixas, chamadas *pólders*, é responsável pela importante posição alcançada por sua indústria queijeira. A Holanda é o quinto maior produtor mundial de queijo, o segundo maior exportador (atrás apenas da Alemanha) e o décimo segundo consumo *per capita*. É por esse motivo que os holandeses ganharam o apelido de "cabeça de queijo".

Atualmente, a raça leiteira Holstein Friesian, conhecida por nós como Holandesa, é a dominante, compondo mais de 90% do rebanho. Ela foi desenvolvida nos Estados Unidos, a partir da raça Friesian Hollands, ambas de pelagem branca com manchas pretas. As três outras raças criadas na região são de duplo propósito, leite e carne: a Maas, Rijn and Ijssel e a Groningen.

Os Países Baixos produzem poucos queijos que não empregam leite de vaca (*koe*), porém, inspirados no Gouda, foram desenvolvidos os Geitenkaas (queijo de cabra) e os Schapenkaas (queijo de ovelha).

Apesar da escassa variedade, os queijos desse país alcançaram grande êxito comercial e popularidade internacional. Em 2012, a produção era composta por Gouda (59,7%), Edam (14,0%), Maasdam (13,7%) e outros (12,6%). A imensa maioria produzida é de queijos de massa prensada não cozida (Gouda e Edam) e cozida (Maasdam). Os mais famosos são justamente o Gouda e o Edam.

Infelizmente, na produção atual, apenas uma pequena proporção do leite é processada em *boeren* (fazendas): 98% dele é utilizado em fábricas ultramodernas.

Até pouco tempo atrás, os queijos tipo Gouda de leite de cabra e de ovelha (inferiores a 2% do volume total de leite) eram feitos em fazendas. Mas alguns deles já são elaborados em laticínios.

Os queijos holandeses, compostos em sua maioria por exemplares de massa semidura, trazem uma *rijkskaasmerk* (marca no queijo) obrigatória para alguns tipos, feita de uma fina camada de caseína ou de caseína com glicerol, ambas comestíveis. Ela cumpre a exigência legal de fornecer informações sobre a origem, o tipo e o teor de gordura do queijo, de forma a rastrear se as regras de produção foram observadas. Com relação à origem, as siglas são as seguintes:

- F: províncias de Groningen, Friesland, Drenthe e Overrijssel;
- NH: província de Noord-Holland;
- HB: as outras províncias;
- Z: *boerenkaas* (queijo de fazenda).

Se houver oportunidade, recomendo uma visita ao Kaasmarkt, o mais turístico dos mercados holandeses de queijo, situado na cidade de Alkmaar, próxima de Amsterdã, na província de Noord-Holland. Ele funciona de abril a agosto, todo ano. No seu interior é possível visitar o Museu do Queijo Holandês (Hollands Kaas Museum). Várias cidades neerlandesas possuem *Kaaswaag*, isto é, "casas de pesagem de queijo", principalmente, nas capitais queijeiras de Gouda, Edam e Alkmaar.

Alkmaar Kaasmarkt

PRINCIPAIS QUEIJOS

Quanto ao grau de maturação dos queijos, eles são classificados oficialmente como: *jong* ou jovem (quatro semanas), *jong belegen* ou meio-maduro (8–10 semanas), *belegen* ou maduro (16–18 semanas), *extra-belegen* ou extramaduro (7–8 meses), *oude* ou velho (10–12 meses) e *overjarige* ou extravelho (18 meses ou mais).

São apenas quatro os queijos holandeses certificados com Denominação de Origem Protegida (DOP):

- **Boeren-Leidse met sleutels (Leiden de fazenda):** 4.3 – Massa prensada não cozida, casca natural. A zona de produção situa-se em volta da cidade de Leiden, na província de Zuid-Holland. As palavras "met sleutels" significam "com chaves" e fazem menção ao escudo de armas da cidade de Leiden, duas chaves cruzadas, marcadas nas cascas dos queijos. Provém de leite de vaca parcialmente desnatado e cru, originado em fazendas (*boeren*). Durante o processo, recebe adição de cominho, que costuma agradar aos fãs de queijos temperados.
- **Kanterkaas (queijo quadrado):** 4.4 – Massa prensada não cozida, pasta triturada. Típico da província de Friesland e da região vizinha de Westerkwartier. O termo "kanter", isto é, "quadrado", evoca a exclusiva forma angulosa desse queijo. Fabricado em três versões: Kanterkaas (sem tempero), também chamado de "Friese Kaas", devido à sua origem; o Kanternagelkaas (com cravo, que dá a aparência de "unhas", razão de seu nome), também conhecido como "Friese Nagelkaas"; e o Kanterkomijnekaas (com cominho). Os dois últimos são para os amantes de produtos condimentados.
- **Noord-Hollandse Edammer:** 4.3 – Massa prensada não cozida, casca natural. Produzido desde a Idade Média na província de Noord-Holland, em volta da cidade portuária de Edam, a princípio em fazendas, hoje principalmente em fábricas. Usa-se leite de vaca parcialmente desnatado e pasteurizado. Famoso pelo seu formato esférico achatado, já chegou a ser utilizado como bala de canhão. Pesa entre 1,7–1,9 quilo. Teor de gordura mínimo de 40% (40+) e máximo de 44%. É muito mais caro que os outros Edam holandeses, com um flavor mais marcante e menos salgado.
- **Noord-Hollandse Gouda:** 4.3 – Massa prensada não cozida, casca natural. Elaborado há séculos na província de Noord-Holland, em fazendas, mas hoje majoritariamente em queijarias. Feito de leite pasteurizado. Forma de cilindro (gran-

de maioria) ou bloco de 2,5–30 quilos. Teor de gordura mínimo de 48% (48+). Cura de pelo menos quatro semanas e máxima de 18 meses. Também mais custoso, mais saboroso e menos salgado que os outros Gouda holandeses comuns.

Além desses, existem três queijos com Indicação Geográfica Protegida (IGP):

- **Edam Holland:** 4.3 – Massa prensada não cozida, casca natural. Podem ser produzidos com leite de vaca semidesnatado e pasteurizado, proveniente de qualquer província do país. Teor de gordura entre 40–44%. Versões: Baby Edam (até 1,5 quilo), Edam bola (1,5–2,5 quilos), Edam pão de forma ou broodkaas (2–5 quilos) e Edam bloco (máximo 20 quilos). Existe também uma versão bola bem dura, o Edam Bros (1,5–2,5 quilos). Cura mínima de três semanas (Baby) e quatro semanas (os demais), podendo ir a mais de 12 meses, dependendo do tipo. É o segundo queijo mais produzido e exportado, logo depois do Gouda. Os queijos mais jovens têm a casca parafinada de vermelho, já os bem curados levam parafina preta. Também produzido nas versões com cominho e ervas. A textura é mais seca que a do Gouda, pois o queijo é mais magro. Delicioso sabor suave e picante com a maturação. Foi espelhando-se nele que o nosso querido Queijo do Reino foi desenvolvido.
- **Gouda Holland:** 4.3 – Massa prensada não cozida, casca natural. Produzido inicialmente em fazendas em volta da cidade de Gouda, na província de Zuid-Holland. Hoje, é elaborado em todo o país, majoritariamente em fábricas e feito com leite pasteurizado. Teor de gordura entre 48-52%. Formatos de cilindro achatado, pão de forma ou bloco, pesando de 2,5–20 quilos. A maturação mínima é de quatro semanas, podendo ir até mais de 12 meses. Além de ser o queijo mais famoso do país, é também o mais produzido e exportado. Os mais jovens ganham pintura de parafina amarela e os bem curados, de parafina preta. Também é produzido em versões com cominho, ervas ou defumado. Sabor cremoso, entre suave e picante, consoante a idade. Os melhores exemplares são os Goudse Boerenkaas, os Gouda artesanais, feitos com leite cru, em algumas poucas fazendas das províncias de Zuid-Holland e Utretch. Pena que eles sejam difíceis de encontrar fora dos Países Baixos.
- **Hollandse Geitenkaas:** 4.3 – Massa prensada não cozida, casca natural. São deliciosos queijos de cabra, bem diferentes dos *chèvres* franceses, cuja receita tem como base o Gouda. Empregam apenas leite pasteurizado de cabra, origi-

nado de todo o país. Teor de gordura de no mínimo 50%. Formatos de cilindro achatado, pão de forma ou bloco, pesando de 1,5–20 quilos. A maturação é de quatro semanas, com um mínimo de 25 dias. Muitos deles são comercializados sob marcas registradas: Cablanca®, Belle de Hollande Geitenkaas®, Hommage®, Arina®, Landana®, Gooda®, Chevrette® etc.

A Holanda também possui um queijo registrado como Especialidade Tradicional Garantida (ETG):

- **Boerenkaas:** 4.3 – Massa prensada não cozida, casca natural. O "queijo de fazenda" é elaborado a partir de leite cru de vaca, cabra, ovelha ou búfala. Pelo menos metade do leite deve provir de animais da própria fazenda. Alternativamente, ele pode conter cominho ou outras sementes, ervas e especiarias. Tipos: Goudse Boerenkaas, Edammer Boerenkaas, Leidse Boerenkaas, Boerenkaas van Geitenmelk (de leite de cabra), Boerenkaas van schapenmelk (de leite de ovelha) e Boerenkaas van buffelmelk (de leite de búfala).

Os outros queijos neerlandeses dignos de menção são:

- **Commissiekaas (Dutch Mimolette):** 4.3 – Massa prensada não cozida, casca natural. Tradicional da província de Noord-Holland, elaborado em fazendas e fábricas. O "queijo de consignação" – assim chamado por ser vendido para a França, assim como o Edam, em consignação – é também esférico, porém mais curado e pesa cerca de 3,5 quilos. A casca leva parafina cor laranja e a massa é colorida com adição de cenoura. Tem gosto de um Edam mais forte e amendoado, e também é mais oleoso que ele. Os franceses são tão apaixonados por esse ótimo queijo que criaram uma versão dele, o Mimolette.
- **Kernhem:** 4.1 – Massa prensada não cozida, casca lavada. Desenvolvido modernamente pelo Instituto Holandês de Pesquisas Lácteas, hoje é produzido em todo o país. Queijo gordo (60% de gordura) e saboroso, de massa ligeiramente prensada, lembrando bastante os outros queijos europeus de monastério.
- **Leiden:** 4.3 – Massa prensada não cozida, casca natural. É a versão industrial do Leiden de Fazenda, também disponível com cominho.
- **Maasdam:** 5.1 – Massa prensada cozida, textura normal. Apesar de criado recentemente pelo Instituto Holandês de Pesquisas Lácteas, já é bastante produzido

em todo o país. É uma versão econômica de Emmental suíço, mais úmida, elástica e com sabor mais suave e frutado. É fabricado industrialmente e comercializado com nomes de marcas registradas: Leerdammer®, Maaslander® e outras.
- **Proosdij Kaas:** 4.3 – Massa prensada não cozida, casca natural. Moderno e bem-sucedido, foi também desenvolvido pelo Instituto Holandês de Pesquisas Lácteas. O nome significa "queijo do deão". É um queijo tipo Gouda, preparado com uma combinação de fermentos lácticos mesofílicos e termofílicos. Dessa forma, ele fica com características intermediárias entre um Gouda e um Parmesão. É vendido sob marcas comerciais, como: Prima Donna Fino® (rótulo azul), Prima Donna Maturo® (rótulo vermelho), Prevotta®, Prevotta Old®, Vincent®, Two Sisters Isabella®, Two Sisters Serafina®, Belprado® etc.
- **Schapenkaas:** 4.3 – Massa prensada não cozida, casca natural. Alguns dos exemplares disponíveis desse queijo de ovelha, elaborados como o Gouda, são: Belle de Hollande Schapenkaas®, Ewephoria Aged®, Ewephoria Matured® etc.

QUEIJOS FAVORITOS

São muitos os queijos gostosos da Holanda. Os meus prediletos são:

** CABLANCA®

Classe: 4.3 – Massa prensada não cozida, casca natural.
Leite: De cabra pasteurizado.
País: Holanda.
História: Moderno.
Região: Produzido principalmente na província da Frísia.
Formato: Roda.
Dimensões: 30 centímetros de diâmetro, espessura de 7 centímetros.
Peso: 4–5 quilos.
Gordura: 48% (48+ na marca de queijo).
Cura: Quatro semanas, portanto classificado na Holanda como *jong* (jovem).
Descrição: Esse *Geitenkaas* (queijo de cabra) inventado pelos holandeses, é uma versão do Goat Gouda, ou seja, do queijo Gouda feito com leite de cabra. Existem outras marcas de *Geitenkaas*, mas essa é uma das melhores, além de ser bastante encontrada no Brasil. A casca é revestida com cera e envolta em plástico branco. A massa é branca. A textura é firme, mas cremosa, e o gosto final da boca lembra doce de leite. Eu o recomendo para os não iniciados em queijos de cabra, por ser

Cablanca   Prima Donna

mais suave do que a grande maioria. Pode ser consumido em uma tábua de queijos, fundido em cima de uma torrada de pão italiano ou em lascas, em uma salada.

** PRIMA DONNA FINO® (RÓTULO AZUL)

Classe: 4.3 – Massa prensada não cozida, casca natural.
Leite: De vaca pasteurizado.
País: Holanda.
História: Moderno.
Região: Em todo o país.
Formato: Roda.
Dimensões: 40 centímetros de diâmetro, espessura de 13 centímetros.
Peso: 5 e 12 quilos.
Gordura: 45% (45+ na marca de queijo).
Cura: Dezoito semanas, portanto classificado na Holanda como *belegen* (maduro). Existem no mercado brasileiro duas versões desse queijo, o Prima Donna Maturo® (rótulo vermelho), com cura de oito meses, portanto um *extra-belegen* ou extramaduro; e o Prima Donna Leggero® (rótulo azul-claro), com teor de gordura de 30+.
Descrição: Esse queijo do tipo Proosdij Kaas foi inventado pelos holandeses como uma versão de Gouda, com características de um Parmesão italiano. A casca é revestida com cera e envolta em papel parafinado azul. Tem textura firme, mas cremosa, derretendo-se facilmente. O sabor é frutado, amendoado e com retrogosto adocicado. Pode ser consumido em uma tábua de queijos, ou fundido em cima de um hambúrguer.

DICAS DE VIAGEM

LOJAS DE QUEIJO

» AMSTERDAM KAASHUIS - HENRI WILLIG: www.henriwillig.com/henriwillig.nl/en
Haringpakkerssteeg 10-18 – 1012 LR Amsterdã, tel. +31 020 624 1006

» CHEESE & MORE BY HENRI WILLIG: www.cheeseandmore.com/en
Nieuwendijk 226 – 1012 MX Amsterdã, tel. +31 06 8379 0373
Nieuwendijk 109 – 1012 MD Amsterdã, tel. +31 06 2384 3749
Leidsestraat 52 – 1017 NV Amsterdã, tel. +31 020 620 9030
Kalverstraat 105 – 1012 PA Amsterdã, tel. +31 06 8370 9622
Em mais três outras lojas em Amsterdã.
Ds. Jan Scharostraat 298 unit 21-23 – 3011 GZ Roterdam, tel. +31 06 2373 9970
Markt 43 – 2611 GR Delft, Zuid-Holland, tel. +31 015 215 8779

» KAASHUIS TROMP: www.kaashuistromp.nl/winkels.html
Elandsgracht 27 – 1016 TM Amsterdã, tel. +31 020 623 0010
Utrechtsestraat 90 – 1017 VS Amsterdã, tel. +31 020 624 1399
Maasstraat 22 – 1078 HK Amsterdã, tel. +31 020 679 0237
Buitenveldertselaan t.o. 166 – 1081 AC Amsterdã, tel. +31 020 644 7614
Magdalenenstraat 11 – 1811 JR Alkmar, Noord-Holland, tel. +31 072 511 3422
Mais oito lojas espalhadas pelo país.

» DE KAASKAMER VAN AMSTERDAM: www.kaaskamer.nl
Runstraat 7 – 1016 GJ Amsterdã, tel. +31 020 623 3483

» FROMAGERIE L'AMUSE: www.lamuse.nl
Olympiaplein 111 – 1077 CV Amsterdã, tel. +31 020 672 7670

» VVV ALKMAAR: www.vvvwebshop.nl
Waagplein 2 – 1811 JP Alkmaar, Noord-Holland, tel. +31 072 511 4284

» WIJN & KAASSPECIAALZAAK EDAM: www.edamcheeseshop.com
Spui 8 – 1135 BA Edam, Noord-Holland, tel. +31 0299 371 861

» KAASWINKELTJE: www.kaaswinkeltje.com
Lange Tiendeweg 30 – 2801 KH Gouda, Zuid-Holland, tel. +31 182 514269

RESTAURANTE E BAR DE QUEIJO

» REYPENAER CHEESE TASTING ROOM: www.reypenaercheese.com/en/contact-location-route
Singel 182 – 1015 AJ Amsterdã, tel. +31 020 320 6333

» CHEESE FACTORY AMSTERDAM: www.cheesefactoryamsterdam.com
Warmoesstraat 56 – 1012 JG Amsterdã, tel. +31 0312 0223 5500

FEIRA E MERCADO DE QUEIJO
» ALKMAARSE KAASMARKT: www.kaasmarkt.nl
Waagplein 2 – 1811 JP Alkmaar, Noord-Holland

MUSEUS DE QUEIJO
» HOLLANDS KAASMUSEUM: www.hollandmuseums.nl/hollands-kaasmuseum
Waagplein 2 – 1811 JP Alkmaar, Noord-Holland, tel. +31 072 515 5516

» DE KAASWAAG EDAM (MUSEU DE QUEIJO): www.iamsterdam.com/en/visiting/what-to-do/activities-and-excursions/overview/the-edam-cheese-weigh-house-de-kaaswaag-edam
Jan Nieuwenhuizenplein 5 – 1135 WT Edam, Noord-Holland, tel. +31 06 8397 3158

» DE GOUDSE WAAG (MUSEU E LOJA DE QUEIJO): www.goudsewaag.nl
Markt 35 – 2801 JK Gouda, Zuid-Holland

BÉLGICA

GERAL

O país é constituído por três regiões (Valônia, Flandre e Bruxelas) e por falantes de três línguas, duas delas principais: o francês e o flamengo ou holandês.

A Bélgica é mais famosa pelas cervejas, pelos chocolates e pela batata frita. Sua produção queijeira é modesta, apesar de fabricarem uma grande gama de produtos (250 tipos), muitos deles artesanais, mas sem maiores destaques. O leite provém de três raças de gado: as leiteiras Belgian Black and White e Belgian Red Pied; e a de duplo propósito, Bleue du Nord.

Diferentemente dos franceses, os belgas não costumam comer queijo em restaurantes, depois da refeição. Eles preferem apreciá-los em casa, seja em sanduíches ou puro.

PRINCIPAIS QUEIJOS

Os belgas, em parte por sua origem francófona na região Sul, são também mestres na fabricação de queijos moles e semiduros de casca lavada.

Somente um queijo dispõe de certificado de Denominação de Origem Protegida (DOP), o Herve.

Os produtos mais importantes são:

- **Brussels Kaas** ou **Fromage de Bruxelles:** 2.3 – Massa mole, casca lavada. Proveniente da província do Brabante Flamengo, que contorna toda a cidade de Bruxelas, cujo nome foi adotado pelo queijo. Produzido com leite desnatado, por um processo bastante original, é um queijo magro praticamente sem gordura. Após uma lenta cura de 3-4 meses, esse pequeno produto, de massa bem mole e com somente 150 gramas, torna-se de gosto pronunciado e salgado.
- **Limburger:** 2.2 – Massa mole, casca lavada. Queijo originalmente belga, da província flamenga de Limburg, mas atualmente elaborado apenas na vizinha Alemanha.
- **Maredsous®:** 4.1 – Massa prensada não cozida, casca lavada. Desenvolvido em 1953 pelos monges da Abadia de Maredsous, na província valona de Namur. O Maredsous Tradition segue a receita do célebre queijo monástico francês, o Port Salut. O grupo de laticínios francês Bel comprou a marca, mas um abade

continua supervisionando a sua fabricação. Formato de pão de forma, com 2,5 quilos e 390 gramas. Cura de 21 dias, nos quais sua amarelada casca lavada fica com uma fina camada de pó esbranquiçado, vinda dos mofos presentes nas *caves* da abadia. O aroma é algo pungente, mas o sabor é suave e frutado.

- **Plateau:** 4.1 – Massa prensada não cozida, casca lavada. Também elaborado no planalto de Herve, na província de Liège. Difere do Herve por ter de massa ligeiramente prensada. Formato de pão de forma de 300 gramas a 2,5 quilos, lembrando mais um Saint-Paulin. O gosto é suave e característico.

QUEIJOS FAVORITOS

O meu queijo belga predileto é o Herve, principalmente a sua variedade especial, chamada Remoudou.

/* HERVE (DOP)

Classe: 2.2 – Massa mole, casca lavada.
Leite: Cru (o Remoudou) ou pasteurizado (o *doux* e o *piquant*) de vaca.
País: Bélgica (Liège).
História: Produzido desde o século XV.
Região: Na zona do planalto de Herve, na província de Liège.
Origem do nome: Comuna de Herve.
Formato: Cúbico.
Dimensões: 6 × 6 × 6 centímetros (200 gramas) e 7,5 × 7,5 × 7,5 centímetros (400 gramas).

Vacas pastando na Bélgica

Herve

Peso: 50, 100, 200 ou 400 gramas.
Gordura: Mínimo de 45%.
Cura: 3-4 semanas (*doux*), 5-6 semanas (*piquant*) e 8-12 semanas (Remoudou).
Descrição: Herve** é o único DOP belga. Herve Remoudou*** é um Herve especial, feito com leite mais gordo (da reordenha), leite cru (*fermier*) e mais curado (*piquant*), cuja receita foi definida em 1512. Seu nome vem do valão "rimoude", que significa "reordenhar". O aroma e muito pungente e o sabor, picante e intenso.

DICAS DE VIAGEM

LOJAS DE QUEIJO

» CRÉMERIE LINDEBEEK
Rue du Vieux Marché aux Grains, 4 – 1000 Bruxelas, tel. +32 02 512 35 10

» FROMAGERIE CATHERINE
Rue du Midi, 23 – 1000 Bruxelas, tel. +32 02 512 75 64

» FROMAGERIE LANGHENDRIES: www.cheese-langhendries.be
Rue de la Fourche, 41 – 1000 Bruxelas, tel. +32 02 512 22 18

» LE P'TIT NORMAND: fr-fr.facebook.com/ptit.Normand.Fromagerie
Rue de Tabora, 8 – 1000 Bruxelas, tel. +32 02 512 61 75

» KAASMEESTER VAN TRICHT: www.kaasmeestervantricht.be
Winkel: Fruithoflaan , 41 – 2600 Berchem, Antuérpia, tel. +32 03 440 14 05
Groothandel: Boomgaardstraat, 1 – 2018 Antuérpia, tel. +32 03 440 72 12

MUSEUS DE QUEIJO

» MUSÉE DU FROMAGE HERVE: www.fromagerie-du-vieux-moulin.be/musee.htm
Sur la Commune, 14 – 4651 Battice, Liège, tel. +32 087 67 42 86

RESTAURANTE E BAR DE QUEIJO

» L'R DU TEMPS (*FONDUES* E *RACLETTES*): wwwrodel.be/rdutemps.htm
Av. Hansen-Soulie, 78 – 1040 Etterbeek, Bruxelas, tel. +32 02 735 00 66

Inglaterra

GERAL

A Inglaterra, o maior e mais populoso país do Reino Unido, é dividida em nove regiões. A produção queijeira é mais expressiva na porção Oeste do país, o South West, o West Midlands e o North West, os condados (divisões regionais) de Devon, Somerset, Cheshire e Cumbria.

O Reino Unido representa não só o décimo segundo maior produtor mundial, mas também o décimo segundo maior exportador de queijos. Já o seu consumo *per capita* é bem mais modesto, sendo o vigésimo nono do mundo, com 11,2 quilos/ano. A Inglaterra tem a mais importante posição queijeira entre todos os países do Reino Unido, não só pelo alto nível de sua produção, mas também pelo maior número de tipos de queijo entre os cerca de 750 de todo o Reino Unido. Os seus queijos também são os mais afamados da região.

Os queijos tradicionais ingleses (conhecidos como "British Territorials Cheeses") são quase todos de leite de vaca, principalmente das raças leiteiras Jersey, Guernsey e Shorthorn e da Devon, de duplo propósito.

Entretanto, desde 1994 uma revolução está modificando a imagem dos queijos da ilha, com a implantação do British Cheese Awards. Essa competição anual está fazendo surgir uma grande quantidade dos chamados Modern British Cheeses. Em 2014, 801 queijos ingleses tradicionais e modernos se inscreveram. Entre eles, inúmeros queijos artesanais produzidos em fazendas, muitos de leite cru, além de diversos de leite de cabra, de ovelha ou mesmo de búfala.

PRINCIPAIS QUEIJOS

Os tipos de queijo ingleses mais produzidos são os de massa prensada não cozida e os de pasta triturada. Há também uma grande quantidade de queijos de massa azul, cerca de 70 variedades distintas em todo o Reino Unido. O Cheddar, em todas as suas versões, domina o mercado com 57% de participação.

A Inglaterra possui nove produtos com certificado de Denominação de Origem Protegida (DOP) e três com Indicação Geográfica Protegida (IGP). Entre eles, os mais importantes são:

- **Blue Stilton** (DOP): Ver a descrição a seguir, neste capítulo.

- **Cheddar, West Country Farmhouse** (DOP): Ver a descrição a seguir, neste capítulo.
- **Lancashire, Beacon Fell Traditional** (DOP): 4.4 – Massa prensada não cozida, pasta triturada (*cheddaring*). Originário dos distritos de Preston e Blackpool, no condado de Lancashire. Emprega leite de vaca pasteurizado. Cura de no mínimo um mês, mas atinge a maturidade plena aos seis meses. Existem dois estilos do Traditional Lancashire: o "Creamy Lancashire" (cremoso), maturado entre 1–3 meses (considerado um dos melhores queijos para comer com torradas); e o "Tasty Lancashire" (saboroso), maturado por mais tempo, até 24 meses, sendo o queijo com sabor mais pronunciado de todas as variações. O "Crumbly Lancashire" (quebradiço), criado nos anos 1960, é o estilo mais jovem e mais barato entre todos, e o único também fabricado em queijarias fora do condado.
- **Wensleydale, Yorkshire** (IGP): 4.4 – Massa prensada não cozida, pasta triturada (*cheddaring*). Proveniente de leite de vaca pasteurizado do condado de North Yorkshire, onde fica a cidade que dá nome ao queijo. O Wensleydale normal pode ser produzido em outras regiões, porém não tem a mesma complexidade do artesanal de Yorkshire. O peso varia de 500 gramas a 21 quilos. Pode ser consumido depois de duas semanas, e em até 12 meses. O mais comum, porém, é ser consumido jovem, com 1–3 meses de cura. Também é produzida uma versão com fungos, o Blue Wensleydale.
- **White Stilton** (mesma DOP do Blue Stilton): 2.3 – Massa mole, casca natural. Versão sem fungo do Blue Stilton e sem prensagem. Geralmente consumido depois de 3–4 semanas. Tem textura *crumbly* (quebradiça) e cremosa, muito utilizado em sobremesas inglesas.

Outros seis queijos ingleses com DOP são: Buxton Blue, Dovedale, Single Goucester, Staffordshire, Swaledale e Swaledale Ewes. E os queijos com IGP são o Dorset Blue e o Exmoor Blue.

Alguns queijos ingleses ainda não protegidos, mas dignos de menção são:

- **Cheshire:** 4.4 – Massa prensada não cozida, pasta triturada (*cheddaring*). É considerado o queijo mais antigo das Ilhas Britânicas, elaborado desde a época dos romanos. Originalmente, era produzido no condado de Cheshire e em partes dos condados vizinhos. Usa leite de vaca pasteurizado. Existe também uma versão com fungos, o Blue Cheshire. Ele é comercializado em diferentes

Crumbly Cheese

idades, que variam de semanas a meses. Apresenta-se na versão White, mas também é produzido nas versões Red, colorido com urucum, ou Blue, pela adição de fungos. É um queijo com textura *crumbly* (quebradiça), principalmente quando jovem. À medida que matura, a textura fica mais firme e sedosa, porém ainda um pouco *crumbly* e com os flavores mais complexos e limpos, sem sinal de amargor.

- **Cornish Blue®**: 3.1 – Massa azul, casca natural. Não prensada nem cozida. Desenvolvido pela Cornish Cheese Co. em sua fazenda, no condado de Cornwall. Desde o início deste século, vem obtendo inúmeros prêmios, principalmente no World Cheese Awards e no British Cheese Awards. Tem textura macia e cremosa e flavor delicado.
- **Double Gloucester:** 4.4 – Massa prensada não cozida, pasta triturada (*cheddaring*). Original do condado de Gloucestershire, mas produzido também em muitos outros locais, tanto em fazendas como em laticínios. Existem dois tipos de queijo Gloucester, o Double e o Single. Apesar de o Single Gloucester poder ser um DOP (caso empregue parcialmente leite de gado da antiga raça Gloucester), o Double Gloucester é mais apreciado, sendo comparável em qualidade com os melhores Cheddar ou Cheshire. A maioria é vendida com cerca de quatro meses de idade. Os mais velhos ficam tão duros que são usados na festividade local, a Corrida do Queijo, uma brincadeira de rolar os queijos encosta abaixo.
- **Red Leicester** ou **Leicester:** 4.4 – Massa prensada não cozida, pasta triturada (*cheddaring*). Originou-se no condado de Leicestershire, feito com leite de vaca pasteurizado. Seu nome deve-se ao uso do corante de urucum e também para

diferenciá-lo do inferior White Leicester. Comercializado com 3–12 meses de cura, mas geralmente consumido com 3–4 meses. Os Farmhouse Red Leicester tendem a ser melhores e mais complexos.

- **Shropshire Blue:** 3.1 – Massa azul, casca natural. Não prensada nem cozida. Apesar do nome, este queijo não tem nada a ver com o condado de Shropshire. É um queijo moderno, desenvolvido na Escócia nos anos 1970, antes de sua sua produção ser transferida para o condado de Leicestershire. Esse ótimo queijo é elaborado de forma similar aos Stiltons, mas recebe corante de urucum para dar à massa a bela coloração laranja com veios azulados. Depois de 6–8 semanas de cura, a textura fica macia e cremosa, com sabor delicado para um queijo azul. Atualmente, a maioria de sua produção provém de quatro laticínios produtores do Blue Silton, na região de East Midlands.

QUEIJOS FAVORITOS

Os meus queijos ingleses prediletos são os seguintes:

*** BLUE STILTON (DOP)

Classe: 3.1 – Massa azul, casca natural. Não prensada e não cozida.
Leite: De vaca pasteurizado.
País: Inglaterra (East Midlands).
História: Era vendido em uma estalagem na vila de Stilton, no início do século XVIII. Essa vila situa-se no condado de Cambridgeshire, próximo, mas não vizinho, dos três atuais condados produtores.
Região: Produzido apenas nos condados de Leicestershire, Derbyshire e Nottinghamshire, na região de East Midlands.
Origem do nome: Vila de Stilton.
Formato: Cilindro alto.
Dimensões: 20 centímetros de diâmetro, 25–30 centímetros de altura.
Peso: 7,5–8 quilos.
Gordura: 55%.
Cura: Três versões:
    Blue: mínimo seis semanas
    Mature Blue: mínimo de dez semanas
    Vintage Blue: mínimo de 15 semanas

Blue Stilton

West Country Farmhouse Cheddar

Descrição: É um dos DOPs ingleses. Considerado, com justiça, como o "*king of English cheeses*". Com 9–10 meses, a massa ainda é um pouco quebradiça, com sabor levemente acídulo. Ele tem um flavor menos agressivo que outros azuis, sendo também menos salgado. Depois de mais algumas semanas começa a desenvolver uma textura mais macia, quase amanteigada, com um sabor mais redondo e maduro.

/* CHEDDAR (DOP)

Classe: 4.4 – Massa prensada não cozida, pasta triturada (*cheddaring*).
Leite: De vaca, podendo ser cru (*farm-made*) ou pasteurizado.
País: Inglaterra (South West).
História: Elaborado desde o século XV, originou-se na cidade de Cheddar, onde tradicionalmente maturava nas cavernas de Cheddar Gorge, em Somerset.
Região: Produzido, em fazendas, nos condados de Somerset, Dorset, Devon e Cornwall, na região de South West.
Origem do nome: Cidade de Cheddar, no condado de Somerset.
Formato: Cilindro alto (são os melhores) ou bloco.
Dimensões: 35–40 centímetros.
Peso: 30–35 quilos.
Gordura: 48%.
Cura: Mínimo de nove meses (West Country Farmhouse Cheddar). Também é produzido em grandes queijarias, com cinco versões:
    Mild: três meses
    Medium Matured: 5–6 meses

Matured: nove meses
Extra Matured: 15 meses
Vintage: acima 18 meses

Descrição: O West Country Farmhouse Cheddar é um dos DOPs ingleses. O Cheddar é o queijo inglês mais produzido, com 67% do total da produção em 2010. É também, provavelmente, o mais consumido do mundo, pois é muito utilizado em receitas de hambúrgueres. O West Country Farmhouse Vintage Cheddar é um queijo de muita categoria e personalidade. A massa, muitas vezes (exceto no West Country Farmhouse Cheddar), recebe urucum para dar a cor alaranjada característica. Um Cheddar mais maduro adquire sabor adocicado, de noz, com certa aspereza do processo natural de maturação e um longo retrogosto.

DICAS DE VIAGEM

LOJAS DE QUEIJO

» HARRODS (LOJA DE DEPARTAMENTOS): www.harrods.com
87-135 Brompton Road – SW1X 7XL Knightsbridge/Kensington & Chelsea, Londres, tel. +44 020 7730 1234

» SELFRIDGES & CO (LOJA DE DEPARTAMENTOS): www.selfridges.com
400 Oxford Street – W1A 1AB Marylebone/Westminster, Londres, tel. +44 0800 123 400

» FORTNUM & MASON (LOJA DE DEPARTAMENTOS): www.fortnumandmason.co.uk
181 Piccadilly – W1A 1ER Soho/Westminster, Londres, tel. +44 020 7734 8040

» LA FROMAGERIE (QUEIJOS FRANCESES E ITALIANOS): www.lafromagerie.co.uk
2-6 Moxon St. – W1U 4EW Marylebone/Westminster, Londres, tel. +44 020 7935 0341
30 Highbury Park – N5 2AA Highbury/Islington, Londres, tel. +44 020 7359 7440

» ANDROUËT CHEESE SHOP (QUEIJOS FRANCESES E EUROPEUS): www.androuet.co.uk/cheese-shop
107b Commercial St. (Old Spitafields Market) – E1 6BG Spitalfields/Tower Hamlets, Londres, tel. +44 020 7375 3168

» PAXTON & WHITFIELD (QUEIJOS BRITÂNICOS E EUROPEUS): www.paxtonandwhitfield.uk
93 Jermyn St. – SW1Y 6JE St James/Westminster, Londres, tel. +44 020 7930 0259

» **NEALS YARD DAIRY (QUEIJOS BRITÂNICOS):** www.nealsyarddairy.co.uk
17 Shorts Gardens – WC2H 9AT Covent Garden/Westminster, Londres,
tel. +44 020 7240 5700
6 Park St. (Borough Market) – SE1 9AB Borough/Southwark, Londres,
tel. +44 020 7367 0798

» **LA CAVE À FROMAGE (QUEIJOS BRITÂNICOS):** www.la-cave.co.uk
24-25 Cromwell Place – SW7 2LD South Kensington/Kensington, Londres,
tel. +44 0845 108 8222

» **CHEESEBOARD (QUEIJOS BRITÂNICOS E EUROPEUS):** www.cheese-board.co.uk
26 Royal Hill – SE10 8RT Greenwich, Londres, tel. +44 020 8305 0401

» **MONS CHEESEMONGERS (QUEIJOS FRANCESES):** www.mons-cheese.co.uk
Borough Market, Three Crown Square area – SE1 1TL Borough/Southwark, Londres
Voyager Business Park – SE16 4RP Bermondsey/Southwark, Londres, tel. +44 020 7064 6912

LATICÍNIOS PARA VISITAR

» **JOSEPH HELLER:** www.joseph-heller.co.uk
Laurels Farm, Crewe Road – CW5 7PE Nantwich, Cheshire, tel. +44 01279 841 500

» **LONG CLAWSON DAIRY LIMITED:** www.clawson.co.uk
Long Clawson – LE14 4PJ Melton Mowbray, Leicertershire, tel. +44 01664 822 332

» **THE CHEDDAR GORGE CHEESE COMPANY:** www.cheddargorgecheeseco.uk
The Cliffs – BS27 3QA Cheddar, Somerset, tel. +44 01934 742 810

CURSOS DE QUEIJO

» **AB CHEESEMAKING:** www.abcheesemaking.co.uk
7 Daybell Close – NG13 0DQ Bottesford, Nottingham, tel. +44 01949 842 867

» **THE SCHOOL OF ARTISAN FOOD:** www.schoolofartisanfood.org/short-courses/cheesemaking
Lower Motor Yard – S80 3LR Welbeck, Nottinghamshire, tel. +44 01909 532 171

RESTAURANTES E BARES DE QUEIJO

» **ANDROUËT RESTAURANT:** www.androuet.co.uk/restaurant
107b Commercial St. (Old Spitafields Market) – E1 6BG Spitalfields/Tower Hamlets,
Londres, tel. +44 020 7375 3168

» **VIVAT BACCHUS:** www.vivatbacchus.co.uk
47 Farringdon St. – EC4A 4LL Farringdon/City of London, Londres, tel. +44 020 7353 2648
4 Hays Lane – SE1 2HB London Bridge/Southwark, Londres, tel. +44 020 7234 0891

» L'ART DU FROMAGE: www.artdufromage.co.uk
1A Langton St. – SW10 0JL Chelsea/Kensington & Chelsea, Londres, tel. +44 020 7352 2759

» CHEESE AT LEADENHALL: cheeseatleadenhall.co.uk
4-5 Leadenhall Market – EC3V 1LR City of London, Londres, tel. +44 020 7929 1697

» ST. MORITZ: www.stmoritz-restaurant.co.uk
161 Wardour St. – W1F 8WJ Soho, Londres, tel. +44 020 7734 3324

DINAMARCA

GERAL

A Dinamarca é o menor e o mais plano país escandinavo. Tão plano que os esquiadores dos outros países nórdicos costumam brincar com o fato de o ponto culminante da Dinamarca ter menos de 200 metros de altitude. Porém, o clima mais moderado e os solos férteis (mais de 60% de suas terras são aráveis) propiciam condições ideais para a criação de gado, principalmente da raça Danish Red ou a Dinamarquesa Vermelha, de dupla aptidão. Sendo assim, a Dinamarca é o mais importante produtor de queijo da Escandinávia.

Todas as cinco regiões administrativas do país, incluindo a península da Jutlândia e mais de 400 ilhas, são produtoras de queijo. Sua posição no mundo queijeiro é relativamente expressiva, a mais importante entre os nórdicos: ocupa a décima sétima posição no *ranking* mundial de produção, é o sexto maior exportador (com cerca de dois terços da sua produção exportada) e o décimo oitavo em consumo *per capita* do produto.

Curiosamente, apesar desses atributos, quase todos os seus queijos foram criados espelhados em variedades de outros países europeus, principalmente os holandeses. Entretanto, essas "cópias", que adotaram nomes daneses, atingiram alto nível de qualidade, conquistando grande aceitação no mercado externo.

A força das cooperativas é imensa – em 2005, elas receberam e processaram 97% de todo o leite recolhido, contribuindo com 87% de toda a fabricação de queijo.

PRINCIPAIS QUEIJOS

Em termos de laticínios, o Brasil deve muito à Dinamarca. No início do século XX, muitas famílias dinamarquesas se instalaram no Sudeste de Minas Gerais, onde desenvolveram vários queijos baseados em receitas do seu país.

Atualmente, a Dinamarca não tem nenhum queijo com Denominação de Origem Protegida (DOP), e apenas quatro queijos com Indicação Geográfica Protegida (IGP). São eles:

- **Danbo:** 4.3 – Massa prensada não cozida, casca natural. Também chamado de "Christian IX". Seu nome original era Steppeost, mas foi alterado, em 1951, pela Convenção de Stresa. Ele serviu de inspiração para o Estepe brasileiro. Tem formato quadrado, com aproximadamente 25 centímeros de lado e cerca de 6 quilos. Teores de gordura de no mínimo 45% ou 30%. Cura de pelo menos seis semanas, podendo chegar a cinco meses. A versão com cominho é chamada "Gammelost", que significa "queijo velho", mas não tem nenhuma relação com o famoso homônimo norueguês. A casca é, às vezes, coberta com cera vermelha ou amarela. Massa elástica, com poucas e pequenas olhaduras. Sabor bem suave. É um dos queijos mais populares do país.

- **Danablu:** Ver descrição a seguir, neste capítulo.
- **Esrom:** Ver descrição a seguir, neste capítulo.
- **Havarti:** 4.1 – Massa prensada não cozida, casca lavada. Criado no século XIX por Hanne Nielsen na sua Fazenda Havarti, situada no norte da Jutlândia. Já foi chamado de "Danish Tilsiter", mas mudou para a denominação atual. É produzido em todas as regiões do país e um dos queijos mais exportados. Disponível em três formatos: cilindro chato, de 200 gramas a 2 quilos; pão de forma de 200 gramas a 2 quilos; e quadrado, com no mínimo 2 quilos. Os teores de gordura são de 45%, 30% ou 60% (este último chamado de "Cream Havarti"). Cura de no mínimo 4–6 semanas, dependendo do peso, chegando a até três meses. Dos dois tipos básicos – o maturado sem casca e o de casca lavada –, o segundo é bem mais saboroso. Também é produzido em versões com cominho ou ervas. Massa cremosa, elástica, com inúmeras pequenas olhaduras. Sabor deliciosamente suave.

Outros bons queijos daneses, todos também de leite de vaca, são os seguintes:

- **Blå Castello® ou Castello® Blue:** 3.2 – Massa azul, casca mofada. Desenvolvido nos anos 1960, é parecido com o Bavaria Blu alemão, também com veios azulados e casca florida. Formato de meia-lua, de 150 gramas a 1 quilo. A massa é bem cremosa, pois tem 70% de gordura. Aroma de cogumelos. Sabor suave para um queijo azul.
- **Elbo:** 4.3 – Massa prensada não cozida, casca natural. Antigamente, era chamado de Brødost, pois segue a receita do Edam tipo Broodkaas holandês. Tem formato de pão de forma, com 5–6 quilos. Textura firme e com escassas e pequenas olhaduras. Sabor muito suave e aromático.
- **Fynbo:** 4.3 – Massa prensada não cozida, casca natural. Sua elaboração iniciou-se na ilha de Fyn, razão pela qual o seu nome foi posteriormente trocado de

Danish Gouda (*opstukken*) para Fynbo. Formato cilíndrico, com 7–8 quilos. Massa com poucas olhaduras, menores que as do Samsoe. Sabor suave. Serviu de modelo para o desenvolvimento do queijo Prato brasileiro, que inicialmente era cilíndrico.
- **Maribo:** 4.3 – Massa prensada não cozida, casca natural. Originário da vila de Maribo, na ilha de Lolland, que nomeou esse queijo, em substituição ao nome antigo, Danish Gouda (*aeltet*). Cilindro ou bloco de 13–15 quilos. Maturado por quatro meses. Às vezes, temperado com cominho. Massa mais seca e firme que a do Samsoe, com inúmeras olhaduras. Sabor mais forte que o do Samsoe e dos outros queijos semiduros daneses.
- **Molbo:** 4.3 – Massa prensada não cozida, casca natural. Produzido inicialmente na península de Mols, no centro da Jutlândia, de onde veio seu nome atual, no lugar do antigo, Danish Edam. No Brasil, inspirou o Prato tipo Esférico ou Creme Bola. Esfera de 1–3 quilos. Sabor suave e amendoado.
- **Mycella:** 3.1 – Massa azul, casca natural. Antes denominado "Danish Gorgonzola", mudou para Mycella por causa do fungo responsável pelos seus veios azul-esverdeados, o *Penicillium mycellium*. Formato de cilindro alto, com 5–9 quilos. Sabor mais suave que o do Danablu.
- **Samsoe** ou **Samsø:** 5.1 – Massa prensada cozida, textura normal. Seu nome já foi Danish Schweizer, pois foi criado no século XIX por um queijeiro suíço, inspirado inicialmente no queijo Emmental (mas hoje em dia é bem diferente de seu modelo). Começou a ser fabricado na ilha Samsoe e hoje é produzido em todas as regiões. O Gruyère e o tipo Suíço brasileiros foram baseados na receita dele. Produzido em formatos cilíndrico e quadrado, com 14 quilos. Textura firme com pequenas olhaduras. Sabor forte e picante quando mais maturado. É o queijo mais popular da Dinamarca.
- **Tybo:** 4.3 – Massa prensada não cozida, casca natural. Inicialmente fabricado na zona de Thy, no noroeste da Jutlândia, era chamado de Taffelost mas seu nome foi trocado para Tybo, por causa da região de produção original. Muito parecido com o Elbo, porém com a metade das dimensões e do peso, tem formato de pão de forma, apenas 2–3 quilos e apresenta mais e menores olhaduras. Também é produzido com cominho. Sabor suave. Deu origem ao Prato tipo lanche brasileiro.

QUEIJOS FAVORITOS
Meus favoritos são:

** DANABLU OU DANISH BLUE (IGP)

Classe: 3.1 – Massa azul com casca natural. Não prensada e não cozida.
Leite: De vaca pasteurizado ou termizado e padronizado.
País: Dinamarca.
História: Foi desenvolvido por Marius Boel nos anos 1920. Era então conhecido como Danish Roquefort, apesar de produzido com leite de vaca. Em 1951, recebeu seu nome atual.
Região: Todo o país.
Origem do nome: Junção da palavra "dana", dinamarquês, com "blu", queijo azul.
Formato: Cilindro ou bloco.
Dimensões: Variáveis.
Peso: 1,5–4 quilos.
Gordura: Duas versões: mínimo de 50% (50+) e mínimo de 60% (60+). Por ser bem gordo, não resseca facilmente como outros azuis.
Cura: 5–6 semanas, até 8–12 semanas.
Descrição: É um dos quatro IGPs dinamarqueses. Um dos queijos mais populares do país e o mais conhecido internacionalmente, exportado para todo o mundo. A massa tem consistência cremosa e o sabor é redondo, bem picante, muito salgado e condimentado.

Vacas pastando na Dinamarca

Danablu

** ESROM (IGP)

Classe: 4.1 – Massa prensada não cozida, casca lavada.
Leite: De vaca pasteurizado e padronizado.
País: Dinamarca.
História: Desenvolvido, nos séculos XII e XIII, pelos monges do monastério de Esrom, foi descontinuado em 1559. Em meados dos anos 1930, o Danish National Experimental Dairy retomou a produção. Era então conhecido como "Danish Port Salut". Em 1951, recebeu o seu nome atual.
Região: Todo o país.
Origem do nome: Monastério e vila de Esrom, no norte da ilha da Zelândia.
Formato: Retangular.
Dimensões: Duas versões, com comprimento aproximadamente o dobro da largura:
    Pequeno: altura de 3,5–4,5 centímetros
    Grande: altura de 4–7 centímetros
Peso: 200–500 gramas (pequeno) e 1,3–2 quilos (grande).
Gordura: Quatro versões: mínimo de 20% de gordura (20+), mínimo de 30% (30+), mínimo de 45% (45+) e mínimo de 60% (60+).
Cura: No mínimo duas semanas, mas geralmente por quatro semanas.
Descrição: Uma das IGPs dinamarquesas. Massa ligeiramente prensada e semidura, com muitos buracos pequenos, textura elástica e sabor acídulo, intenso e mais suave que o pungente aroma.

Esrom

DICAS DE VIAGEM

LOJAS DE QUEIJO

» ARLA UNIKA: www.arlaunika.dk/Find-Forhandler
Torvehallerne KBH (Hal 1, F5): Frederiksborggade 21 – 1360 Copenhague K, tel. +45 7643 4439
Fotex Kalvebod: Kalvebod Brygge 59 – 1560 Copenhague V
Fotex Vesterbrogade: Vesterbrogade 74-76 – 1620 Copenhague V
Irma Axeltorv: Axeltorv 2 – 1609 Copenhague V
Irma Strandboulevarden: Strandboulevarden 94 – 2100 Copenhague Ø
Kvickly Sundby: Englansvej 28 – 2300 Copenhague S
Meyers Deli: Kgs. Nytorv 13, Magasin – 1095 Copenhague K

» KERVAN DELIKATESSER: www.kervan.dk
Nordre Frihavnsgade 68 – 2100 Copenhague Ø, tel. +45 3526 7020

» OSTEN VED KULTORVET: www.ostenvedkultorvet.dk
Rosenboorggade 2 – 1130 Copenhague K, tel. +45 3315 5090

» OSTELAGERET:
Landskronagade 13 – 2100 Copenhague Ø, tel. +45 3920 2227

» GOURMAND OSTESPECIALISTEN (QUEIJOS DINAMARQUESES E EUROPEUS):
Gammel Kongevej 155 – 1850 Frederiksberg (vizinha a Copenhague), tel. +45 3324 0804

» GRAND FROMAGE: www.grand-fromage.dk
Guldsmedgade 27 – 8000 Århus C, tel. +45 8691 1505
Peter Bangs Vej 89 – 2000 Frederiksberg (vizinha a Copenhague), tel. +45 3816 1303

RESTAURANTES E BARES DE QUEIJO

» BOF & OST: www.boef-ost.dk/english/cheese
Gräbrødretorv 13 – 1154 Copenhague K, tel. +45 3311 9911

» BOJESEN I OPERAEN: bojesen.dk/BOJESEN-AT-THE-OPERA.303.aspx
Operaen: Ekvipagemestervej 10 – 1438 Copenhague K, tel. +45 3391 4600

» TÅRNET: taarnet.dk/restauranten/menu/?lang=en
Christiansborg Slot: Prins Jørgens Gärd 1 – 1218 Copenhague K, tel. +45 3337 3100

FEIRA E MERCADO DE QUEIJO

» TORVEHALLERNE KBH (MAIOR MERCADO ALIMENTAR DA CIDADE): www.torvehallernekbh.dk/english
Frederiksborggade 21 – 1360 Copenhague K, tel. +45 7010 6070

NORUEGA

GERAL

É o país mais montanhoso da Escandinávia, com apenas cerca de 3% de terras aráveis, mas muito fértil. O país é dividido em 19 condados, e a produção queijeira, por questões climáticas, está concentrada nos condados do sul.

O leite de vaca é da Raça Norwegian Red, de duplo propósito. Como a região é bastante montanhosa, os queijos produzidos com leite de cabra são muito comuns.

PRINCIPAIS QUEIJOS

Praticamente todos os queijos noruegueses usam receitas estrangeiras, em geral suíças e holandesas. Contudo, eles produzem dois queijos únicos: o Gamalost frå Vik e os da família "Brunost". Ao visitar a Escandinávia, não deixe de provar essas curiosas preciosidades.

O Gamalost frå Vik, o "Queijo dos *Vikings*", é candidato a receber uma Indicação Geográfica Protegida (IGP). Por sinal, ele é um dos meus favoritos.

Outros queijos noruegueses:

- **Brunost**: 7.3 – Massa de soro caramelizada. É produzido pelo método tradicional desde a década de 1880, no vale de Gudbrandsdal, condado de Lillehammer. Foi considerado o mais norueguês de todos os queijos, sendo indispensável nos fartos desjejuns. Ele é elaborado com soro de queijo e leite. A mescla evapora, transformando o açúcar do leite em caramelo e dando ao queijo a cor (daí o seu nome, "queijo marrom") e o sabor característicos. Representam cerca de 30% da produção total do país. Vendido sem casca, não curado, em blocos de diversos tamanhos. A textura é firme, mas é possível fatiá-lo. O flavor é caramelizado e forte, sendo bastante pungente nos queijos de leite de cabra. As principais variedades são:
  - *Ekte Geitost* ou *Gjetost*: Usa soro, creme e leite exclusivamente de cabra. "Gjetost" é a ortografia antiga de "Geitost", mais empregada no mercado norte-americano. Tem o sabor mais forte de todos.
  - *Geitost* ou *Gjetost*: Usa soro, creme e leite majoritariamente de cabra.
  - *Gudbrandsdalost*: Emprega soro e creme de leite de vaca, além de leite de vaca e cabra. É intermediário em termos de intensidade de sabor.

- *Fløtemmysost*: Feito com soro, creme (49%) e leite de vaca. É o mais suave.
- *Mysost*: Usa soro e leite de vaca e xarope.
- **Jarlsberg:** 5.1 – Massa prensada cozida, textura normal. Desenvolvido por queijeiros suíços em 1830, espelhado no Emmental e com fermentação propiônica. Posteriormente, nos anos 1950-60, foi retomado por técnicos noruegueses. Roda de 10 quilos ou em formato de pão de forma de 5,5 quilos. Elaborado com e sem casca e comercializado em três níveis de maturação: o *regular* (mais de três meses), o *bem maturado* (acima de nove meses) e o *reserva especial* (no mínimo 12 meses). É bastante exportado, notadamente para os Estados Unidos, que possui uma expressiva colônia norueguesa. Sabor suave, amendoado e levemente adocicado, entre o Gouda e o Emmental. Seu nome é o mesmo de uma propriedade no condado de Vestfold, na região Leste do país.
- **Nøkkelost:** 4.3 – Massa prensada não cozida, casca natural. Baseado no queijo Leiden holandês. Fabricado com e sem casca. O "queijo de chaves" é temperado com cravo e cominho, ótimo para os apreciadores desse estilo.
- **Norvegia:** 4.3 – Massa prensada não cozida, casca natural. Desenvolvido por holandeses, foi chamado até 1968 de Norsk Gouda. Bloco de 4–5 quilos. Elaborado com e sem casca. A massa tem mais olhaduras que o Gouda original. Pode ser *regular* (três meses de cura), *bem maturado* (mais de nove meses) e *extra bem maturado* (acima de 15 meses). Além da exportação, é o queijo mais comercializado no mercado interno, na versão regular, sem casca e embalado a vácuo.
- **Ridder:** 4.1 – Massa prensada não cozida, casca lavada. Moderno, possui características que lembram o Saint-Paulin, porém inventado por um sueco. Seu nome significa "Cavaleiro". Cilindro de 1,5 quilo. Gordo, com 60% de teor gorduroso. Flavor fortemente aromático e adocicado.

QUEIJOS FAVORITOS

** GAMALOST FRÅ VIK (OU GAMMELOST)

Classe: 3.2 – Massa azul, casca mofada.
Leite: De vaca azedo, desnatado e pasteurizado.
País: Noruega.
História: Remonta à época dos *vikings*, foi descrito já no ano de 1100.
Região: Elaborado, hoje, no distrito de Sogn, que abrange vários municípios do condado de Sogn og Fjordane, entre os quais o de Vik, que dá sobrenome ao queijo.

Gamalost fra Vik – Tine

Origem do nome: O nome significa "queijo velho", pois ele parece já ser idoso muito antes de estar maduro.
Formato: Tambor.
Peso: 150–600 gramas (pedaço) e 1,7–11,0 quilos (peça).
Gordura: 1,0%.
Cura: 4–5 semanas.
Descrição: Seu certificado IGP encontra-se em análise. É considerado o melhor queijo norueguês, além de ser único no mundo. Tão logo preparado, o queijo era furado com agulhas inoculadas com o fungo *Penicillium roqueforti*. Essa era a prática tradicional, mas a especificação da IGP desqualifica esse antigo procedimento. Fica armazenado em prateleiras, na sala de cura, e tem, então, sua superfície esfregada com *mycelium* de queijos velhos, desenvolvendo o fungo *Mucor racemosus* ou *Mucar mucedo*. A massa é semimole, às vezes granular, de cor marrom-amarelada com veios azul-esverdeados irregulares. Casca dura e amarronzada. O mofo desenvolve uma espécie de pelúcia com longos pelos, que são pressionados para baixo da casca, manualmente, para se espalharem por toda a massa, que lentamente vai se tornando amarronzada. É maturado em estrados forrados com palha tratada com gengibre. O sabor é pungente e delicioso. Pode ser estocado por longos períodos sem refrigeração. Por ser um queijo muito trabalhoso, sua produção é pequena e pouco exportada. É consumido na mesa, em fatias bem finas, ou em gratinados. Ideal para dietas especiais, pois é formado por 50% de proteína e apenas 1% de gordura.

DICAS DE VIAGEM

LOJAS DE QUEIJO
» DEN BLINDE KU: denblindeku.no
Maridalsveien 13-17 – 0178 Oslo, tel. +47 9244 4551
Há outras quatro lojas espalhadas pelo país.

» FLÂNEUR FOOD: www.facebook.com/pages/FL%C3%82NEUR-FOOD/194204420646621
Niels Juelsgate 51 – 0259 Oslo, tel. +47 2255 7000

» FROMAGERIE: www.fromagerie.no
Valkyriegaten 9 – 0366 Oslo, tel. +47 2260 1995

» MELKERAMPA TINE: www.tine.no/melkerampa
Maridalsveien 17 – 0178 Oslo, tel. +47 4147 0980

RESTAURANTE E BAR DE QUEIJO
» OSTEKLOKKEN: www.osteklokken.no
Gimleveien 22 – 0266 Oslo, tel. +47 4004 8080

FEIRA E MERCADO DE QUEIJO
» MATHALLEN (MERCADO ALIMENTAR): www.mathallenoslo.no
Maridalsveien 17 – 0178 Oslo, tel. +47 4000 1209

SUÉCIA

GERAL

A Suécia é organizada administrativamente em 21 condados, mas, culturalmente, os suecos ainda consideram bastante a antiga divisão das suas províncias.

A produção de queijos é relativamente modesta, e o leite mais utilizado é o das raças bovinas leiteiras Swedish Red-and-White e Swedish Friesian, além da Swedish Red Polled. Entretanto, na área montanhosa do norte da Suécia, é usado principalmente o leite de cabra.

Assim como os outros nórdicos, os suecos são grandes consumidores de queijo, em especial no tradicional *smörgåsbord* escandinavo, um bufê de diversos pratos, muitos deles sanduíches abertos e cobertos por queijo.

PRINCIPAIS QUEIJOS

Quase todos os queijos da Suécia são semiduros ou duros, de boa qualidade, mas nenhum deles faz parte do primeiro time mundial.

Existem dois queijos suecos com nomes protegidos: o Hushållost, com Especialidade Tradicional Garantida (ETG); e o Svecia, com Indicação Geográfica Protegida (IGP).

- **Hushållost:** 4.3 – Massa prensada não cozida, casca natural. É mencionado em documentos datando de 1898. É chamado de "queijo do proprietário", por ser tradicionalmente feito nas cozinhas rústicas das casas de fazenda. Hoje, é produzido em laticínios, sendo o queijo mais vendido do país. Tem formato de um pequeno cilindro, pesando 1–2,5 quilos. Amadurece por 1–3 meses. Sabor brando, cremoso, ligeiramente ácido e com final de boca curto.
- **Svecia:** 4.3 – Massa prensada não cozida, casca natural. Produzido em todas as zonas baixas da Suécia. Seu nome, "Svecia", significa "Suécia" em latim e é usado desde 1920. Possui forma cilíndrica, com 12–15 quilos, e três teores de gordura: 45% (normal), 30% ou 55%. Cura de no mínimo dois meses. Massa com pequenas olhaduras irregulares e textura levemente amanteigada. Sabor suave e ácido.

Outros queijos importantes:

- **Grevé®:** 5.1 – Massa prensada cozida, textura normal. Originário da província de Västergötland, na região sulina de Götaland. Apesar de inspirado no Emmental suíço, seu nome vem do Gruyère, outro queijo helvético. Em 1964, foi inscrito como marca registrada pela Associação Sueca de Laticínios, a qual representa sete membros que produzem industrialmente 98% do leite sueco. Muito popular. Roda de 12–14 quilos. Cura de dez meses. Massa pálida com grandes olhaduras. Sabor amendoado e adocicado.
- **Herrgård®:** 5.1 – Massa prensada cozida, textura normal. Desenvolvido em 1793 por um queijeiro suíço, também inspirado no Emmental, na localidade de Marvinsholm, antiga província de Skåne, região de Götaland. Seu nome significa "queijo da mansão". Tem marca registrada desde 2004. Roda de 12 quilos. Maturação de 4–6 meses. Massa elástica, com olhaduras pequenas. Tem aroma característico, que lembra carne bovina. Sabor leve e ligeiramente ácido. É um dos mais populares do país.
- **Mesost:** 7.3 – Massa de soro caramelizada. Similar ao Mysost norueguês. Também é produzida uma versão com leite de cabra, chamada de Getmesost.
- **Präst®:** 4.3 – Massa prensada não cozida, casca natural. Produzido desde o século XVI, na antiga província de Småland, região de Götaland. Seu nome, "queijo do pároco", refere-se ao fato de que os agricultores pagavam impostos anuais à Igreja com queijos. Hoje é elaborado industrialmente sob uma marca registrada. Roda de 12–15 quilos. Cura de quatro meses. Massa com pequenas olhaduras irregulares. Tem flavor forte e aromático, algo agridoce.
- **Väterbottenost:** 4.3 – Massa prensada não cozida, casca natural. Criado em 1870, por Eleonora Lindström, na antiga província de Västerbotten, região nortista de Norrland, onde é fabricado até hoje. Roda de 20 quilos. Cura de 10–12 meses. Massa firme e um pouco granular, com olhaduras pequenas e irregulares. Sabor pronunciado e amargo.

DICAS DE VIAGEM

LOJAS DE QUEIJO
» TAYLORS & JONES: www.taylorsandjones.com
Hantverkargatan 12 – 112 21 Estocolmo, tel. +46 08 651 2910
Hötorgshallen – 111 57 Estocolmo, tel.

» ANDROUËT: www.androuet.com
Nybrogatan 6 – 114 34 Estocolmo, tel. +46 08 660 5833
Götgatan 39 – 116 21 Estocolmo, tel. +46 08 641 9020
Stora Saluhallen 99 – 411 17 Gotemburgo, tel. +46 031 711 3448

» STOCKHOLM OST & CHARK: www.stockholmostochchark.se
Birger Jarlsgatan 110 – 114 20 Estocolmo, tel. +46 08 685 6200

DELICATÉSSEN E BAR DE QUEIJO
» NK SALUHALL – NORDISKA KOMPANIET: www.nk.se/stockholm/avdelningar/nk-saluhall
Hamngatan 18-20 – 111 47 Estocolmo, tel. +46 08 762 8000
Östra Hamngatan 42 – 411 09 Gotemburgo, tel. +46 031 710 1000

FINLÂNDIA

GERAL

A Finlândia é formada por seis regiões administrativas, divididas, por sua vez, em 19 sub-regiões. Apenas cerca de 10% das terras são cultiváveis, a maioria no Sul do país, contudo produzem queijos de boa qualidade graças às sadias pastagens e ao plantel de gado leiteiro Finnish.

PRINCIPAIS QUEIJOS

Apesar de ainda não haver nenhum queijo finlandês com certificado de origem, seja DOP, IGP ou ETG, eles ainda elaboram alguns produtos tradicionais de fazenda. Seus queijos se caracterizam pela originalidade, como a adição de ovos à coalhada fresca (Munajuusto) ou o costume histórico de comer queijos ligeiramente assados em fogueiras ou lareiras (Juustoleipä).

Os principais queijos finlandeses são:

- **Juustoleipä** ou **Leipäjuusto:** 1.0 – Massa fresca. O "queijo de pão" ou "pão de queijo" é produzido em algumas fazendas e em uma fábrica da região administrativa de Oulu, no centro do país. Ele costuma ser assado em lareiras ou fogueiras, razão de sua aparência final, e depois maturado por poucos dias. É servido, geralmente, no café da manhã. É cremoso e suave por baixo de sua superfície tostada. No Norte do país, o leite de rena é tradicionalmente usado na sua elaboração.
- **Finland Swiss:** 5.1 – Massa prensada cozida, textura normal. Esse é o nome com o qual ele é exportado pela Valio, grupo de cooperativas responsável, em 2004, por cerca de 90% da fabricação de queijo no país. O primeiro Finnish Emmental foi elaborado por um suíço, em 1856, em uma fazenda em Sippola, na região administrativa da Finlândia Meridional. Atualmente, é o queijo mais produzido no país e também o mais exportado, principalmente para a Rússia e para os Estados Unidos. Vendido com vários níveis de cura, indo de 3–9 meses. De excelente qualidade, só superado pelo original helvético.
- **Kutunjuusto:** 1.0 – Massa fresca. Único queijo finlandês de cabra (*kutun*), feito em fazendas espalhadas perto de Tampere, na região administrativa da Finlândia Ocidental. Sem casca e com sabor relativamente suave.

Leipäjuusto – Vaalan Juustola   Munajuusto frito – Kuuselan Juustopuot

- **Munajuusto:** 1.0 – Massa fresca. A marca industrial Ilves® é, hoje, quase sinônimo desse queijo artesanal. Ele é feito pela adição de ovos à coalhada fresca, daí o nome "queijo de ovos". Tem com uma atrativa cor dourada. Pode também ser assado em fogueira antes da curta maturação. É suave e levemente ácido.
- **Turunmaa:** 4.1 – Massa prensada não cozida, casca lavada. Terceiro queijo mais produzido no país, foi inspirado no Cream Havarti dinamarquês. Nasceu na zona de mesmo nome, perto da cidade de Turku, região administrativa da Finlândia Ocidental. É, hoje, comercializado pela Valio com o nome de Oltermanni. É muito cremoso, delicioso e levemente picante.

DICAS DE VIAGEM

LOJAS DE QUEIJO

» LENTÄVÄ LEHMÄ: www.hakaniemenkauppahalli.fi/kauppiaat/lentavalehma.htm
Hakaniemen Kauppahall 95-97 – 00530 Helsinque, tel. +358 09 726 1030

» JUUSTOKAUPPA TUULA PAALANEN: www.juustokauppa.com
Wanha Kauppahall 73-74 – 00130 Helsinque, tel. +358 09 627 323

RESTAURANTE E BAR DE QUEIJO

» JUUSTOBISTRO: www.wanhakauppahalli.com/WanhaKauppahalli_Juustobistro.html
Wanha Kauppahall Os 1618 20 22 (Old Market Hall) – 00130 Helsinque, tel. +358 09 611 211

GRÉCIA

GERAL

O povo heleno já fabricava queijos há milhares de anos, tendo sido, sem dúvida, os primeiros europeus a fazê-lo. A mitologia é rica em referências a esse produto, assim como a literatura, como na *Odisseia* de Homero.

O país é dividido em 13 regiões administrativas, chamadas de periferias, que por sua vez subdividem-se em prefeituras. A Grécia é montanhosa, árida, tendo solos em geral pobres e rochosos, com apenas cerca de 28% de terras aráveis. Por esse motivo, os rebanhos ovinos (principalmente) e caprinos sobrepujam, em muito, os bovinos.

Em 2007, os gregos eram os maiores consumidores de queijo (*týri*, no idioma deles) do mundo, acima dos franceses, somando 29,2 quilos/ano *per capita*.

PRINCIPAIS QUEIJOS

O queijo mais produzido (cerca de 60% da produção total) e consumido no país é o Féta, que precisa até ser importado de outros países europeus para suplementar sua alta demanda.

Os queijos gregos mais exportados são o Féta, o Kasséri e o Kefalotýri, principalmente para países onde existem grandes colônias gregas. Não possuem nenhum queijo registrado como IGP, mas são 21 os certificados como Denominação de Origem Protegida (DOP), só perdendo para a França em número de registros. Entre eles, os mais importantes são:

- **Féta:** Ver a descrição a seguir neste capítulo.
- **Galotýri:** 2.3 – Massa mole, casca natural. Originário das periferias do Épiro e de Tessália, considerado um dos mais antigos queijos gregos tradicionais. Emprega leite de ovelha ou de cabra, ou ainda uma mistura dos dois. Sem casca, é vendido em recipientes de diversos tamanhos. Cura de no mínimo dois meses. Massa cremosa, sabor ácido e agradável.
- **Graviéra Agráfon:** 5.1 – Massa prensada cozida, textura natural. Elaborado na zona de Agrafon, na prefeitura de Kardissa, periferia de Tessália. De fermentação propônica, é uma das três versões helênicas de Gruyère, todas elas muito populares no país. Apesar do nome, usa apenas leite de ovelha ou

uma mistura dos leites de ovelha e de cabra. Deve ser maturado por pelo menos três meses.

- **Graviéra Krítis:** 5.1 – Massa prensada cozida, textura natural. É um dos Graviéra mais conhecidos, elaborado há séculos na ilha de Creta, na periferia de mesmo nome. Ele é produzido com leite de ovelha ou com uma mistura dos leites de ovelha e de cabra. A cura é de no mínimo três meses. Sabor adocicado e frutado.
- **Graviéra Náxou:** 5.1 – Massa prensada cozida, textura natural. Proveniente da ilha de Naxos, na prefeitura das Cíclades, periferia do Egeu Meridional. Ao contrário dos outros Graviéra, é feito com leite de vaca ou adicionado uma mescla de leite de ovelha ou de cabra, nenhum dos dois excedendo 20%. Dos três, é o menos saboroso.
- **Kasséri:** 6.2 – Massa filada curada. Elaborado nas periferias da Macedônia (todas as três, incluindo a Trácia), de Tessália e do Egeu Setentrional, na prefeitura de Lesbos. Feito de leite de ovelha ou de uma mescla de leite de ovelha com leite de cabra. Depois de ser moldado por estiramento da pasta escaldada, é curado por no mínimo três meses. Cilindro de 1–9 quilos. Lembra muito um Provolone, apesar de não ser defumado e de ser mais salgado e pungente, ficando adocicado no final da boca. Comido cru ou em pizzas gregas.
- **Kefalograviéra:** 5.1 – Massa prensada cozida, textura natural. Oriundo das periferias da Macedônia Ocidental e Épiro, e das prefeituras de Etólia-Acarnania e Euritânia, respectivamente, nas periferias da Grécia Ocidental e da Grécia Central. Produzido com leite de ovelha ou com uma mistura dos leites de ovelha e de cabra, matura por pelo menos três meses. Em características, fica entre o Kefalotýri (conhecido queijo duro, mais usado ralado e sem denominação protegida) e o Graviéra. Lembra o sabor do segundo, porém é mais salgado. Costuma ser consumido na mesa, ralado ou como *saganáki*, isto é, em fatias grossas fritas, às vezes cobertas com ovo, farinha e servidas com limão.
- **Kopanistí:** 3.1 – Massa azul, casca natural. É um dos poucos queijos azuis gregos, fabricado com leite de vaca, ovelha, cabra ou uma mescla deles, na prefeitura das Cíclades, periferia do Egeu Meridional. Sem casca, está disponível em potes cerâmicos de várias dimensões. Tem sabor forte, apimentado e salgado.
- **Manoúri:** 7.1 – Massa de soro fresca. Tradicional das periferias da Macedônia Ocidental, Macedônia Central e de Tessália. A receita leva soro de leite de ovelha, de cabra ou uma mistura dos dois, ao qual se adiciona creme. Depois de a mistura de leite e creme ser aquecida e drenada em panos, o queijo está pronto para consumir. A massa é fundente e o flavor muito peculiar.

- **Xynomyzíthra Krítis:** 7.2 – Massa de soro prensada. Especialidade milenar da ilha de Creta, feito com soro de leite de ovelha ou de cabra, ou com uma mescla dos dois. Também recebe a adição de um pouco de creme, sendo em seguida prensado e maturado por no mínimo dois meses. Vendido em potes, sem casca. Massa mole, com textura granular a cremosa. Sabor forte e adocicado.

Os outros queijos com DOP são: Anevató, Bátzos, Formaélla Aráchovas Parnassoú, Kalatháki Límnou, Katíki Domokoú, Ladotýri Mytilínis, Metsovóne, Pichtógalo Xaníon, San Micháli, Sféla e Xýgalo Sitéas.

QUEIJOS FAVORITOS

O meu queijo grego predileto é o internacionalmente famoso Féta, amado pelos helenos.

** FÉTA (DOP)

Classe: 2.3 – Massa mole, casca natural.
Leite: Pasteurizado de ovelha (100%) ou ovelha e até 30% de cabra.
País: Grécia.
História: Produzido no país desde tempos muito antigos, foi mencionado por Homero na *Odisseia*, no século VIII a.C.
Região: Nas zonas montanhosas e semimontanhosas de Macedônia, Trácia, Épiro, Tessália, Grécia Central, Peloponeso e prefeitura de Lesbos.
Origem do nome: Literalmente "fatia", originado no século XVII, provavelmente devido à prática de ser fatiado antes de acondicionado em barris.

Féta

Formato: É cortado em retângulos e colocado em barris de madeira ou em latas de estanho (na Grécia) ou embalado a vácuo em plástico (no exterior).
Dimensões: Variáveis.
Peso: Variável.
Gordura: Mínimo de 43%.
Cura: No próprio soro com salmoura, em barris de madeira ou recipientes metálicos, por no mínimo dois meses.
Descrição: É um dos DOPs gregos. É o queijo mais popular e o mais consumido do país, tanto que a produção nacional é insuficiente para o consumo, obrigando o país a também importá-lo. A prática de conservá-lo em salmoura é muito antiga, e aqueles destinados à exportação levam maior quantidade de sal, pois assim são mais bem conservados. Portanto, antes de consumir um queijo muito salgado, é preciso deixá-lo de molho em água fria por um tempo. Sem casca, possui massa branca quebradiça, com vários pequenos buracos. Tem odor característico e sabor salgado e levemente acídulo. Na Grécia, é consumido principalmente em *mezzés* (aperitivos) e saladas.

DICAS DE VIAGEM

LOJAS DE QUEIJO
» PANTOLEIO TIS MESOGEIAKIS DIATROFIS
Sofokleous 1 – 10559 Atenas, tel. +30 210 323 4612

» MOIROPOULOS DIMITRIOS
Benaki Emmanouil 31 – 10678 Atenas, tel. +30 210 381 8846

» THYMARI TOU STREFI
Kallidromiou 51A – 10681 Atenas, tel. +30 210 330 0384

» MANDRAGORAS
Dimitriou Gounari 14 – 18531 Pireu, Ática, tel. +30 210 417 2961

FEIRA E MERCADO DE QUEIJO
» VARVÁKELOS AGORÁ (MERCADO CENTRAL)
Athinas 42 – 10551 Atenas, tel. +30 210 321 2922

Estados Unidos

GERAL

Os Estados Unidos são compostos por 50 estados federados, subdivididos em condados. Praticamente todos os estados fabricam queijo, mas a produção concentra-se no Wisconsin (apelidado de "a terra do queijo") e na Califórnia.

O país é o maior produtor mundial, com volume pelo menos duas vezes maior do que a Alemanha. É o sétimo maior exportador mundial e o vigésimo terceiro em consumo *per capita*.

A gama de queijos produzidos é muito ampla, com cerca de 400 variados tipos, mas, em sua imensa maioria, não são queijos diferenciados. Alguns são tipicamente americanos; outros, imitações de queijos europeus. Ultimamente o quadro está mudando, pois estão surgindo diversos fabricantes de queijos artesanais por todo o país.

Outra grande limitação dos queijos norte-americanos é a exigência de que os laticínios elaborados com leite cru devam ter pelo menos 60 dias de maturação.

PRINCIPAIS QUEIJOS

Os dois queijos mais produzidos no país – mais de 60% da produção total – são a Muçarela e o tipo Cheddar. Ambos são majoritariamente de uso culinário, na elaboração de pizzas e hambúrgueres.

Os Estados Unidos ainda não possuem nenhum queijo com registro de Denominação de Origem Protegida (DOP) nem de Indicação Geográfica Protegida (IGP). Mesmo assim, dispõem de alguns queijos de padrão mundial, tais como:

- **Brick:** 4.1 – Massa prensada não cozida, casca lavada. É um dos queijos "American Originals", criado por volta de 1877, no Wisconsin. Obtido de leite de vaca cru (com no mínimo 60 dias de cura) ou pasteurizado. Wisconsin continua sendo o maior produtor desse tipo de queijo, comercializado em três versões: *mild*, *medium* e *aged*. O mais característico é o Aged Brick, produzido com leite cru, o qual possui flavor pungente causado pelas bactérias que, devido à cura biológica, depositam-se em sua casca lavada. É um dos bons queijos norte-americanos.
- **Cheddar** ou **American Cheddar:** 4.4 – Massa prensada não cozida, pasta triturada por *cheddaring*. Feito com leite de vaca cru (no mínimo 60 dias de cura)

ou pasteurizado. Disponível em várias versões, tais como: *mild* (cura de 2–3 meses), *sharp* (5–8 meses), *extra sharp* (9–14 meses), *reserve* (18 meses), *vintage* (24 meses) e *private reserve* ou *grand reserve* (2–7 anos). A produção está concentrada no Wisconsin, porém os melhores Cheddars são produzidos em Vermont, sendo eles: Cabot Vintage Choice 2 Year, Deer Creek Proprietor's Grand Reserve 7 Year, Grafton Village Unpasteurized 4 Year Aged e Shelburne Farms Two-year.

- **Colby:** 4.4 – Massa prensada não cozida, pasta triturada. É um dos queijos "American Originals", desenvolvido em 1885, no condado de Colby, no Wisconsin. Procedente de leite de vaca cru (com no mínimo 60 dias de cura) ou pasteurizado. A massa não passa pelo processo de *cheddaring*, mas é lavada com água fria para evitar que os coágulos se aglomerem. Ele não é curado e resseca rapidamente. Tem flavor suave, similar a um jovem Cheddar, com o mesmo tipo de textura firme, granulada, porém mais macia, elástica e úmida.
- **Coupole®:** 2.3 – Massa mole, casca natural. É um dos queijos "American Originals", surgido recentemente em Vermont. É considerado o melhor queijo de cabra norte-americano, premiado em diversos concursos. Produzido com leite pasteurizado, tem formato de domo com 225 gramas. Sua característica principal é o contraste entre o flavor fortemente caprino da casca curada e o sabor fresco e delicado do interior. Tem textura dura e sabor suave.
- **Liederkranz®:** 2.2 – Massa mole, casca lavada. É um dos queijos "American Originals", surgido em Nova York, no final de 1800, como uma réplica do Limburger alemão. A receita migrou de Nova York para Ohio, em 1926, antes de finalmente encontrar uma nova casa no Wisconsin, onde há uma base de fãs de produtos alemães entusiasmados. Produzido com leite de vaca, tem textura macia e cremosa e flavor robusto, porém mais suave que o do Limburger. É um dos bons queijos norte-americanos.
- **Maytag Blue®:** 3.1 – Massa azul, casca natural. É um dos "American Originals" mais famosos, considerado o melhor queijo azul do país. Surgiu em 1941, em Iowa, e é feito manualmente com leite de vaca da fazenda e maturado por cerca de quatro meses em cavernas. Vendido em formato de tambor, com cerca de 1,8 quilo. Tem uma aparência bem alva, com veios azul-esverdeados, e sabor cremoso e delicado.
- **Monterey Jack** ou **Jack:** 4.3 – Massa prensada não cozida, casca natural. É um dos queijos "American Originals". Desenvolvido em 1882, no condado de

Monterey, na Califórnia, com leite de vaca pasteurizado. Hoje, é um dos queijos mais populares do país. Geralmente comercializado com um mês de cura. Tem sabor suave e amanteigado. Produzido em duas versões:

Monterey Jack: umidade máxima de 44%, com textura semifirme a firme

High-moisture Jack: umidade mínima de 44% e máxima de 50%, com textura amanteigada

- **Monterey Dry Jack** ou **Dry Jack:** 5.2 – Massa prensada cozida, textura granulada. Surgiu casualmente em 1915, quando um vendedor de queijo deixou um lote de Monterey Jack estocado por mais tempo que o usual. É um dos queijos "American Originals". Tem textura dura a muito dura (exigindo ser ralado), dependendo da idade, e pode ser curado por sete meses até vários anos. O seu sabor é adocicado, amendoado e picante.
- **Vermont Shepherd®:** 4.3 – Massa prensada não cozida, casca natural. É um dos queijos "American Originals" cuja origem data de 1993, em Vermont. Proveniente de leite cru de ovelha da fazenda, sendo o mais laureado queijo desse tipo no país. Elaborado em duas versões: Verano (100% de ovelha) e Invierno (de ovelha e vaca). O mais emblemático é o Verano, produzido no estilo dos queijos dos Pirineus bascos, sazonalmente, apenas no verão e maturado por 3-6 meses. A textura é macia e cremosa, o flavor rico, terroso e com notas de ervas.

DICAS DE VIAGEM

LOJAS DE QUEIJO

» MURRAY'S CHEESE SHOP: www.murrayscheese.com
254 Bleecker St. – 10014 Greenwich Village, Manhattan, Nova York, tel. +1 212 243 3289
43rd St. & Lexington – 10017 Grand Central Market, Manhattan, Nova York, tel. +1 212 922 1540

» ARTISANAL PREMIUM CHEESE: www.artisanalcheese.com
483 Tenth Ave – 10018 Midtown West, Nova York, tel. +1 212 239 1200

» BEDFORD CHEESE SHOP: www.bedfordcheeseshop.com
229 Bedford Ave – 11211 Brooklin, Nova York, tel. +1 718 599 7588
67 Irving Place – 10003 Manhattan, Nova York, tel. +1 718 599 7588

» **FAIRWAY MARKET:** www.fairwaymarket.com
Rede de supermercados com diversas lojas em Nova York.

» **CHEESE PLUS:** www.cheeseplus.com
2001 Polk St. – 94109 Nob Hill, San Francisco, tel. +1 415 921 2001

» **COWGIRL CREAMERY:** www.cowgirlcreamery.com
1 The Embarcadero, No. 17, Ferry Building – 94105 San Francisco, tel. +1 415 362 9354

» **SAY CHEESE:** www.saycheesesf.com
856 Cole St. – 94117 San Francisco, tel. +1 415 665 5020

» **THE CHEESE COURSE:** www.thecheesecourse.com
3451 NE First Ave Unit 100 – 33137 Midtown, Miami, tel. +1 786 220 6681
200 South Biscayne Blvd. Suite 450A – 33131 Downtown, Miami, tel. +1 305 381 8101
Diversas outras lojas no estado da Flórida, inclusive em Boca Raton.

» **MARKY'S:** www.markys.com
687 N.E. 79th St. – 33138 Shorecrest, Miami, tel. +1 305 758 9288

RESTAURANTES E BARES DE QUEIJO

» **MURRAY'S CHEESE BAR:** www.murrayscheesebar.com
264 Bleecker St. – 10014 Greenwich Village, Manhattan, Nova York, tel. +1 646-476 8882

» **ARTISANAL FROMAGERIE & BISTRO:** www.artisanalbistro.com
2 Park Ave – 10016 Manhattan, Nova York, tel. +1 212 725 8585

» **CASELLULA CHEESE & WINE CAFÉ:** www.casellula.com
401 W. 52nd St. – 10019 Manhattan, Nova York, tel. +1 212 247 8137

» **MISSION CHEESE:** www.missioncheese.net
736 Valencia St. – 94110 Inner Mission, San Francisco, tel. +1 415 553 8667

» **THE CHEESE COURSE:** www.thecheesecourse.com
3451 NE First Ave Unit 100 – 33137 Midtown, Miami, tel. +1 786 220 6681
200 South Biscayne Blvd. Suite 450A – 33131 Downtown, Miami, tel. +1 305 381 8101

Compra e Armazenamento

COMPRA

A compra dos queijos é de fundamental importância. Se não for realizada com a devida atenção, podemos adquirir um produto que não tenha sido bem fabricado ou que já tenha passado do ponto certo de consumo.

Infelizmente, no Brasil ainda não existe *affineur* ou *fromager*, profissional que matura o queijo em sua cave e o vende considerando o dia em que o cliente pretende consumi-lo. Os principais cuidados a serem tomados na compra são:

EVITAR

- Queijo de massa mole que esteja se desmanchando em demasia. Ao contrário do que se pode pensar, a sua elaboração foi defeituosa, sem o esgotamento suficiente de água. Essa característica pode tornar o queijo bastante picante, em muitos casos, devido ao excesso de fermentação láctica.
- Queijo de massa mole cheirando a amônia. Nesse caso, ele só irá agradar a uns poucos que gostam do sabor excessivamente pronunciado de queijo já "passado".
- Queijo azul ressecado, pois perdeu a untuosidade.
- Queijo azul que tenha passado do ponto de consumo, pois seu sabor torna-se saponificado (com gosto de sabão).
- Queijo do Reino que demonstre a presença de água ao agitar a lata. Isso indica que ele foi enlatado antes do tempo ideal de cura, isto é, com menos de dois meses.

Cave de queijos – Poncelet, Madri

- Queijo de casca dura ou semidura com sinal de inchaço anormal, pois pode não ter sido bem fermentado e apresentar gosto amargo e desagradável.
- Queijo de massa prensada cozida ainda muito claro, pois denota um produto jovem, com textura algo borrachuda e quase sem gosto.
- Provolone com excesso de pequenas olhaduras (defeito) e muito claro (pouco curado).

PREFERIR
- Queijo de massa mole de formas maiores (Brie) e mais altas (Camembert). Em ambas condições, se terá mais massa e menos casca, além de indicar uma cura mais longa, portanto um gosto mais expressivo.
- Queijo de cabra jovem e tenro. Ao envelhecer (mais de três semanas), ele resseca e torna-se tão duro quanto pedra, adquirindo um flavor excessivamente pungente.
- Queijo azul de formas grandes (evitar os triangulares). Esse tipo de queijo é de conservação difícil, e os pequenos formatos ressecam com mais facilidade.
- Queijo de massa prensada cozida com olhaduras esféricas, equidistantes e de tamanho moderado. Ao contrário do que muitos pensam, grandes buracos ovais e muito próximos provam apenas que a fermentação propiônica foi mal conduzida, o que deixa o queijo sem gosto ou picante.
- Queijo Gruyère suíço com pequenas fissuras horizontais na massa, pois denota um maior teor de gordura.
- Queijo gigante (Beaufort, Comté, Emmental ou Gruyère) que "chore". Nesse caso, os buracos ficam umedecidos com soro misturado ao sal, como consequência de envelhecimento por cerca de um ano, em condições ideais. É sinal de um produto de muita qualidade.
- Queijo Parmesão que apresente cristais brancos distribuídos na massa, indicando longa maturação.

> *"O queijo e as charcutarias devem ser consumidos em pequenas porções."*
> BENJAMIN FRANKLIN

ARMAZENAMENTO

O queijo deve ser armazenado corretamente para manter suas características originais. A maioria deles deve ser guardada em gaveta própria dos refrigeradores, onde eles permanecem na temperatura e na umidade corretas (5–10ºC; 80–95%). Devem estar bem fechados, acondicionados em sacos plásticos ou envolvidos em papel-alumínio. Atenção: nunca leve o queijo ao congelador. Ele vai ressecar em demasia, perdendo sua textura e prejudicando irreversivelmente seu flavor.

Os queijos azuis são os mais delicados no armazenamento, pois podem ressecar rapidamente. Eles precisam ficar em locais mais úmidos, a 95%. Poucos queijos, como o Parmesão, o tipo Suíço, o Provolone e o Queijo do Reino em lata, podem ser conservados fora da geladeira, desde que em locais frescos (18ºC). Porém, se um queijo duro ou semiduro mantido fora da geladeira tiver a superfície cortada, ela deve ser protegida com um pano úmido.

Os mofos que porventura apareçam sobre a casca dos queijos devem ser eliminados regularmente com um pano úmido molhado em salmoura.

As condições ideais de estocagem de cada tipo de queijo são as seguintes:

Queijo	Temperatura (ºC)	Umidade (%)	Embalagem
Fresco	5	80-85	Saco plástico
Mole florido	5-8	85	Papel-alumínio dentro de caixa papelão
Mole lavado	6-9	90	Papel-alumínio dentro de caixa de papelão
Cabra	5-8	90	Sem contato com ar
Azul	5-7	95	Pano úmido dentro de caixa plástica
Semiduro	6-8	85	Sem contato com ar
Duro	8-10	80	Cortado em peças, em saco plástico
Processado	5-9	85	Pote

EVOLUÇÃO

Todos os queijos, ao longo de sua vida útil, têm as características principais alteradas. Quanto mais jovem é o queijo, menos intenso é seu sabor, que se pronuncia com o passar do tempo.

A duração de um queijo está intimamente relacionada a sua consistência. Quanto mais duro ele for, mais longevo será, pois tem menos água.

Para ajudar a escolher quando consumi-los, segundo os paladares pessoais, apresentamos o quadro abaixo.

Sabor	(Dias) Típico	(Dias) Passando
Frescos: Minas Frescal	7	15
Moles floridos: Brie de Meaux	30	45
Camembert	35	60
Chaource	40	60
Moles lavados: Serra da Estrela Amanteigado	30	60
Taleggio	40	90
Pont-l'Évêque, Munster	45	60
Époisses, Livarot, Maroilles	90	120
Moles naturais: Rocamadour	10	30
Sainte-Maure, Valençay	30-35	45-50
Crottin de Chavignol	60	90
Azuis: Bleu de Bresse	30	60
Saint-Agur	60	75
Roquefort, Gorgonzola	90	120
Blue Stilton, Fourme d'Ambert	120	150
Prensados lavados: Reblochon	35	60
Saint-Paulin, Itálico	60	90
Tilsit	70	120
Tête de Moine	90	120
Prensados mistos: Saint-Albray	20	45
Prensados naturais: Saint-Nectaire, Fontina	60	90
Gouda, Edam	70	120
Queijo do Reino	90	120
Etorki, Cablanca	90	150
Prima Donna Azul	120	180
Prensados triturados: Cheddar, Cantal	90	270
Cozidos normais: Emmental	120	300
Gruyère, Beaufort, Comté	180	360
Cozidos granulados: Parmesão, Grana	360	1440
Filados: Provolone Pequeno	60	120
Provolone Grande	75	150

Serviço e consumo

TEMPERATURA

A temperatura ideal para servir os queijos, assim como os vinhos tintos, é ambiente, ou seja, na faixa de 17-20ºC. Os frescos a 17-18ºC, um pouco mais frios que os moles, semiduros e duros a 19-20ºC. Nesses níveis de temperatura temos a garantia da liberação plena dos aromas do queijo.

Dessa forma, os queijos devem ser retirados da geladeira com antecedência de cerca de 60 minutos ou até 120 minutos, no caso dos queijos prensados de massa não cozida ou cozida.

CORTE

O corte nunca deve ser feito em cubos, pois impossibilita saber qual queijo está sendo servido e leva ao ressecamento e à oxidação. A única exceção são os eventos com muitos participantes, quando podem ser servidos em cubos, mas sempre ao lado da embalagem ou da peça original.

A técnica de corte deve repartir equalitariamente a casca e a pasta, e ao mesmo tempo facilitar o posterior armazenamento. Para um corte perfeito, mergulhe a faca em água quente, mas utilize-a seca.

Veja, abaixo, algumas formas recomendadas de cortar diversos tipos de queijo.

1. CILÍNDRICOS BAIXOS

Pequenos (Camembert)   Médios (Munster)   Grandes (Brie)

2. QUADRANGULARES BAIXOS   3. CILÍNDRICOS BAIXOS

Pequenos (Pont l'Évêque)   Muito pequenos (Crottin de Chavignol)

4. CILÍNDRICOS HORIZONTAIS   5. PIRAMIDAIS ALTOS

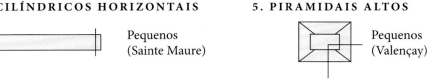

Pequenos (Sainte Maure)   Pequenos (Valençay)

6. RETANGULARES BAIXOS

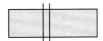 Médios
(Port Salut)

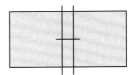 Grandes
(Taleggio)

7. ESFÉRICOS

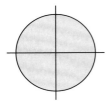 Médios
(Queijo do
Reino, Edam)

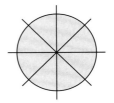 Grandes
(Mimolette)

8. CILÍNDRICOS BEM ALTOS

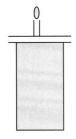

Pequenos
(Tête de Moine)

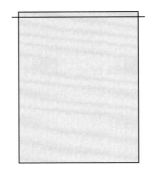

Grandes, tipo tambor
(Fourme d'Ambert,
Stilton)

9. CILÍNDRICOS ALTOS

 Grandes, tipo roda
(Gruyère, Emmental, Gouda)

10. CILÍNDRICOS HORIZONTAIS

 Grandes
(Provolone)

VALOR NUTRITIVO

O queijo é um alimento completo, com alto teor proteico, que pode inclusive substituir a carne. Tem alta digestibilidade, maior que a carne, pois a caseína do leite é facilmente assimilada pelo intestino.

O teor de gordura do queijo varia dependendo do tipo, podendo os menos gordurosos serem consumidos em dieta de baixa caloria. Também é praticamente isento de açúcares, já que a lactose do leite é transformada em ácido láctico durante a fabricação.

Além disso, é rico em sais minerais e em vitaminas. O queijo só tem carência de vitamina C e de fibras, que podem ser supridas, respectivamente, pelo vinho e pelo pão, seus grandes companheiros.

Sob o aspecto nutritivo, o queijo é realmente um alimento muito importante; apenas 100 gramas desse laticínio proveem 40% das necessidades diárias de proteína (30 gramas), 30% das de gordura (31 gramas), 50% das de fósforo (0,6 gramas) e mais de 100% da dose diária recomendável de cálcio (1,1 gramas).

CALORIAS

Quanto menos calorias um queijo tem, mais água ele possui.

Do ponto de vista calórico, 100 gramas de queijo fornecem as seguintes quantidades de calorias:

Queijo	Calorias/100 gramas
Frescos	100-200
Chèvre	280-380
Camembert, Couloummiers	300
Pont-l'Évêque, Livarot	300
Maroilles	325
Brie	330
Port Salut	360
Roquefort, Gorgonzola	360
Gouda	365
Edam	375
Parmesão	390
Emmental	400
Cheddar	400
Cantal	600

* Cem gramas de leite contém cerca de 66 calorias.

Fonte: Courtine, Robert J. *Dictionaire des fromages* e Eekhof-Stork, Nancy *The world atlas of cheese*.

LACTOSE

Os leites de vaca e de cabra possuem os maiores teores de lactose, respectivamente, 5% e 4,9%. Já os leites de ovelha e de búfala, por terem 4,2% de lactose, resultam em queijos com menor presença desse açúcar. Verifique a tabela nutricional do queijo: se o teor de carboidratos for zero, significa que ele é isento de lactose.

De acordo com Marcelo Resende de Souza, professor da Universidade Federal de Minas Gerais (UFMG) e especialista em microbiologia do leite e de seus derivados, na matéria "Existe queijo sem lactose?" divulgada no site portalacteo.com.br, em 29/1/2015, quanto maior o tempo de cura de um queijo, menor a quantidade de lactose em sua composição. O fenômeno que explica esse fato é a degradação da lactose causada pela enzima lactase presente, transformando-a em ácido láctico. Portanto, quanto mais seco for um queijo, menos lactose ele terá.

Alguns queijos da família Grana, como o Parmegiano-Reggiano, maturado por vários anos, podem, inclusive, adquirir teor de lactose próximo a zero.

Exemplos de teor médio de lactose em alguns produtos lácteos:

Leite integral, semidesnatado ou desnatado	4,9%
Manteiga	0,9%
Ricota	3,6%
Muçarela *light*	3,1%
Muçarela de búfala	2,0%
Gorgonzola	1,2%
Cheddar	1,0%
Parmesão	1,0%

Fonte: U. S. National Diary Council

FORMAS DE CONSUMO

Os queijos podem ser servidos à francesa, isto é, durante as refeições, logo após a salada para neutralizar a acidez, antes da sobremesa ou como refeição completa. No último caso, o ideal é servir no mínimo quatro e no máximo seis tipos. Queijos frescos (exceto de cabra e ovelha) e processados não devem ser servidos em bandeja.

Recomenda-se calcular 100 gramas por pessoa, quando servido ao final do jantar, ou 200-250 gramas (cerca de 50 gramas de cada queijo por pessoa), quando o queijo for servido como refeição completa.

Eles devem ser comidos obedecendo à ordem de sabor, isto é, dos mais fracos para os mais fortes. O mais recomendado é que cada queijo seja apresentado em bandeja separada (principalmente os mais fortes), com sua própria faca, e identificado pela sua embalagem ou etiqueta.

Acompanhando os queijos, devem ser servidos, preferencialmente:

- Dois tipos de vinho seco (branco e tinto), no máximo três (o terceiro sendo um Sauternes ou um Porto). Se for servir apenas um vinho seco, escolha um Pinot Noir ou um Chardonnay.
- Diversos tipos de pães (baguete francesa, pão italiano, *ciabatta*, pão preto etc.) e torradas.
- Manteiga sem sal (opcional), pois a maioria dos queijos já é salgada. Esse hábito é muito praticado na França. Gosto particularmente de empregá-lo acompanhando queijos azuis.
- Algumas pessoas gostam de limpar o paladar com frutas, além do pão. As mais usuais são uva (refresca), maçã (para floridos) e pera (para os azuis).
- Frutos secos: nozes, amêndoas, avelãs.

Ao término de um banquete de queijos, costumo sempre servir um prato quente, para transmitir ao estômago uma sensação agradável de conforto. Nesse caso, pode-se optar por *fondue* de queijo, *raclette*, sopa de cebolas gratinada ou outro prato de seu agrado.

"O queijo constitui, junto com o pão e o vinho,
a trindade da mesa europeia."
Michel Tournier

TÁBUA DE QUEIJOS

Caso queira servir seis queijos, escolha um queijo de cada uma das categorias listadas abaixo. No caso de cinco queijos, selecione um de cabra/ovelha (fresco), um de casca florida, um de casca lavada, um semiduro/duro ou de cabra/ovelha (curado) e um azul. Para quatro queijos, opte por um de cabra/ovelha (fresco), um de casca florida ou casca lavada, um semiduro/duro ou de cabra/ovelha (curado) e um azul.

Considerando os queijos disponíveis atualmente no mercado brasileiro, sugiro:

Tábua de queijos – Caseus

CABRA/OVELHA (FRESCO)
- Chèvre à l'Huile (c): Chèvre d'Or
- Bûchette Naturel (c): Président*
- Buchette (c): Paulocapri
- Chavroux (c): Bongrain*
- Sainte-Maure (c): Paulocapri, Président
- Féta (o): Lacaune

CASCA FLORIDA
- Brie de Meaux: Rouzaire*
- Brie: Campo Lindo, Isigny Sainte-Mère*, Polenghi Sélection**, Serra das Antas
- Camembert: Campo Lindo, Isigny Sainte-Mère*, Polenghi Sélection**, Rouzaire*, Serra das Antas
- Cremosissimo L'Originale: Bergader*
- Brillat-Savarin: Rouzaire*
- Chaource: Rouzaire*
- Coulommiers: Rouzaire*
- Brie de Chèvre (c): Soignon*

CASCA LAVADA
- Pont l'Évêque: Isigny Sainte-Mère*, Serra das Antas
- Reblochon: Serra das Antas
- Taleggio: Brescialat*, Giovanni Colombo*, Serra das Antas
- Tête de Moine: Emmi*

SEMIDURO/DURO
- Gruyère: Emmi*, Polenghi Sélection**
- Emmental: Emmi*, Polenghi Sélection**
- Comté: Président*
- Petit Cantal: Cantorel/Les Fromageries Occitanes*
- Raclette: Emmi*
- Fontina: Duclos Eliseo*
- Prima Donna Fino – rótulo azul: Friesland*
- Cheddar: Joseph Heller*
- Reino: Palmyra, Jong
- Minas Artesanal Canastra (várias fazendas)
- Minas Artesanal Serra do Salitre (várias fazendas)
- Prato Esférico ou Creme Bola: Boa Nata
- Serrano Artesanal (várias fazendas)
- Provolone Valpadana Dolce: Albiero*
- Provolone Valpadana Piccante: Albiero*
- Provolone: Tânia

CABRA/OVELHA (CURADO)
- Cablanca (c): Friesland*
- Etorki (o): Bongrain*
- Serra da Estrela Amanteigado (o): Casa dos Queijos*, Casa Matias*
- Queijo de leite de ovelha curado (o): Anastácio & Filhos*
- Manchego (o): Villacenteno/García Baquero*, Maese Miguel/Rocinante*

AZUL
- Blue Stilton: Long Clawson*
- Roquefort (o): Lacaune, M. Grimal*, Societé*
- Fourme d'Ambert: Cantorel/Les Fromageries Occitanes*

- Gorgonzola Dolce: Giovanni Colombo*, Igor*
- Gorgonzola Piccante: Giovanni Colombo*, Igor*
- Gorgonzola: Polenghi Sélection**, Skandia
- Saint Agur: Bongrain*
- Danablu: Emborg*
- Bavaria Blu: Bergader*
- Bleu de Bresse: Polenghi Sélection**
- Azul do Bosque (c): Capril do Bosque

Notas:
(*) Queijo importado
(**) Polenghi Sélection é uma marca do Mercosul, a qual comercializa queijos brasileiros, argentinos e uruguaios.

ORDEM DE PRECEDÊNCIA

Com relação à intensidade de sabor, os queijos finos podem ser classificados conforme os níveis a seguir, dependendo do estágio de maturação em que se encontram.

A maioria deles não passa do terceiro nível (suave). Geralmente, quanto mais espesso é um queijo de uma categoria, mais forte é o seu flavor, desde que ele esteja maduro. Mas existem exceções: normalmente, os queijos curados de cabra e de ovelha são mais fortes do que os de vaca.

FRESCO
Minas Frescal, Boursin®, Chèvre Frais (c), Chèvre à l'Huile (c), Féta (o), Cottage.

MUITO SUAVE
Brillat-Savarin, Selles-sur-Cher (c), Vacherin Fribourgeois, Saint-Paulin, Itálico, Edam, Minas Artesanal, Minas Padrão, Prato Esférico, Coalho Artesanal, Artesanal Serrano.

SUAVE
Brie de Meaux, Chaource, Mont-d'Or, Rocamadour (c), Sainte-Maure (c), Valençay (c), Bleu de Bresse®, Bavaria Blu®, Reblochon, Taleggio, Tilsit, Saint-Albray®, Saint-Nectaire, Morbier, Fontina, Gouda, Reino, Cablanca® (o), Prima Donna Azul®, Emmental, Maasdam, Provolone Dolce.

POUCO PRONUNCIADO
Camembert, Brie de Melun, Pont l'Évêque, Port-Salut®, Chabichou (c), Lingot des Causses (c), Blue Stilton, Gorgonzola, Saint-Agur®, Torta del Casar (o), Serra da Estrela Amanteigado (o), Tête de Moine, Raclette, Ossau-Iraty (o), Etorki® (o), Prima Donna Vermelho®, Cantal, Cheddar, Comté, Beaufort, Gruyère, Manchego (o), Parmigiano-Reggiano, Grana Padano.

PRONUNCIADO
Époisses, Livarot, Munster, Maroilles, Herve Remoudou, Crottin de Chavignol (c), Fourme d'Ambert, Danablu, Limburger, Provolone Piccante.

MUITO PRONUNCIADO
Niolo (o/c), Roquefort (o), Bleu d'Auvergne, Cabrales (v+c+o), Pecorino Sardo (o), Pecorino Siciliano (o), Pecorino Romano (o).

> *"O queijo é certamente o melhor dos alimentos e o vinho a melhor das bebidas."*
> PATIENCE GRAY

HARMONIZAÇÃO COM VINHOS

Costumo brincar dizendo: "O único casamento que dá certo a três é o do queijo, pão e vinho". Curiosamente, os três são resultantes da fermentação!

Apesar de muitos acharem que queijo vai bem com vinho tinto, diversos especialistas concordam que o vinho branco harmoniza melhor que o tinto. A acidez do vinho branco associa-se perfeitamente com a do queijo. Prefira tintos maduros a jovens, e tintos leves a concentrados, pois muito tanino traz amargor ao queijo.

Regras de harmonização: por similaridade (ácido × ácido), por contraste (salgado × doce) ou por características complementares. Abaixo indicamos algumas harmonizações recomendadas para queijos e vinhos.

MASSA FRESCA (1.0)
Minas Frescal, Boursin: branco meio seco, rosado meio seco.
Chèvre à l'Huile (c), Chèvre Frais (c): branco leve seco (Sauvignon Blanc, Chenin Blanc).

MASSA MOLE, CASCA FLORIDA (2.1)
Brie, Camembert: branco encorpado seco (Bourgogne, Chardonnay barricado), tinto fino (Bourgogne, Pinot Noir).
Chaource: espumante bruto (Champagne).
Brillat-Savarin (*triple crème*): branco acídulo seco (Chablis), tinto acídulo (Beaujolais Cru).

MASSA MOLE, CASCA LAVADA (2.2)
Pont-l'Évêque, Époisses: tinto bem maduro (Saint-Emilion), tinto fino (Bourgogne, Pinot Noir).
Taleggio: tinto acídulo macio (Barbera Barricatto).
Munster: branco aromático seco (Alsace Gewürztraminer).
Herve: cerveja ale escura belga trapista (Tripel Karmeliet).

MASSA MOLE, CASCA NATURAL (2.3)
Rocamadour (c), Sainte-Maure (c): branco acídulo seco (Sancerre, Pouilly-Fumé), tinto acídulo leve (Chinon).
Féta (o): branco acídulo seco (Santoríni Assýrtiko).

MASSA AZUL, CASCA NATURAL (3.1)
Roquefort (o): branco doce (Sauternes).
Blue Stilton: tinto licoroso doce (Porto Vintage).
Gorgonzola: branco doce (Recioto di Soave), tinto doce (Recioto della Valpolicella), tinto alcoólico (Amarone).

MASSA PRENSADA NÃO COZIDA, CASCA LAVADA (4.1)
Reblochon, Port-Salut: branco encorpado seco (Bordeaux Blanc), tinto.
Serra da Estrela Amanteigado (o): tinto elegante (Dão), tinto licoroso doce (Porto Colheita, Porto Tawny 10 Anos).

MASSA PRENSADA NÃO COZIDA, CASCA NATURAL (4.3)
Prato, Gouda, Queijo do Reino: branco seco, rosado seco, tinto fino (Bordeaux).
Saint-Nectaire, Morbier: tinto encorpado macio (Châteauneuf-du-Pape).
Ossau-Iraty (o): tinto robusto (Madiran).
Manchego (o): branco licoroso seco (Jerez Amontillado).

MASSA PRENSADA NÃO COZIDA, PASTA TRITURADA (4.4)
Cheddar, Cantal: tinto robusto (Hermitage).

MASSA PRENSADA COZIDA, TEXTURA NORMAL (5.1)
Gruyère, Emmental: tinto fino (Bourgogne), branco encorpado seco, rosado seco.

MASSA PRENSADA COZIDA, TEXTURA GRANULADA (5.2)
Parmigiano-Reggiano, Grana Padano: branco encorpado meio seco (Alsace Pinot Gris).

MASSA PROCESSADA (8.0)
Queijo de Manteiga, Catupiry: rosado seco.

COMO SABOREAR

Um assunto assaz polêmico com relação ao serviço de queijo é se devemos ou não comer as cascas dos queijos moles de casca florida, como o Brie e o Camembert. Particularmente, prefiro não comê-las, e esse gosto coincide com a posição do renomado e falecido mestre francês Pierre Androuët. Outros especialistas não são tão enfáticos a esse respeito, deixando a opção para o paladar de cada pessoa.

A degustação de queijos guarda muitas semelhanças com a de vinhos, pois envolve exames de natureza visual, olfativa e gustativa.

A legislação brasileira, por meio do Decreto nº 30.691, de 29/3/1952, no artigo 603 (hoje revogado), recomendava que a degustação de um queijo levasse em consideração os seguintes parâmetros:

Exame	Pontuação
Apresentação (embalagem e acabamento)	5
Cor	10
Textura (olhadura e granulação)	15
Consistência (dureza e untuosidade)	20
Paladar (sabor e aroma)	50
Total	100

Prefiro usar a ficha abaixo, por mim desenvolvida a partir de uma ficha de degustação de vinho, também de minha autoria.

Quesitos	Pontos
Visual	**10**
Aspecto (casca e massa)	5
Cor (casca e massa)	5
Olfativo	**20**
Aroma (qualidade)	15
Aroma (intensidade)	5
Gustativo	**50**
Textura (olhadura e granulação)	10
Consistência (dureza e untuosidade)	15
Sabor (qualidade)	15
Sabor (intensidade)	10
Retrogustativo	**20**
Retrogosto (qualidade)	10
Retrogosto (persistência)	10
Total	**100**

Queijos moles, azuis e semiduros liberam seus aromas no paladar. Por isso, eles devem ser degustados pressionando-os, com a língua, contra o palato. Queijos duros ou picantes são degustados com as papilas da ponta da língua.

Contudo, mais importante do que avaliar e pontuar um queijo é degustá-lo, simplesmente apreciando todas as suas inúmeras qualidades.

CULINÁRIA

USO NA CULINÁRIA

O queijo, além de poder ser comido *in natura*, possui vários usos culinários, sendo em muitos casos sua participação fundamental no resultado final. Como exemplo, relacionamos a seguir os principais usos do queijo na cozinha.

Salgado	Queijo
Aligot	Tomme d'Aligot
Bratkäse (tipo de *Raclette*, com outra aparelhagem)	Obwaldner Bratkäse
Croque-Monsieur	Comté, Gruyère
Fondue Fribourgeoise	Vacherim Fribourgeois
Fondue Moitié-Moitié	Gruyère + Vacherim Fribourgeois
Fondue Neuchateloise	Gruyère + Emmental
Fondue Savoyarde	Beaufort + Emmental de Savoie + Comté
Fondue Vaudoise	Gruyère
Fonduta Valdostana	Fontina
Gougère	Gruyère
Gratin Savoyard	Beaufort, Tomme de Savoie
Gratinados	Gruyère, Parmesão
Molho gorgonzola	Gorgonzola
Molho *Mornay*	Comté, Gruyère
Pão de queijo	Minas
Massas (espaguete, ravióli etc.)	Parmesão
Pizza	Muçarela
Queijo Azul com brandy	Gorgonzola, Roquefort
Quiche Lorraine	Emmental Français
Raclette	Raclette du Valais
Risoto	Parmesão
Sopa de cebola gratinada	Comté, Gruyère
Tartiflette Savoyarde	Reblochon
Torta San Gaudenzio	Gorgonzola + Mascarpone (fatias intercaladas e prensadas)
Welsh Rarebit	Cheddar, Cheshire

Doce	Queijo
Cheesecake	Cottage, Cream Cheese
Romeu e Julieta	Minas Frescal, Catupiry®, Reino
Tiramisù	Mascarpone

*"O queijo é um suplemento de uma boa refeição
e a complementação de uma ruim."*
Eugene Briffault

DOZE RECEITAS FAMOSAS
ALIGOT

Prato típico francês da zona na divisa, entre as regiões de Auvergne e Midi-Pyrenées.

Ingredientes (4 pessoas)

Purê de batata:
- 1 kg de batatas asterix (o grande Alex Atala prefere a rosenthal)
- 200 ml de creme de leite fresco
- 100 ml de leite integral
- 45 g de manteiga
- sal
- pimenta-do-reino moída na hora

Aligot:
- 200 g de purê de batata
- 200 g de Tomme d'Aligot ou Tomme Fraîche ralado (que é o Laguiole não curado) ou 100 g de queijo Minas Padrão ralado + 100 g de queijo Gruyère ralado (os queijos alternativos que Alex Atala usa)

Preparo

Cozinhe as batatas em água com sal até começarem a abrir a casca. Descasque-as rapidamente, ainda quentes, e, com um pano para proteger as mãos do calor, tire as peles com uma faca. Em seguida, coloque-as no espremedor de batatas e, depois, passe-as em uma peneira bem fina para tirar os grumos. Em outra panela, aqueça a manteiga, o leite e o creme de leite. Acrescente as batatas amassadas e cozinhe em fogo bem baixo, por cerca de 20 minutos. Quando atingir a temperatura ambiente, o purê pode ser armazenado na geladeira.

Em uma panela menor, aqueça o purê de batata gelado, em fogo baixo. Coloque, lenta e alternadamente, os queijos ralados, corrigindo a consistência enquanto mexe energicamente com uma colher de pau, até que o purê esteja liso, elástico e soltando das paredes da panela. O fogo deve estar bem baixo e os movimentos precisam ser firmes e constantes, para que haja uma boa distribuição de calor na panela e a mistura fique bastante homogênea. Fica pronto depois de cerca de 15 minutos mexendo sem parar. Coloque pimenta-do-reino a gosto, mexa mais um pouco e sirva bem quente.

CROQUE-MONSIEUR
Sanduíche típico francês, criado em Paris.

Ingredientes (2 pessoas)
- 4 fatias de Comté ou Gruyère
- 2 fatias de presunto
- manteiga
- sal
- pimenta-do-reino moída na hora
- noz-moscada moída na hora
- 4 fatias de pão de miga

Preparo
Passe manteiga na parte interna das fatias de pão. Coloque uma fatia de queijo de cada lado e uma fatia de presunto no meio. Tempere. Feche o sanduíche e leve ao torrador, até que o queijo comece a fundir.

FONDUE NEUCHATELOISE
Prato típico do cantão de Neuchâtel, na Suíça.

Ingredientes (4 pessoas)
- 600 g de Gruyère
- 200 g de Emmental
- ½ garrafa de vinho branco seco (375 ml)
- 1 cálice de destilado de *kirsch*, uma cereja negra (50 ml)
- 1 dente de alho cortado ao meio
- manteiga

- 2 colheres de sobremesa de fécula de batata
- sal
- pimenta-do-reino branca moída na hora
- noz-moscada moída na hora

Preparo

Rale os queijos e reserve. Esfregue a parte interna da caçarola com o dente de alho, que pode ser deixado ou não no *fondue*. Coloque um pouco de manteiga e derreta. Adicione um pouco de vinho e aqueça. Junte os queijos, pouco a pouco, assim como o resto do vinho. Mantenha a caçarola em fogo brando, mexendo suavemente com uma colher de pau e tomando cuidado para não ferver, até que forme um creme homogêneo. Adicione a fécula de batata diluída em um pouco de vinho, para que atinja a consistência desejada. Junte o destilado de *kirsch*. Termine de temperar a gosto com sal, pimenta-do-reino branca e noz-moscada. Leve a caçarola à mesa e coloque-a sobre um fogareiro próprio aceso, para que o *fondue* fique sempre quente e cremoso. Para comer, espete quadradinhos de pão francês com o garfo e mergulhe-os no *fondue* antes de levar à boca.

FONDUTA VALDOSTANA

Prato típico da região do Valle d'Aosta, na Itália.

Ingredientes (4 pessoas)
- 450 g de Fontina
- 4 gemas de ovo

- 1 colher de sopa de farinha de trigo
- 1 copo de leite

Preparo

Deixe o queijo em temperatura ambiente e corte-o em cubinhos. Coloque-o em uma caçarola junto com a farinha de trigo. Misture bem com uma colher de pau e adicione o leite frio. Mexa bem e deixe repousar. Cozinhe em fogo normal a massa obtida, sempre mexendo com a colher de pau para que a mistura não ferva. Quando a temperatura atingir 60ºC e o Fontina tiver fundido, retire a caçarola do fogo e acrescente as gemas. Misture com um chicote, para que os ovos se amalguem bem com o queijo. Ponha novamente a caçarola no fogo e continue mexendo até atingir uma temperatura de 60ºC–70ºC, para que os ovos cozinhem com o queijo. Quando a *fonduta* estiver aveludada, sirva-a em cumbucas ou em pratos de sopa bem quente.

MOLHO MORNAY

É basicamente um molho *béchamel* típico francês, com queijo e gema, que combina muito bem com pratos de ovos.

Ingredientes (4 pessoas)
- 50 g de queijo Comté ralado
- 40 g de manteiga
- 40 g de farinha de trigo
- 500 ml de leite
- 1 gema de ovo
- noz-moscada
- sal
- pimenta-do-reino moída na hora

Preparo

Ferva o leite e reserve. Numa caçarola, derreta a manteiga. Quando começar a dourar, junte a farinha e misture bem com um batedor. Cozinhe esse creme branco por alguns minutos – cuidado para não queimar. Verta o leite fervido sobre o creme frio, misture bem e leve ao fogo novamente até ferver. O molho *béchamel* resultante vai espessar. Tempere com noz-moscada, sal e a pimenta-do-reino. Junte a gema e cozinhe por alguns minutos, mexendo sem parar. Acrescente o queijo ralado, despeje tudo num recipiente e deixe esfriar.

PÃO DE QUEIJO
Salgadinho típico mineiro.

Ingredientes
- 500 g de goma ou polvilho doce
- 240 g de queijo Canastra ou Minas meia cura
- 180 ml de leite
- 180 ml de óleo de canola ou de girassol
- 4 ovos
- sal

Preparo
Rale o queijo e reserve. Leve o óleo e o leite ao fogo e deixe ferver. Em uma vasilha, misture-os ao polvilho, para escaldar. No começo, mexa com uma colher de pau e depois, quando não estiver tão quente, misture bem com as mãos. Acrescente uma pitada de sal. Espere esfriar e junte os ovos. Trabalhe com as mãos para formar uma massa homogênea. Em seguida, vá acrescentando aos poucos o queijo ralado. No final, a massa vai ficar um pouco pegajosa. Unte as mãos com óleo para fazer as bolinhas de queijo. Coloque-as em uma assadeira untada e leve ao forno preaquecido a 180ºC. Controle o forno até os pãezinhos ficarem apenas levemente dourados. Sirva-os bem quente.

HENRIQUE BARBOSA DO AMARANTE

QUICHE LORRAINE
Prato típico da região da Lorraine, na França.

Ingredientes (8 pessoas)
Massa:
- 200 g de farinha de trigo
- 100 g de manteiga
- 1 ovo em temperatura ambiente (opcional)
- 50 ml de água
- 1 colher de chá de sal

Recheio:
- 200 g de Emmental français ou outro tipo de Emmental
- 250 g de fatias de *bacon*
- 4 ovos + 4 gemas em temperatura ambiente
- 500 ml de creme de leite fresco
- manteiga para untar
- sal
- pimenta-do-reino branca moída na hora
- noz-moscada moída na hora

Preparo
Peneire a farinha em uma tigela e reserve. Dissolva o sal na água e reserve. Amoleça a manteiga um pouco, para torná-la mais fácil de trabalhar. Coloque pequenos pedaços de manteiga dentro da tigela. Com uma espátula de madeira, divida a manteiga em vários pedacinhos, sem tentar fazer que ela seja absorvida pela farinha, formando uma pasta grossa. Verta a água salgada e misture tudo com as mãos, sem trabalhar

muito a massa, apenas para formar uma bola lisa que não grude nem na tigela nem na espátula. Caso necessário, ajuste a consistência da massa com mais farinha ou mais água. Acrescente o ovo e misture. Deixe a massa descansar por cerca de uma hora, em uma superfície levemente enfarinhada. Enquanto isso, faça o recheio.

Prepare o *bacon* aferventando as fatias cortadas em cubinhos de 3,5 cm, descartada a gordura, por cerca de 7–8 minutos. Seque-o, frite um pouco e reserve. Bata os ovos em uma tigela, como se fosse para uma omelete. Misture o creme de leite e o queijo ralado. Tempere com sal, pimenta-do-reino e noz-moscada. Reserve.

Unte com manteiga uma forma para torta com cerca de 20 cm de diâmetro. Abra a massa com um rolo e preencha a forma com a massa, tendo o cuidado de fazer que a borda fique um pouco mais alta do que a forma. Em seguida, espalhe a manteiga em pedaços. Distribua o *bacon* e despeje por cima a mistura de creme de leite, ovos e queijo. Depois, leve a forma ao forno médio por cerca de 30 minutos. Retire a *quiche* do forno e deixe-a descansar por mais 30 minutos, servindo-a morna.

RACLETTE
Prato típico do cantão de Valais, na Suíça.

Ingredientes (4 pessoas)
- 800 g de Raclette de Valais
- 800 g de batata-inglesa pequena
- cebolas pequenas em conserva

- pepinos pequenos em conserva
- pimenta-do-reino moída na hora

Preparo
Corte o queijo em fatias, com cerca de 1 cm de espessura, e reserve. Cozinhe as batatas com casca. Quando estiverem prontas, monte pratos individuais com uma ou duas batatas, e um pouco de cebola e pepinos, deixando espaço para o queijo. Acenda o forno de *raclette* e derreta as fatias de queijo por pouco tempo, para não perderem gordura. Coloque uma fatia de queijo no espaço reservado de cada prato e salpique-a com a pimenta-do-reino.

SOPA DE CEBOLA GRATINADA
Sopa típica parisiense, diferente da sopa de cebola lionesa por ser gratinada.

Ingredientes (4 pessoas)
- 4 cebolas grandes (cerca de 200 g)
- 50 g de manteiga
- 30 g de farinha de trigo
- 150 ml de vinho branco seco
- 1,5 litro de caldo de galinha
- 8 fatias de baguete francesa
- 200 g de Comté ou Gruyère ralado
- sal
- pimenta-do-reino

Preparo
Prepare o caldo de galinha e reserve. Leve ao fogo as cebolas cortadas em rodelas finas com a manteiga. Quando as cebolas estiverem quase refogadas, junte a farinha de trigo. Mexa bem e deixe dourar. Acrescente o vinho e depois o caldo de galinha. Cozinhe por 15 minutos sem tampa, sempre mexendo com uma colher de pau, até que o creme engrosse. Tempere com sal e pimenta-do-reino a gosto. Reserve.

Leve as fatias de baguete ao forno para secarem. Coloque o creme de cebola na sopeira e cubra com as fatias de pão salpicadas com o queijo ralado. Leve ao forno alto (260ºC) por cerca de 15 minutos. Sirva bem quente.

TARTIFLETTE SAVOYARDE

Prato típico da região da Savoie, na França.

Ingredientes (4 pessoas)
- 1,2 kg de batata de massa firme
- 1 Reblochon com cerca de 450 g
- 200 g de *bacon* defumado
- 2 colheres de sopa de creme de leite espesso
- 2 cebolas de casca amarela
- 1 colher de sopa de óleo vegetal
- manteiga para untar
- sal
- pimenta-do-reino moída na hora

Preparo

Descasque e corte as batatas em lâminas de cerca de 0,5 cm de altura, e distribua-as em uma caçarola. Cubra-as com água, acrescente 1 colher de sopa de sal e leve ao fogo. Quando a água ferver, abaixe o fogo e cozinhe em *frémissement* (perto do ponto de ebulição) por dez minutos.

Em paralelo, preaqueça o forno a 220ºC. Pique as cebolas já descascadas. Esquente o óleo em uma frigideira, junte as cebolas picadas e refogue-as, mexendo com uma colher de pau. Corte o *bacon* defumado em *lardons* (pequenos bastões curtos) e acrescente à frigideira. Refogue tudo por mais alguns minutos, sempre mexendo.

GABRIELA BARBOSA DO AMARANTE

Verifique o ponto de cozimento das batatas, que devem manter uma consistência levemente firme. Retire-as do fogo e as escorra. Unte uma forma cerâmica de gratinar com manteiga e despeje metade das batatas ainda quentes. Coloque por cima parte do refogado de *bacon* e cebolas. Ponha com o restante das batatas e finalize com o refogado, cobrindo tudo com o creme de leite. Acrescente pouco sal, pois o *bacon* e o queijo já são salgados. Espalhe um pouco da pimenta-do-reino.

Corte o Reblochon em duas partes, no sentido da espessura. Coloque-as lado a lado, com a casca virada para as batatas. Leve ao forno por cerca de 15–20 minutos, até que o queijo esteja derretido e dourado. Sirva imediatamente.

TIRAMISÙ
Sobremesa típica italiana, desenvolvida inicialmente na região do Veneto.

Ingredientes (8 pessoas)
- 500 g de Mascarpone
- 100 ml de vinho Marsala dolce ou Madeira doce
- 5 ovos em temperatura ambiente
- 7 colheres de sopa de açúcar de confeiteiro
- 1 pitada de sal
- 200 g de biscoitos champanhe
- 8 xícaras pequenas de café bem forte, frio e sem açúcar
- 2 colheres de sopa de cacau em pó sem açúcar

Preparo
Prepare o café e reserve. Quebre os ovos, separando as claras das gemas. Bata as gemas com 5 colheres de açúcar. Quando a mistura adquirir um aspecto aerado, adicione o vinho e o queijo Mascarpone, em temperatura ambiente, mexendo devagar. Em outra tigela, bata as claras em neve com o restante do açúcar e o sal. Em seguida, junte-as à mistura de Mascarpone, para formar um creme. Mergulhe os biscoitos no café e forre com eles uma travessa funda. Intercale uma camada fina de creme com uma camada de biscoitos. Repita a operação duas vezes, e finalize com o creme. Leve à geladeira e só retire duas horas antes de servir. Polvilhe com o cacau.

WELSH RAREBIT
Sanduíche aberto típico britânico.

Ingredientes (4 pessoas)
- 260 g de Cheddar ralado
- 120 ml de cerveja ale
- 20 ml de farinha de trigo
- 20 ml de mostarda inglesa suave
- 20 ml de molho inglês Worcestershire
- 4 fatias espessas de pão inglês "country-style" ou pão italiano
- sal
- pimenta-do-reino moída na hora

Preparo
Coloque o queijo, a farinha, a mostarda e o molho inglês em uma caçarola. Junte a cerveja e mexa bem. Aqueça gentilmente, sem deixar ferver, mexendo até que o molho fique espesso e cremoso. Tempere com sal a gosto. Reserve.

Toste levemente as fatias de pão. Espalhe o molho de queijo num dos lados das torradas e leve ao forno ou *grill*, até formar uma crosta dourado-amarronzada. Salpique a pimenta-do-reino em cada uma das torradas com queijo fundido. Sirva bem quente.

PRODUÇÃO

O processo produtivo do queijo é relativamente complexo, envolvendo reações químicas e bioquímicas e combinando tanto arte quanto ciência. Descrevemos, a seguir, as principais etapas de manufatura de um queijo, conforme mostrada no esquema.

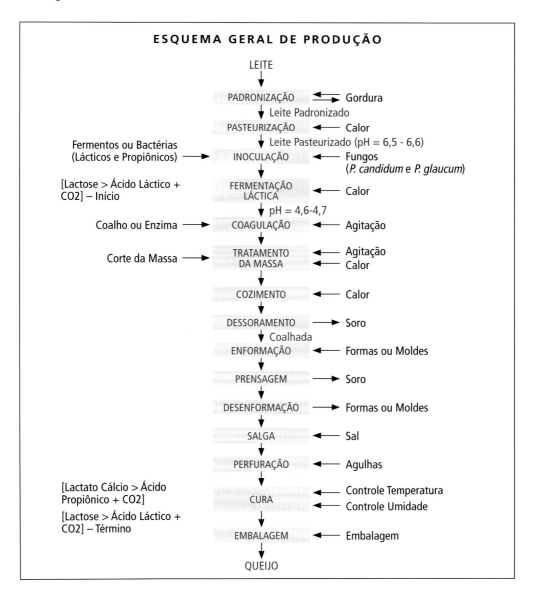

Recebimento do leite

Alimentação do leite coagulado
na cuba de tratamento de massa

Homogeinização manual da massa

Agitação mecânica da massa

Corte da coalhada com lira

PRODUÇÃO

Dessoramento da massa, separando a coalhada do soro

Colocação dos moldes na prensa

Enformação da coalhada nos moldes

Prensagem da colhada

Marcação do queijo com o número do produtor

PADRONIZAÇÃO

É a regulagem do teor de gordura do leite, que pode ser desnatado, integral ou enriquecido. No caso de alguns tipos de queijo, o leite é parcialmente desnatado (com o uso de centrífugas), ficando o queijo com o teor mais baixo de gordura (por exemplo, o Parmesão). Em outros casos, é preciso adicionar creme de leite para torná-los mais gordurosos e saborosos (o queijo Boursin é um exemplo).

TEOR DE GORDURA NA FRANÇA

A classificação francesa de queijos quanto ao teor de gordura é a seguinte:

Maigre	< 20%
Allégé	20-30%
Normal	30-50%
Gras	50-60%
Double-crème	60-75%
Triple-crème	> 75%

No Brasil, a legislação, por meio da Portaria Mapa nº 146, de 7/3/1996, que é similar à europeia, determina:

Desnatado (*skin*)	< 10%
Magro (*low fat*)	10-25%
Semigordo (*medium fat*)	25-45%
Gordo (*full fat*)	45-60%
Extragordo ou duplo creme (*high fat*)	> 60%

A porcentagem de gordura indicada nos rótulos dos queijos se refere à matéria seca, não levando em conta a umidade. O extrato seco é o material sólido que permanece após a total eliminação da água. Por exemplo:

- Gordura do queijo (GQ) = 27%
- Extrato seco total (EST) = 49%
- Gordura no extrato seco (GES) = GQ/EST = 55%

"O queijo é o salto do leite para a imortalidade."
Cliff Fadiman

TRATAMENTO DO LEITE

O leite empregado pode ser cru, termizado ou pasteurizado. A termização é um tratamento mais suave que a pasteurização, na qual o leite é tratado a uma temperatura de 63–65ºC, por 15 segundos, e depois resfriado.

Já a pasteurização pode ser lenta ou rápida. Na rápida, em geral, o leite é aquecido a 72–75ºC, por 15 segundos, e imediatamente resfriado para 34ºC, temperatura necessária para a produção de queijo. Na lenta, a temperatura atingida é de 63–65ºC e a duração é de 30 segundos.

Ao optar-se pela pasteurização do leite, é necessário de adicionar fermentos lácticos selecionados, pois a flora natural presente no leite é eliminada nesse processo. Há, também, a obrigação de repor cálcio complementar, sob a forma de cloreto de cálcio, pois uma pequena parte do cálcio é precipitada na operação. Esse procedimento visa auxiliar a posterior coagulação do leite, caso contrário, ela será demorada e incompleta. Outra função da adição de cloreto de cálcio é conferir elasticidade à massa de queijo (ver o item "Fatores de qualidade do leite", no capítulo "Leite").

INOCULAÇÃO

Nessa fase, um ou mais micro-organismos podem ser adicionados ao leite:

- **Fermentos lácticos:** são as bactérias causadoras da fermentação láctica. Elas acidificam e aromatizam o leite, modificando sua viscosidade. São utilizadas as mesofílicas *Lactococcus lactis lactis* e *Lactococcus lactis cremoris*, que proliferam bem na faixa de 30ºC a 37ºC, para os queijos de massas fresca, não cozida ou semicozida; e a termofílica *Streptococcus thermophilus* para os queijos de massa cozida.
- **Fermentos propiônicos:** essas bactérias são usadas em apenas alguns queijos de massa prensada cozida, como o Emmental. Durante o estágio de maturação, elas sintetizam o lactato de cálcio em ácido propiônico, liberando dióxido de carbono ou gás carbônico. Esse gás é o responsável pela presença das olhaduras internas nos queijos. As mais usadas são a *Propionibacterium shermanii* e a *Propionibacterium freundenreichii*.

- ***Penicillium candidum*** ou ***Penicillium camemberti***: são os fungos aeróbicos utilizados na manufatura de queijos moles de casca florida, como o Brie. Eles são os responsáveis pela redução da acidez da massa, graças ao mofo branco superficial que consome o ácido láctico presente no interior do queijo.
- ***Penicillium glaucum*** ou ***Penicillium roqueforti***: são os fungos empregados na produção de queijos de massa azul, como o Gorgonzola. O mofo azul interno transforma as gorduras da massa em componentes assaz aromáticos e de sabor marcante. Também neutralizam a coalhada.

FERMENTAÇÃO LÁCTICA

Após a adição dos fermentos lácticos e do conveniente aquecimento e resfriamento do leite a 34ºC, ocorre a fermentação láctica, que transforma o açúcar do leite (lactose) em ácido láctico e gás carbônico. Os subprodutos formam compostos aromáticos. Dessa forma, há uma acidificação do meio, com consequente redução do pH de 6,5-6,6 para 4,6-4,7, o que irá favorecer a coagulação da caseína e evitar o crescimento de micro-organismos indesejáveis.

A produção de ácido láctico é interrompida quando toda a lactose, exceto nos queijos moles, tiver sido fermentada.

COAGULAÇÃO

A adição de um coalho ou de uma enzima (agente coagulante) ao ácido láctico previamente formado provoca a coagulação, isto é, a aglutinação das partículas coloidais de caseína, fazendo com que elas se precipitem sob a forma de gel. Isso acontece quando é atingido o ponto isoelétrico (pH = 4,6–4,7) a uma certa temperatura (geralmente 30–35ºC). O coalho age como um catalizador. O processo de coagulação enzimática é utilizado na elaboração da maioria dos queijos que serão curados posteriormente.

A acidez presente (pH 4,6-4,7) é importante para a sinérese, ou seja, a contração do coágulo e a eliminação do soro. Uma agitação do meio também é usada.

Alguns queijos, contudo, prescindem da adição de coalho, como os de massa fresca, pois a coagulação é induzida pela ação do próprio ácido láctico proveniente da fermentação láctica. São os chamados queijos de coagulação láctica.

A renina ou quimosina é uma enzima extraída do quarto estômago dos bezerros durante o período de alimentação láctea, sendo o mais ativo dos coalhos. Alguns queijos são confeccionados com coalhos extraídos de vegetais (de cardo, por exemplo), como vários queijos portugueses e os *kosher*, produzidos segundo preceitos da religião judaica.

TRATAMENTO DA MASSA

O tratamento da massa consiste nas operações de corte da coalhada, aquecimento e agitação.

Após a coagulação, inicia-se o tratamento da massa, cortando-se em pedaços homogêneos a coalhada formada. A operação de corte da massa tem por objetivo aumentar a superfície de exaustão do soro retido no interior do coágulo. Ela pode ser feita manualmente ou com um aparelho denominado "lira", formado por lâminas cortantes. O tamanho das partes cortadas depende da variedade de queijo que se deseja obter. No caso dos queijos de massa mole, os pedaços devem ser grandes, praticamente do tamanho do queijo a ser elaborado; para os de massa dura, eles devem ser bem pequenos.

É muito importante determinar corretamente o momento de iniciar o corte, pois, se a massa for cortada antes do tempo, haverá perda de caseína e gordura, o que pode ser observado quando o soro fica leitoso. Se for cortada depois, a massa ficará dura, prejudicando a retirada do soro.

Em seguida ao corte, aquece-se o queijo um pouco (37–42°C), no caso dos de massa prensada semicozida, como o Prato; ou bastante (50–57°C), no caso dos queijos de massa prensada cozida, como o Gruyère, para favorecer o dessoramento de líquido dos coágulos. Isso é feito porque, quando a temperatura aumenta, as proteínas perdem a capacidade de retenção da água. Os queijos de massa não cozida não são aquecidos.

Junto com esse aquecimento, providencia-se uma moderada agitação da parte sólida, para evitar que os pedaços cortados venham a se precipitar ou fundir entre si.

ADIÇÕES DE CORANTES E AROMATIZANTES

Alguns queijos são coloridos com urucum, um pigmento vermelho-alaranjado extraído da polpa do fruto do urucuzeiro, árvore da América tropical, a *Bixa orellana*. Exemplos de queijos que são coloridos: Prato, Livarot, Maroilles, Munster, Edam e Cheshire.

Outros queijos são aromatizados com ervas ou temperos: *kümmel* (sementes de alcaravia, planta da família do cominho e da erva-doce), cravo, sálvia, pimenta-

-do-reino, alho, cebola, frutos secos, ovos (no caso do Munajuusto finlandês) e outras especiarias. E ainda há os que são defumados, como o Provolone.

DESSORAMENTO

É um fenômeno de sinérese provocado pela contração do coágulo, seguido pela eliminação do soro. Esse processo é influenciado pelos seguintes fatores: tamanho dos coágulos, temperatura de aquecimento, intensidade e duração da agitação e acidez do meio. O dessoramento dos queijos moles é feito naturalmente; já os queijos semiduros e duros são prensados, para acelerar o processo. Junto com a água do soro, são carreados componentes hidrossolúveis como proteínas (albuminas e globulinas), um pouco da lactose, sais minerais e vitaminas (principalmente a B). Alguns ditos "queijos" são produzidos a partir desse soro, como a Ricota.

ENFORMAÇÃO

A coalhada, separada do soro, é colocada em moldes, que irão dar o formato e o tamanho desejados a cada unidade.

PRENSAGEM

Alguns queijos são prensados, visando acelerar a expulsão do soro retido na massa, compactar a textura da pasta e dar formato ao queijo. Nos queijos moles, isso é feito manualmente, usando formas muito perfuradas.

Os queijos de massa prensada não cozida ou semicozida e os de massa prensada cozida são envoltos em panos, colocados em formas menos perfuradas e prensados com uma máquina. Contudo, os queijos de massa semicozida são menos prensados que os de massa cozida.

O uso do pano, durante a prensagem, é para facilitar a formação de casca.

DESENFORMAÇÃO

É a retirada das formas, operação feita quando os queijos atinjem uma consistência mais "firme".

SALGA

Essa operação possui várias finalidades: realçar o sabor do produto, complementar a drenagem do soro nos queijos moles, inibir a ação de micro-organismos indesejáveis e iniciar a formação da casca.

Dependendo da variedade de queijo que está sendo produzida, o sal pode ser adicionado à pasta (massas frescas e azuis); ser friccionado por toda a superfície, desidratando por osmose (massa mole); ou por imersão dos queijos em banhos de salmoura (massa prensada não cozida ou semicozida e massa prensada cozida).

PERFURAÇÃO

Esse processo só é necessário no caso dos queijos de massa azul, como o Roquefort, no qual a massa é perfurada com agulhas de aço inoxidável para favorecer o desenvolvimento dos fungos aeróbicos, isto é, aqueles que precisam de oxigênio para seu crescimento.

CURA

É durante a cura ou maturação que se consolidam as características organolépticas de cada produto. Nesse estágio, que pode durar poucos dias ou vários meses, cessa a fermentação láctica, transformando toda a lactose em ácido láctico, etanol, metanol etc.

As enzimas lipase, protease e lactase hidrolizam (quebram) respectivamente gordura (lipólise), proteína (proteólise) e lactose em diferentes componentes menores, sendo as responsáveis pelas principais mudanças de corpo, sabor e aroma durante a maturação. Essas enzimas provêm das bactérias da flora natural ou das adicionadas ao leite pasteurizado.

Em alguns queijos de massa prensada cozida, como o Emmental, ocorre a fermentação propiônica, já mencionada anteriormente, em que o lactato de cálcio é transformado em ácido propiônico e gás carbônico, responsável pelo surgimento de grandes olhaduras.

No transcorrer desse período, há também um aumento mais acentuado do pH do queijo (neutralização) que foi inoculado por fungo, como os moles de casca florida e os azuis. Exemplificando, o Camembert fica, ao final, com pH 8,0, o Gorgonzola com 7,0 e o Gruyère com apenas 5,3, ou seja, ainda ácido.

A cura deve ser conduzida em locais com controle de temperatura e de umidade do ar (cavernas, salas subterrâneas ou climatizadas). Temperaturas muito elevadas aceleram a fermentação. Umidade baixa favorece o ressecamento do queijo.

A casca se forma durante essa etapa, por causa do endurecimento da camada externa caseinosa. Ela tem dupla função: proteger o queijo da penetração de micro-organismos e reter a umidade interna da massa.

Em alguns queijos a cura ocorre sem a presença de casca: é a cura chamada *in foil*. Após o banho de salmoura e a secagem, o queijo é embalado a vácuo. Dessa forma, a maturação dá-se na ausência de ar, sem formação de casca. Alguns queijos são particularmente adequados para esse tipo de cura, como o Cheddar, o Gouda e o Edam.

Quanto mais espesso é um queijo, mais demorada é a sua cura. E quanto mais tempo amadurece, mais duro ele fica.

EMBALAGEM

O processo de embalagem é a última etapa antes da comercialização do produto. Ele objetiva não só preservar o queijo da desidratação e de contaminação com micro-organismos, como possibilitar uma apresentação comercial adequada.

Entretanto, alguns queijos de massa cozida, como o Parmesão, dispensam embalagens, por terem casca bem dura.

Glossário

A

Affinage • termo francês para afinação de queijos, que é a maturação final do produto em suas instalações.

Affineur ou ***maître fromager*** • termo francês para mestre afinador de queijos, aquele que matura o produto em sua cave e o vende conforme o dia que o cliente pretende consumi-lo (em inglês, *cheesemonger*).

Albumina • alfa-lactoalbumina, uma das proteínas secundárias do leite. Ver Proteína.

Artisanal • termo francês para queijos artesanais de produtores individuais, que usam leite de sua fazenda e de outros criadores vizinhos.

B

Brevibacterium linens • bactéria estimulada durante a lavagem do queijo, a qual deixa a casca geralmente pegajosa e alaranjada. Ela é a responsável pela cura e pelo sabor e odor pronunciado dos queijos de massa mole e casca lavada e dos de massa prensada não cozida com casca lavada.

C

Cardo • *Cynara cardunculus*; planta do mesmo gênero da alcachofra (*Cynara scolymus*), muito usada como coagulante vegetal na elaboração de queijos portugueses.

Casca florida • *croûte fleurie*, em francês; *bloomy rind*, em inglês. Na classificação, é um queijo de massa mole curada pelo mofo branco da superfície, causado pela adição do fungo *Penicillium candidum* na massa. Exemplos: Camembert e Brie.

Casca lavada • *croûte lavée*, em francês; *washed rind*, em inglês. Na classificação, é um queijo de massa mole curada por micro-organismos superficiais, da espécie *Brevibacterium linens*, surgidos durante a lavagem. Exemplos: Taleggio e Reblochon.

Casca natural • queijos cujas cascas são formadas naturalmente em contato com o ar, pelo endurecimento da camada externa caseinosa.

Caseína • fosfocaseinato de cálcio, a principal proteína do leite, presente no leite em estado coloidal. É um dos componentes básicos do queijo, junto com as gorduras.

Chèvre • termo usado tanto para o animal cabra quanto para o queijo de cabra, em francês.

Cloreto de cálcio • composto obrigatório quando se utiliza leite pasteurizado na produção do queijo; ele repõe uma pequena parte do cálcio depositado nessa operação.

Coagulação • aglutinação das partículas coloidais de caseína, presentes no leite, fazendo com que elas se precipitem sob a forma de gel, formando a coalhada. É causada pela adição de coalho, criação em meio ácido ou ambos os motivos.

Coagulação enzimática • processo de coagulação utilizado pela maioria dos queijos que serão curados. É necessária a adição de um coalho ou de uma enzima que, junto com o ácido láctico previamente formado, provoca a coagulação.

Coagulação láctica • no caso dos queijos de coagulação láctica, como os de massa fresca, não são empregados coalhos, pois a sua coagulação é induzida pela ação do próprio ácido láctico proveniente da fermentação láctica.

Coalhada ou **Coágulo** • massa formada pela caseína precipitada, depois da coagulação. Ela será, então, submetida a um tratamento de massa.

Coalho • enzima ou agente coagulante da caseína dos queijos, agindo como catalisador. Ele pode ser de origem animal ou vegetal. A renina (ou quimosina) é uma enzima extraída do quarto estômago dos bezerros durante o período de alimentação láctea, sendo o mais ativo dos coalhos. Alguns outros queijos são produzidos com coalhos extraídos de vegetais (de cardo, por exemplo), como alguns tipos portugueses e os *kosher*.

Colostro • primeiro leite ordenhado depois do nascimento do bezerro. Embora seja uma substância muito rica em nutrientes, não pode ser usada para fabricar queijo por ter alto teor de albumina.

Corantes • alguns queijos recebem a adição de corantes naturais (como o urucum), para que sua massa fique com uma coloração mais amarelada.

Corte da massa • uma das etapas do tratamento da massa, que tem por objetivo aumentar a superfície de exaustão do soro retido no interior do coágulo. Ela é feita manualmente ou com um utensílio chamado lira (ver *Lira*). O tamanho das partes cortadas depende da variedade de queijo que se deseja obter. No caso dos de massa mole, os pedaços devem ser grandes, praticamente do tamanho do queijo a ser elaborado; para os de massa dura, eles devem ser bem pequenos.

Cozimento • uma das etapas do tratamento da massa, para os queijos de massa prensada semicozida, como o Prato, e os de massa prensada cozida, como o Gruyère. No primeiro caso, aquece-se um pouco (37–42ºC), e no segundo bastante (50–57ºC).

Cura ou **Maturação** • *affinage,* em francês; *curing* ou *ripening,* em inglês. É durante essa fase, que pode durar de poucos dias a vários meses, que se consolidam as características organolépticas de cada tipo de produto. As enzimas lipase, protease e lactase hidrolizam (quebram) gordura (lipólise), proteína (proteólise) e lactose em diferentes componentes menores, sendo responsáveis pelas principais mudanças de corpo, sabor e aroma durante a maturação. Essas enzimas são supridas pelas bactérias da flora natural ou por aquelas adicionadas ao leite pasteurizado.

Cura *in foil* • nesse caso, a cura ocorre com o queijo embalado a vácuo. Dessa forma, a maturação dá-se na ausência de ar, sem formação de casca. Alguns queijos são particularmente adequados para esse tipo de cura, como o Cheddar.

Curado ou **Maturado** • *affiné,* em francês; *cured* ou *aged,* em inglês. É um queijo que passou pelo estágio de cura ou maturação. Os queijos de massa fresca não passam por essa etapa ou passam por um tempo muito reduzido.

D

Desenformação • retirada dos queijos das formas, tão logo atinjam consistência suficiente para não precisar delas.

Dessoramento • fenômeno de sinérese provocado pela contração do coágulo, seguido da eliminação do soro. O dessoramento dos queijos moles é feito naturalmente; os queijos semiduros e duros são prensados, para acelerar o processo.

Double crème • termo francês para queijo enriquecido com creme, tendo entre 60 e 75% de teor de gordura.

E

Enformação • depois do dessoramento, a coalhada separada do soro é colocada em moldes, que irão dar o formato e o tamanho desejados a cada unidade.

Extrato seco • são todos os componentes sólidos do leite que restam depois da eliminação da água.

F

Fermentação láctica • fermentação causada pela ação de bactérias ou fermentos. Ela transforma o açúcar do leite (lactose) em ácido láctico e gás carbônico. Dessa forma, há uma acidificação do meio, o que irá favorecer a coagulação da caseína. Usam-se as mesofílicas *Lactococcus lactis lactis* e *L. l. cremoris*, e a termofílica *Streptococcus thermophilus*. Geralmente, estão presentes no leite, exceto quando ele é pasteurizado e a flora natural é eliminada. Nesse caso, há a necessidade de adicionar fermentos lácticos selecionados.

Fermentação propiônica • fermentação causada pela ação de bactérias ou fermentos, sendo os *Propionibacterium shermanii* e *P. freundenreichii* os mais usados. Eles são empregados apenas na produção de alguns queijos de massa prensada cozida, como o Emmental. Durante o estágio de maturação desses queijos, os micro-organismos sintetizam o lactato de cálcio em ácido propiônico e liberam dióxido de carbono ou gás carbônico. Esse gás é o responsável pela presença das olhaduras internas nesses tipos de queijo.

Fermier • *farmstead*, em inglês. Termo francês para queijo elaborado em "fazenda" ou em cabana de montanha. Nesse caso, só emprega-se leite cru e métodos tradicionais.

G

Gastrônomo • *gourmet* (ver abaixo) com conhecimentos científicos.

Globulina • beta-lactoglobulina, uma das proteínas secundárias do leite. Ver *Proteína*.

Gourmand • termo francês para designar a pessoa que aprecia a gastronomia, mas focando a quantidade.

Gourmet • termo francês para designar a pessoa que aprecia a gastronomia com enfoque na qualidade.

L

Lactato de cálcio • sal de cálcio, que se desdobra em ácido propiônico e gás carbônico no transcorrer da fermentação propiônica.

Lactococcus lactis lactis e **L. l. cremoris** • bactérias causadoras da fermentação láctica. Esses fermentos lácticos mesofílicos são usados na elaboração de queijos de massas fresca, não cozida ou semicozida.

Lactose • açúcar presente no leite. Durante a fermentação láctica, a lactose é transformada em ácido láctico e gás carbônico.

Leite cru • leite que não é submetido nem à pasteurização nem à termização.

Leite desnatado • leite cuja nata (ou creme) é separada do líquido para outro uso, sendo misturado ao leite fresco da manhã seguinte ou utilizado para fazer creme de leite ou manteiga.

Leite integral • leite que não é desnatado nem enriquecido com creme de leite.

Leite pasteurizado • a pasteurização visa eliminar micro-organismos patogênicos eventualmente presentes no leite e permitir seu transporte a distâncias maiores. Ela pode ser lenta ou rápida. Na rápida, em geral, o leite é aquecido a 72–75ºC, por 15 segundos, e, depois, imediatamente resfriado a 34ºC, temperatura necessária para a produção de queijo. Na lenta, a temperatura é de 63–65ºC e a duração é de 30 segundos.

Leite termizado • a termização é um tratamento mais suave que a pasteurização. Nela, o leite é tratado a uma temperatura de 63–65ºC, por 15 segundos, e depois resfriado.

Lira • *lire,* em francês; *harp,* em inglês. São utensílios que se assemelham a grelhas, com espaço variável entre os fios de aço de acordo com o tamanho em que se deseja cortar a massa do queijo.

M

Massa azul • *bleu* ou *persillé,* em francês; *blue,* em inglês. Na classificação adotada, é um queijo cuja massa está entre mole e semidura, sendo não cozida (maioria) ou semicozida, e não prensada ou ligeiramente prensada. A massa é curada com mofo no interior, causado pelo acréscimo na massa dos fungos *Penicillium glaucum* ou *Penicillium roqueforti*. Exemplos: Roquefort e Gorgonzola.

Massa cozida • queijo no qual a coalhada, depois de prensada, é submetida a uma temperatura entre 50–57ºC, para favorecer a expulsão do soro. Exemplo: Gruyère.

Massa de soro • queijo cuja massa é obtida pelo aquecimento do soro extraído da coalhada, para permitir a precipitação em meio ácido das proteínas restantes (albumina e globulina). Pode ter a massa fresca, como a Ricota, ou prensada, como a Ricota Seca.

Massa de soro caramelizada • na classificação adotada, é um queijo cujo soro é fervido até que a parte líquida se evapore toda, restando principalmente proteínas (albumina e globulina) e um pouco do açúcar (lactose) caramelizado. Típico da Escandinávia, como os queijos Mysot e Gjetost.

Massa dura • queijo com baixa umidade – pela legislação brasileira, abaixo de 36% de água. Na classificação adotada, é um queijo de massa prensada cozida. Exemplos: Emmental e Gruyère.

Massa filada • *pasta filata,* em italiano. Na classificação adotada, é um queijo cuja massa é escaldada (a uma temperatura de 80–85ºC, portanto acima de cozida) com água quente ou no próprio soro, para poder ficar elástica e ser estirada e moldada. Podem ser frescos, como a Muçarela, ou curados, como o Provolone.

Massa fresca • na classificação adotada, é um queijo de massa muito mole, não prensada, não cozida e não curada ou escassamente curada. Exemplo: Minas Frescal.

Massa macia • queijo com alta umidade – pela legislação brasileira, com 46–54,9% de água.

Massa mole • queijo com altíssima umidade – pela legislação brasileira, acima de 55% de água. Na classificação adotada, é um queijo de massa mole, não prensada e curada, podendo ter diversos tipos de casca.

Massa não cozida • queijo no qual a expulsão do soro, depois da coagulação, não é auxiliada com o uso de temperaturas elevadas.

Massa prensada • na classificação adotada, é um queijo que tem sua coalhada prensada, sendo posteriormente cozida ou não, visando acelerar o dessoramento.

Massa processada ou **fundida** • na classificação adotada, é um subproduto, obtido geralmente de um queijo de massa prensada cozida fundido com manteiga, creme, outro queijo ou outro derivado do leite. Exemplos: Requeijão e Crème de Gruyère.

Massa semicozida • queijo cuja coalhada, depois de prensada, é submetida a uma temperatura entre 37–42°C, para favorecer a expulsão do soro. Exemplo: Prato.

Massa semidura • queijo com média umidade – pela legislação brasileira, com 36–45,9% de água. Na classificação adotada, é um queijo de massa prensada não cozida ou semicozida. Exemplos: Queijo do Reino e Gouda.

Maturação • ver *Cura*.

Maturado • ver *Curado*.

O

Olhaduras de fermentação • pequenos ou médios olhos ("furos") dos queijos submetidos à fermentação láctica ou à fermentação propiônica. São causadas pelo gás carbônico liberado.

Olhaduras mecânicas • pequenos olhos irregulares e pequenas trincas. Na maioria dos queijos elas são indesejáveis, pois revelam defeitos, como um problema no resfriamento da massa antes da prensagem ou prensagem insuficiente. Mas atenção: nos queijos de pasta triturada, como o Cheddar, as trincas são normais, por causa do processo de fabricação.

Olhos • sinônimo de olhaduras. São os furos nos queijos, causados por fermentação ou mecanicamente.

P

Padronização • regulagem do teor de gordura do leite utilizado na elaboração do queijo. O leite pode ser desnatado, integral ou enriquecido.

Pasta triturada • na classificação adotada, é um queijo cuja massa é submetida à operação de *cheddaring* (em inglês) ou *broyage* (em francês). A massa é triturada em pequenos pedaços e depois empilhada manualmente ou por máquinas, fazendo com que a pasta se funda e torne-se fibrosa, com uma textura final mais para dura. Exemplos: Cheddar e Cantal.

Penicilium candidum **ou *P. camemberti*** • fungos aeróbicos que fazem com que os queijos de massa mole e casca florida, como o Brie, adquiram um mofo branco superficial; dessa forma, sua cura dá-se da casca para o centro.

Penicillium glaucum **ou *P. roqueforti*** • fungos responsáveis pela cura dos queijos de massa azul. O corpo do queijo é perfurado com agulhas para formar veios azul-esverdeados, pois esses fungos são aeróbicos. Sua cura acontece do interior dos buracos para a periferia.

Prensagem • operação que visa acelerar a expulsão do soro retido na massa, compactar a textura da pasta e dar formato ao queijo. Certos tipos de queijo são submetidos a essa prática. Nos queijos moles, ela é feita manualmente, usando formas muito perfuradas. Já os queijos de massa prensada não cozida ou semicozida e nos de massa prensada cozida os são envolvidos por tecidos, colocados em formas menos perfuradas e prensados em uma máquina.

Propionibacterium shermanii **e *P. freundenreichii*** • bactérias empregadas para promover a fermentação propiônica de alguns queijos de massa prensada cozida, como o Emmental, formando as suas olhaduras internas.

Proteína • matéria azotada ou nitrogenada do leite, englobando 78% de caseína, 18% de albumina e 4% de globulina. A caseína está presente em estado coloidal, e as demais são solúveis no soro. Os queijos verdadeiros são feitos com a caseína coagulada e os "queijos de soro", como a Ricota, empregam as outras duas proteínas solidificadas.

Q

Queijo análogo • queijo cuja gordura animal foi substituída pela vegetal.

Queijo temperado • queijo aromatizado com ervas ou temperos: sementes de alcaravia, *Carum carvi*, planta da família do cominho e da erva-doce; cravo; sálvia; pimenta-do-reino; alho; cebola; frutos secos; e outras especiarias.

Queijo defumado • queijo submetido a uma defumação, pela queima de madeiras depois da maturação, como o Provolone.

Queijo parafinado • queijo que recebe uma camada de parafina por cima da casca para preservá-lo por mais tempo, como o Queijo do Reino.

Queijo trapista ou **de monastério** • alguns queijos de massa prensada não cozida e casca lavada são assim chamados, pois eram elaborados em mosteiros europeus. Exemplo: Port-Salut.

R

Renina (ou quimosina) • enzima animal extraída do quarto estômago dos bezerros durante o período de alimentação láctea, sendo o mais ativo dos coalhos.

S

Salga • operação com várias finalidades: realçar o sabor do produto, complementar a drenagem do soro nos queijos moles, inibir a ação de micro-organismos indesejáveis e iniciar a formação da casca. Dependendo da variedade de queijo a ser elaborada, o sal pode ser adicionado à pasta (massas frescas e azuis), friccionado em toda a superfície, desidratando por osmose (massa mole) ou por imersão dos queijos em banhos de salmoura (massa prensada cozida, não cozida ou semicozida).

Soro • produto obtido pelo dessoramento da massa. Junto com a água, são carreados componentes hidrossolúveis como proteínas (albuminas e globulinas), um pouco da lactose, certos sais minerais e vitaminas (principalmente a B). Alguns ditos "queijos" são produzidos a partir desse soro, como a Ricota.

Streptococcus thermophilus • uma das bactérias causadoras da fermentação láctica. Esse fermento láctico termofílico é empregado nos queijos de massa cozida.

T

Teor de gordura • as gorduras se apresentam no leite em estado de emulsão. É o elemento mais nobre, sendo também empregado para produzir manteiga e creme de leite. A porcentagem de gordura indicada nos rótulos dos queijos é expressa em termos de matéria seca, não levando em conta a umidade. O extrato seco é o material sólido que permanece depois da total eliminação da água.

Teor de umidade • a água é a porção maior do leite, podendo ser mais ou menos descartada na produção de queijo. Segundo o teor de umidade de um queijo, sua massa é classificada, pela legislação brasileira, como: mole, macia, semidura ou dura.

Textura granulada • na classificação adotada, é o queijo cuja massa tem consistência granulada e textura extradura e quebradiça, só podendo ser cavucado ou ralado, nunca cortado. Essa família de queijos é chamada na Itália de Grana. Exemplos: Parmigiano-Reggiano e Grana Padano.

Tratamento da massa • operações de corte da coalhada, aquecimento e agitação da massa, realizadas logo depois da coagulação da caseína.

Triple crème • termo francês para queijo muito enriquecido com creme, com mais de 75% de teor de gordura.

U

Urucum • *rocou*, em francês; *annatto*, em inglês. Pigmento vermelho-alaranjado extraído da polpa do fruto do urucuzeiro, uma árvore da América tropical, a *Bixa orellana*. Usado para tingir alguns queijos, como Prato, Edam e Cheddar.

Bibliografia

LIVROS

AMARANTE, José Osvaldo Albano do. *Vinhos do Brasil e do mundo para conhecer e beber*. São Paulo: Summus, 1983.

_____. *Os segredos do vinho*. 3. ed. São Paulo: Mescla, 2010.

ANDROUËT, Pierre. *The complete encyclopedia of French cheese*. Nova York: Harper's Magazine Press, 1973.

AQUARONE, Eugênio; BORZANI, Walter; LIMA, Urgel de Almeida. *Alimentos e bebidas produzidos por fermentação*. São Paulo: Blücher, 1983.

CARR, Sandy. *Guía de los quesos*. Barcelona: Folio, 1983.

CARREIRA, Décia; DANTAS, Virgilio. *Vinhos e queijos portugueses*. Lisboa: Verbo, 1983.

CASE, Frances (Org.). *1001 comidas para provar antes de morrer*. São Paulo: Arqueiro, 2009.

COURTINE, Robert Julien. *Dictionnaire des fromages*. Paris: Larousse, 1972.

_____. *Larousse gastronomique*. Paris: Larousse, 1984.

DOMINÉ, André. *Culinária – Especialidades europeias*. Meinerzhagen: Könemann, 2001.

EEKHOF-STORK, Nancy. *The world atlas of cheese*. Nova York: Paddington Press, 1976.

FURTADO, Múcio Mansur. *A arte e a ciência do queijo*. São Paulo: Globo, 1990.

HARBUTT, Juliet. *The world encyclopedia of cheese*. Londres: Lorenz Books, 1998.

_____. *O livro do queijo*. São Paulo: Globo, 2010.

LEANDRO, Jair Jorge. *Queijos*. São Paulo: Summus, 1987.

_____. *Queijos – do campo à mesa*. São Paulo: Melhoramentos, 2008.

MASUI, Kasuko. *Queijos franceses*. Rio de Janeiro: Ediouro, 1999.

MASUI, Kasuko; YAMADA, Tomoko. *Fromages de France*. 3. ed. Paris: Éditions Gründ, 2012.

NORMAN, Cecilia; TIMPERLEY, Carol. *O livro de queijos*. São Paulo: Manole, 1997.

INTERNET
Geral
INTERNATIONAL Dairy Federation (IDF)/Fédération Internationale du Lait (FIL). Disponível em: <http://www.fil-idf.org>. Acesso em: 30 abr. 2015.

INTERNATIONAL Dairy Foods Association (IDFA). Disponível em: <www.idfa.org>. Acesso em: 30 abr. 2015.

GUIDE du Fromage. Disponível em: <androuet.com/guide-fromage.html>. Acesso em: 30 abr. 2015.

Europa
EUROPEAN Dairy Association (EDA). Disponível em: <eda.euromilk.org>. Acesso em: 30 abr. 2015.

EUROPEAN Commission, Agriculture e Rural Development. Disponível em: <ec.europa.eu/agriculture>. Acesso em: 30 abr. 2015.

Alemanha
ASSOCIATION of the German Dairy Industry. Disponível em: <www.milchindustrie.de/english>. Acesso em: 30 abr. 2015.

BAYERISCHE Käse. Disponível em: <www.spezialitaetenland-bayern.de/en/search-for-specialities/?no_cache=1>. Acesso em: 30 abr. 2015.

GERMAN Cheese. Disponível em: <germanfoods.org/german-food-facts/german-cheese-and-dairy-guide>. Acesso em: 30 abr. 2015.

Áustria
AGRARMARKT Austria. Disponível em: <www.amaexport.at/en/cheese.html>. Acesso em: 30 abr. 2015.

AUSTRIAN Cheese. Disponível em: <www.bmlfuw.gv.at/en/fields/agriculture/food/Traditionalfood/Cheese.html>. Acesso em: 30 abr. 2015.

Bélgica
FROMAGES Belges. Disponível em: <www.fromagesdecheznous.be>. Acesso em: 30 abr. 2015.

Brasil

Associação Brasileira de Criadores de Búfalos (ABCB). Disponível em: <www.bufalo.com.br>. Acesso em: 30 abr. 2015.

Associação Brasileira das Indústrias de Queijo (Abiq). Disponível em: <www.abiq.com.br>. Acesso em: 30 abr. 2015.

Embrapa Agroindústria Tropical. Disponível em: <www.cnpat.embrapa.br>. Acesso em: 30 abr. 2015.

Embrapa Agropecuária, Raças Bovinas. Disponível em: <sistemasdeproducao.cnptia.embrapa.br/#bovino_corte >. Acesso em: 30 abr. 2015.

Embrapa Caprinos e Ovinos. Disponível em: <www.cnpc.embrapa.br>. Acesso em: 30 abr. 2015.

Embrapa Gado de Leite. Disponível em: <www.cnpgl.embrapa.br>. Acesso em: 30 abr. 2015.

Embrapa Semiárido. Disponível em: <www.cpatsa.embrapa.br>. Acesso em: 30 abr. 2015.

Queijo Minas Artesanal. Disponível em: <www.emater.mg.gov.br/portal.cgi?flag web=site_tpl_queijo&id=3618>. Acesso em: 30 abr. 2015.

Dinamarca

Danish Dairy Board. Disponível em: <www.danishdairyboard.dk>. Acesso em: 30 abr. 2015.

Espanha

Quesos DOP-IGP Españoles. Disponível em: <www.magrama.gob.es/es/alimentacion/temas/calidad-agroalimentaria/calidad-diferenciada/dop/default.aspx>. Acesso em: 30 abr. 2015.

Quesos de España. Disponível em: <www.cheesefromspain.com/cheese-dos-guide>. Acesso em: 30 abr. 2015.

Poncelet. Disponível em: <www.poncelet.es>. Acesso em: 30 abr. 2015.

Estados Unidos

United States Department of Agriculture (USDA). Disponível em: <www.usda.gov>. Acesso em: 30 abr. 2015.

United States Department of Agriculture, Foreign Agricultural Service (USDA). Disponível em: <www.fas.usda.gov>. Acesso em: 30 abr. 2015.

UNITED States Dairy Export Council (Usdec). Disponível em: <www.usdec.org>. Acesso em: 30 abr. 2015.

Finlândia
FINNISH Food. Disponível em: <www.ruokatieto.fi/briefly-english>. Acesso em: 30 abr. 2015.

França
ASSOCIATION Nationale Interprofessional Caprine (Anicap). Disponível em: <www.fromagesdechevre.com>. Acesso em: 30 abr. 2015.
CENTRE d'Information des Viandes, Races Bovines et Ovines (CIV). Disponível em: <www.civ-viande.org>. Acesso em: 30 abr. 2015.
INSTITUT National de L'Origine et de la Qualité (Inao). Disponível em: <www.inao.gouv.fr>. Acesso em: 30 abr. 2015.
FROMAGES AOP Français. Disponível em: <www.fromages-aop.com/les-aop-laitieres/les-aop-laitieres-francaises>. Acesso em: 30 abr. 2015.
LA MAISON du Lait. Disponível em: <www.maison-du-lait.com>. Acesso em: 30 abr. 2015.

Grécia
HELLENIC Milk Organ. Disponível em: <www.elog.gr>. Acesso em: 30 abr. 2015.

Holanda
CHEESE from Holland. Disponível em: <www.holland.com/global/activities/culture/cheese/index.jsp>. Acesso em: 30 abr. 2015.
DUTCH Dairy Board. Disponível em: <www.prodzuivel.nl>. Acesso em: 30 abr. 2015.

Inglaterra, Reino Unido
BRITISH Cheese Board. Disponível em: <www.britishcheese.com>. Acesso em: 30 abr. 2015.
JULIET Harbutt (cheese expert). Disponível em: <www.thecheeseweb.com/about-juliet/85-2>. Acesso em: 30 abr. 2015.
SPECIALIST Cheese Makers Association. Disponível em: <www.specialistcheesemakers.co.uk/cheeses.php>. Acesso em: 30 abr. 2015.
UK Dairy Industry. Disponível em: <www.dairyuk.org>. Acesso em: 30 abr. 2015.

Itália

Associazione Nazionale Allevatori Specie Bufalina (Anasb). Disponível em: <www.anasb.it/home.htm>. Acesso em: 30 abr. 2015.

CLAL – Il Mercato del Latte. Disponível em: <www.clal.it>. Acesso em: 30 abr. 2015.

Formaggio – Il Portale del Formaggio Italiano. Disponível em: <www.formaggio.it>. Acesso em: 30 abr. 2015.

Istruzione Agraria Online. Disponível em: <www.agraria.org/prodottitipici.htm>. Acesso em: 30 abr. 2015.

Ministero dele Politiche Agricole, Alimentari e Forestali. Disponível em: <www.politicheagricole.it/flex/cm/pages/ServeBLOB.php/L/IT/IDPagina/3340>. Acesso em: 30 abr. 2015.

Noruega

Queijos DOP-IGP Noruegueses. Disponível em: <www.matmerk.no/beskyttede betegnelser>. Acesso em: 30 abr. 2015.

Portugal

Queijos de Portugal. Disponível em: <www.gastronomias.com/queijos>. Acesso em: 30 abr. 2015.

Queijos DOP-IGP Portugueses. Disponível em: <ptqc.drapc.min-agricultura.pt/documentos/fichas_promocionais.htm>. Acesso em: 30 abr. 2015.

Suécia

Swedish Dairy Association. Disponível em: <www.svenskmjolk.se>. Acesso em: 30 abr. 2015.

Suíça

Fromages AOP-IGP Suisses. Disponível em: <www.aop-igp.ch/produits/produits/fromages>. Acesso em: 30 abr. 2015.

Fromages de Suisse. Disponível em: <www.fromagesdesuisse.fr>. Acesso em: 30 abr. 2015.

Fromages Suisses, Marketing. Disponível em: <www.fromagesuisse.ch/kaesesortiment.html>. Acesso em: 30 abr. 2015.

Índice Remissivo

A

Abondance, 27
Alagoa, 67
    história, 67
    queijo
        características, 68
        onde comprar, 68
Alemanha, queijos, 221-229
    Allgäuer Bergkäse, 221
    Allgäuer Emmentaler, 222
    Allgäuer Sennalpkäse, 222
    Allgäuer Weisslacker, 222
    Altenburger Ziegenkäse, 222
    Bavaria Blu, 225
    Bayerischer Obazda, 223
    Bergader Cremosissimo, 226
    Blauschimmelkäse, 224
    Blue Brie, 224
    dicas de viagem, 227
    Edelpilzkäse, 224
    geral, 221
    Handkäse, 224
    Hessischer Handkäse, 223
    Holsteiner Tilsiter, 223
    Limburger, 226
    Nieheimer Käse, 223
    Obazda, 223
    Odenwälder Frühstückäse, 222
    Quark, 224
    Romadur, 224
    Steinbuscherkäse, 224
    Steppenkäse, 225
    Tilsiter, 225
    Weisslacker, 222
Aligot, receita, 294
Alimentação do gado, 18
Allgäuer Bergkäse, 29, 221
Allgäuer Emmentaler, 29, 222
Allgäuer Sennalpkäse, 29, 222
Allgäuer Weisslacker, 222
Altenburger Ziegenkäse, 27, 222
Amarelo da Beira Baixa, 26
American Cheddar, 29, 273
Appenzell, 26, 207
Araxá, 50
    demarcação, 50
    história, 50

    queijo
        características, 51
        destino, 51
        dimensões, 51
        onde comprar, 51
        produção, 51
        turismo, 51
Armazenamento dos queijos, 278
Aromatizantes, 311
Asiago, 28, 181
Áustria, queijos, 217-219
    dicas de viagem, 219
    Gailtaler Almkäse, 217
    geral, 217
    Mondseer, 218
    Pinzgauer Bierkäse, 218
    Schlosskäse, 218
    Tiroler Almkäse, 217
    Tiroler Alpkäse, 217
    Tiroler Bergkäse, 217
    Tiroler Graukäse, 218
    Vorarlberger Alpkäse, 218
    Vorarlberger Bergkäse, 218
Azeitão, 26, 200

B

Banon, 24
Bavaria Blu, 225
Bayerischer Obazda, 32, 223
Beacon Fell Traditional, 246
Beaufort, 29, 154
Beira Baixo, 199
Bel Paese, 26
Bélgica, queijos, 241-243
    Brussels Kaas, 241
    dicas de viagem, 243
    Fromage De Bruxelles, 241
    geral, 241
    Herve, 242
    Limburger, 241
    Maredsous, 241
    Plateau, 242
Bergader Cremosissimo, 23, 226
Berner Alpkäse, 29, 206
Berner Hobelkäse, 206
Blå Castello, 26, 254
Blauschimmelkäse, 25, 224
Bleu d'Auvergne, 25

Bleu de Bresse, 25
Bleu de Gex Haut-Jura, 25
Bleu de Septmoncel, 25
Bleu des Causses, 25
Bleu du Vercours-Sassenage, 25
Bloderkäse-Sauerkäse, 206
Blue Brie, 224
Blue Stilton, 25, 248
Boeren-Leidse met sleutels, 233
Boerenkaas, 28, 235
Bos taurus, vaca, 15
Boule de Lille, 27
Boursault, 23
Boursin, 23
Brasil, queijos, 43-150
    estatísticas, 43
    história, 43
    principais queijos, 44
Brick, 27, 273
Brie de Chèvre, 23
Brie de Meaux, 23, 155
Brie de Melun, 23, 156
Brillat-Savarin, 23
Brique du Forez, 24
Brocciu, 31
Brunost, 32, 259
Brussels Kaas, 241
Bûche de Chèvre, 24
Búfala, queijos do Brasil, 140-150
    Bubalus bubalis, 15
    geral, 140
    leite, 142
    produtores, 143
    regiões produtoras, 142

C

Cablanca, 236
Cabra, queijos
    Brasil, 126-135
        características, 140
        geral, 135
        leite, 140
        regiões produtoras, 136
        transmontano, 24
    Cabra Transmontano, 24, 199
    Capra aegagrus, 15
    França, 152
Cabrales, 25, 193

Caciocavallo Silano, 31, 181
Calorias dos queijos, 283
Camembert, 23
    de Chèvre, 23
    de Normandie, 156
Campo das Vertentes, 52
    demarcação, 52
    história, 52
    queijo
        característica, 52
        onde comprar, 53
    turismo, 52
Campo Redondo, 68
    história, 68
    queijo
        características, 68
        onde comprar, 68
Canastra, 53
    demarcação, 53
    história, 53
    queijos
        características, 54
        dimensões, 54
        maturação, 54
        onde comprar, 54
    turismo, 53
Cancoillotte, 32
Cantal, 28, 157
Caprice des Dieux, 23
Caprinocultura, 126
Carré de l'Est, 23
Cascas
    florida, 23
    lavada, 23, 26
    mista, 27
    mofada, 25
    natural, 24, 25, 27
Casciotta di Urbino, 24
Castello Blue, 26
Castelo Branco, 26
Caxambu, 69
    história, 69
    onde comprar, 69
Cerrado (ex-Alto da Paraíba), 55
    demarcação, 55
    história, 56
    queijo
        características, 56
        destino, 56
        dimensões, 56
        onde comprar, 56
        produção, 56
    turismo, 56
Chabichou du Poitou, 24
Chamois d'Or, 23

Chaource, 23, 158
Chaumes, 24
Cheddar, 29, 249, 273
Cheshire, 29, 246
Chèvre à l'Huile, 23
Chèvre Frais, 23
Chevrotin, 27
Coagulação, 310
Coalho, queijo, 27, 86
Colby, 29, 274
Colostro, 19
Commissiekass, 28, 235
Composição do leite, 17
Compra dos queijos, 277
    evitar, 277
    preferir, 278
Comté, 29, 159
Corantes, 311
Cornish Blue, 25, 247
Corte dos queijos, 281
Cottage Cheese, 23
Coulommiers, 23
Coupole, 25, 274
Cream Cheese, 23
Crème de Gruyère, 32
Creme de leite, 20
Croque-monsieur, receita, 295
Crottin de Chavignol, 24
Culinária, 293
Cura, 313

D

Danablu, 25, 256
Danbo, 28, 253
Danish blue, 256
Degustação dos queijos, 291
Desenformação, 312
Dessoramento, 312
Dinamarca, queijos, 253-258
    Blå Castello, 254
    Danablu, 256
    Danbo, 253
    dicas de viagem, 258
    Elbo, 254
    Esrom, 257
    Fynbo, 254
    geral, 253
    Havarti, 254
    Maribo, 255
    Molbo, 255
    Mycella, 255
    Samsoe, 255
    Tybo, 255
Double Gloucester, 29, 247
Dutch Mimolette, 28

E

Edam Holland, 234
Edam, 28
Edelpilzkäse, 25, 224
Elbo, 28, 254
Embalagem, 314
Emmental, 29, 208
Enformação, 312
Entrammes, 26
Époisses, 24, 160
Espanha, queijos, 191-197
    Cabrales, 193
    dicas de viagem, 196
    Garrotxa, 193
    geral, 191
    Idiazábal, 191
    Mahón-Menorca, 192
    Majorero, 192
    Manchego, 194
    San Simón da Costa, 192
    Torta del Casar, 195
    Zamorano, 192
Esrom, 27, 257
Estados Unidos, queijos, 273-276
    American Cheddar, 273
    Brick, 273
    Cheddar, 273
    Colby, 274
    Coupole, 274
    dicas de viagem, 275
    Dry Jack, 275
    geral, 273
    Jack, 274
    Liederkranz, 274
    Maytag Blue, 274
    Monterey Dry Jack, 275
    Monterey Jack, 275
    Vermont Shepherd, 275
Estepe, 27
Etorki, 27
Évora, 26, 200
Ewphoria, 28
Exportadores de queijo, 40

F

Fermentação láctica, 310
Fermentos
    lácticos, 309
    propiônicos, 309
Féta, 25, 271
Finland Swiss, 29, 267
Finlândia, queijos, 267-268
    dicas de viagem, 268
    Finland Swiss, 267
    geral, 267

Juustoleipä, 267
Kutunjuusto, 267
Leipäjuusto, 267
Munajuusto, 268
Turunmaa, 268
Fiore Sardo, 28, 181
Fol-Epi, 29
Fondue neuchateloise, receita, 295
Fonduta valdostana, receita, 296
Fontal, 28
Fontina, 28, 182
Formaggio d'Alpe Ticinese, 28, 206
Formas de consumo dos queijos, 284
Fourme d'Ambert, 25, 161
França, queijos, 151-177
   Beaufort, 154
   Brie de Meaux, 155
   Brie de Melun, 156
   cabra, 152
   Camembert de Normandie, 156
   Cantal, 157
   Chaource, 158
   Comté, 159
   dicas de viagem, 174
   Époisses, 160
   Fourme d'Ambert, 161
   geral, 151
   Lingot de Causses, 161
   Livarot, 162
   Maroilles, 163
   Mont d'Or, 164
   Morbier, 165
   Munster, 166
   Ossau-Iraty, 167
   ovelha, 152
   Pont l'Évêque, 168
   produção, 153
   Reblochon de Savoie, 169
   Rocamadour, 170
   Roquefort, 171
   Saint Nectaire, 173
   Saint-Maure de Touraine, 172
   vaca, 151
Fromage de Bruxelles, 241
Fynbo, 28, 254

G

Gailtaler Almkäse, 217
Galotýri, 25, 269
Gamalost Fra Vik, 26, 260
Garrotxa, 26, 193
Getmesost, 32
Glarner Schabziger, 31, 206, 207
Gorduras do leite, 17

Gorgonzola, 25, 183
Gouda Holland, 234
Gouda, 28
Grana Padano, 29, 184
Gratte-Paille, 23
Graviéra Kritis, 29, 270
Graviére Agráfon, 29, 269
Graviére Náxou, 29, 270
Grécia, queijos, 269-272
   dicas de viagem, 272
   Féta, 271
   Galotýri, 269
   geral, 269
   Graviéra Agráfon, 269
   Graviéra Krítis, 270
   Graviéra Náxou, 270
   Kasséri, 270
   Kefalograviéra, 270
   Kopanistí, 270
   Manoúri, 270
   Xynomyzíthra Krítis, 271
Grevé, 264
Gruyère, 29, 209

H

Handkäse, 24, 224
Havarti, 27, 254
Herrgard, 264
Herve Remoudou, 24
Herve, 24, 242
Hessischer Handkäse, 223
Holanda, queijos, 231-239
   Boeren-Leidse met sleutels, 233
   Boerenkaas, 235
   Cablanca, 236
   Commissiekaas, 235
   dicas de viagem, 238
   Edam Holland, 234
   geral, 231
   Gouda Holland, 234
   Hollandse Geitenkaas, 234
   Kanterkaas, 233
   Kernhem, 235
   Leiden, 235
   Maasdam, 235
   Noord-Hollandse Edammer, 233
   Noord-Hollandse Gouda, 233
   Prima Donna Fino, 237
   Proosdij Kaas, 236
   Schapenkaas, 236
Hollandse Geitenkaas, 28, 234
Holsteiner Tilsiter, 223
Hushallost, 28, 263

I

Idiazábal, 28, 191
Inglatera, queijos, 245-252
   Beacon Fell Traditional, 246
   Blue Stilton, 248
   Cheddar, 249
   Cheshire, 246
   Cornish Blue, 247
   dicas de viagem, 250
   Double Gloucester, 247
   geral, 245
   Lancashire, 246
   Leicester, 247
   Red Leicester, 247
   Shropshire Blue, 248
   Wensleydale, 246
   White Stilton, 246
   Yorkshire, 246
Inoculação, 309
Iogurte, 20
Itália, queijos, 179-189
   Asiago, 181
   Caciocavallo Silano, 181
   dicas de viagem, 187
   Fiore Sardo, 181
   Fontina, 182
   geral, 179
   Gorgonzola, 183
   Grana Padano, 184
   Mozzarella di Bufala Campana, 181
   Parmigiano-Reggiano, 185
   Pecorino Romano, 181
   Provolone Valpadano, 182
   Robiola di Roccaverano, 182
   Roma antiga, 179
   Taleggio, 186
Italico, 26
Itamonte, 68, *veja também* Campo Redondo

J

Jack, 274
Jarlsberg, 29, 260
Juustoleipä, 23, 267

K

Kanterkaas, 28, 233
Kasséri, 270
Kefalograviéra, 29, 270
Kefalotýri, 30
Kernhem, 27, 235
Kochkäse, queijo, 121
Kopanistí, 270
Kutunjuusto, 23, 267

L

L'Etivaz, 206
Lactose, 284
Laguiole, 28
Lancashire, 29, 246
Langres, 24
Leicester, 247
Leiden, 28, 235
Leipäjuusto, 23, 267
Leite, 15-20
  açúcar, 17
  água, 17
  búfala, 15, 18, 142
  cabra, 15, 18, 134
  composição, 17
  cru ou pasteurizado, 18
  derivados, 20
  gorduras, 17
  ordenha, 19
  ovelha, 15, 18, 140
  proteínas, 17
  qualidade, fatores, 18
  queijos
    Artenasal Serrano, 116
    de Manteiga, 106
  rendimento, 20
  sais minerais, 17
  tipos, 15
  tratamento, 309
  vaca, 15, 18
  vitaminas, 17
Liederkranz, 24, 274
Limburger, 24, 226, 241
Lingot des Causses, 24, 161
Livarot, 24, 162

M

Maasdam, 29, 235
Mahón-Menorca, 28, 192
Majorero, 26, 192
Manchego, 28, 194
Manoúri, 31, 270
Manteiga, 20
Maredsous, 27, 241
Maribo, 28, 255
Maroilles, 24, 163
Mascarpone, 23
Massa dos queijos
  azul, 25
  casca
    mofada, 25
    natural, 25
  dura, 29
    textura
      granulada, 29
      normal, 29
  filada, 30
    curada, 30
    fresca, 30
  fresca, 22
  fundida, 32
  mole, 23
    casca
      florida, 23
      lavada, 23
      natural, 24
  pasta triturada, 28
  semidura, 26
    casca
      lavada, 26
      mista, 27
      natural, 27
  soro, 31
    caramelizada, 31
    fresca, 31
    prensada, 31
  tratamento, 311
Maytag Blue, 25, 274
Mesost, 32, 264
Mimolette, 27
Minas (queijo)
  Artesanal, 27
  Frescal, 22
  Padrão, 27
Molbo, 28, 255
Molho mornay, receita, 297
Mondseer, 26, 218
Mont d'Or, 24, 164
Montasio, 28
Monterey Dry Jack, 30, 275
Monterey Jack, 28, 274
Morbier, 27, 165
Mozzarela di Bufala Campana, 181
Munajuusto, 23, 268
Munster, 24, 166
Mycella, 25, 255

N

Neufchâtel, 23
Nieheimer Käse, 223
Niolo, 24
Nokkelost, 28, 260
Noord-Hollandse Edammer, 233
Noord-Hollandse Gouda, 233
Noruega, queijos, 259-262
  Brunost, 259
  dicas de viagem, 262
  Gamalost Fra Vik, 260
  geral, 259
  Larlsberg, 260
  Nokkelost, 260
  Norvegia, 260
  Rider, 260
Norvegia, 28, 260

O

Obazda, 32, 223
Obwaldner Bratkäse, 26, 207
Odenwälder Frühstückäse, 222
Olivet Cendré, 24
Ordem de precedência dos queijos, 288
Ordenha do leite, 19
Ossau-Iraty, 27, 167
Ovelha, queijos
  Brasil, 135
    características, 140
    leite, 140
    regiões produtoras, 136
  França, 152
Ovis aries, 15

P

Padronização dos queijos, 308
Pão de queijo, receita, 298
Parmigiano-Reggiano, 29, 185
Pasta triturada, 28
Pecorino Romano, 28, 181
Pecorino Sardo, 28
Pecorino Siciliano, 28
Pecorino Toscano, 28
Pélardon, 24
Penicllium
  Camemeberti, 310
  Candidum, 310
  Glaucum, 310
  Roqueforti, 310
Perfuração, 313
Persillé des Aravis, 25
Petit-Suisse, 23
Picante da Beira Baixa, 26
Picodon, 24
Pinzgauer Bierkäse, 218
Plateau, 27, 242
Pont-l'Évêque, 24, 168
Port-Salut, 26
Portugal, queijos, 199-204
  Azeitão, 200
  Beira Baixo, 199
  Cabra Transmontano, 199
  dicas de viagem, 204
  Évora, 200
  geral, 199
  São Jorge, 200
  Serpa, 201

Serra da Estrela, 202
Pouligny-Sainte Pierre, 24
Präst, 264
Prensagem, 312
Prima Donna Fino, 237
Processed American Cheese, 32
Produção de queijo, 305
Proosdij Kaas, 28, 236
Proteínas do leite, 17
Provola, 31
Provolone Valpadano, 31, 182

Q

Qualidade do leite, 18
Quark, 23, 224
Quartirolo Lombardo, 24
Queijarias na França, 19
Queijo, 21-32
    Alemanha, 221-229
        Allgäuer Bergkäse, 221
        Allgäuer Emmentaler, 222
        Allgäuer Sennalpkäse, 222
        Allgäuer Weisslacker, 222
        Altenburger Ziegenkäse, 222
        Bavaria Blu, 225
        Bayerischer Obazda, 223
        Bergader Cremosissimo, 226
        Blauschimmelkäse, 224
        dicas de viagem, 227
        Edelpilzkäse, 224
        geral, 221
        Handkäse, 224
        Hessischer Handkäse, 223
        Holsteiner Tilsiter, 223
        Limburger, 226
        Nieheimer Käse, 223
        Obazda, 223
        Odenwälder Frühstückskäse, 222
        Quark, 224
        Romadur, 224
        Steinbuscherkäse, 224
        Steppenkäse, 225
        Tilsiter, 225
        Weisslacker, 222
    Araxá, 50
        características, 51
        demarcação, 50
        destino, 51
        dimensões, 51
        história, 50
        onde comprar, 51
        produção, 51
        turismo, 51
    armazenamento, 278
    Artenasal Serrano, 108
        aspectos legais, 114
        características, 116
        certificações, 118
        geral, 108
        leite, 116
        maturação, 118
        onde comprar, 114
        processo, 117
        regiões produtoras, 109
    Áustria, 217-219
        dicas de viagem, 219
        Gailtaler Almkäse, 217
        geral, 217
        Mondseer, 218
        Pinzgauer Bierkäse, 218
        Schlosskäse, 218
        Tiroler Almkäse, 217
        Tiroler Alpkäse, 217
        Tiroler Bergkäse, 217
        Tiroler Graukäse, 218
        Vorarlberger Alpkäse, 218
        Vorarlberger Bergkäse, 218
    Bélgica, 241-243
        Brussels Kaas, 241
        dicas de viagem, 243
        Fromage de Bruxelles, 241
        geral, 241
        Herve, 242
        Limburger, 241
        Maredsous, 241
        Plateau, 242
    Brasil, 43-150
        Artesanal Serrano, 108-119
        búfala, 140-150
        cabra, 126-135
        Colonial, 119-121
        de Manteiga, 102-108
        do Reino, 70-78
        estatísticas, 43
        Estepe, 84-86
        geral, 123
        história, 43
        Kochkäse, 121-123
        lojas, 44
        Minas Artesanal, 49-66
        nordestinos de vaca, 86-102
        ovelha, 135-140
        Prato, 78-84
        principais queijos, 44
        tipo Parmesão Artesanal de Alagoa, 66-70
    búfala do Brasil, 140-150
    cabra do Brasil, 126-135
    calorias, 283
    Campo das Vertentes, 52
        características, 52
        demarcação, 52
        história, 52
        onde comprar, 53
        turismo, 52
    Canastra, 53
        características, 54
        demarcação, 53
        dimensões, 54
        história, 53
        maturação, 54
        onde comprar, 54
        turismo, 53
    Canastrão, 54
    Canastrinha, 54
    Cerrado(ex-Alto Paraíba), 55
        características, 56
        demarcação, 55
        destino, 56
        dimensões, 56
        história, 56
        onde comprar, 56
        produção, 56
        turismo, 56
    classificação, 21
    Coalho, 86
        aspectos legais, 100
        características, 100
        culinária, 101
        geral, 86
        origem do nome, 86
        processo, 101
        produtores, 96
        regiões produtoras, 87
    Colonial, 119
        aspectos legais, 120
        características, 120
        consumo, 121
        geral, 119
        origem do nome, 119
        regiões produtoras, 119
    como saborear, 291
    compra, 277
    consumo (per capita), 41
    corte, 281
    de Manteiga, 102
        características, 106
        conservação, 107
        consumo, 107
        culinária, 107
        geral, 102
        leite, 106

origem do nome, 102
processo, 107
regiões produtoras, 102
definição, 21
Dinamarca, 253-258
  Blå Castello, 254
  Danablu, 256
  Danbo, 253
  dicas de viagem, 258
  Elbo, 254
  Esrom, 257
  Fynbo, 254
  geral, 253
  Havarti, 254
  Maribo, 255
  Molbo, 255
  Mycella, 255
  Samsoe, 255
  Tybo, 255
diversos idiomas, 21
do Marajó, 144
  aspectos legais, 146
  características, 147
  onde comprar, 146
  processo, 148
  produtores, 146
  região produtora, 145
  tipo creme, 148
  tipo manteiga, 149
do Reino, 70
  aspectos gerais, 74
  características, 74
  conservação, 77
  consumo, 77
  geral, 70
  maturação, 77
  origem do nome, 70
  processo, 75
  regiões produtoras, 71
Espanha, 191-197
  Cabrales, 193
  dicas de viagem, 196
  Garrotxa, 193
  geral, 191
  Idiazábal, 191
  Mahón-Menorca, 192
  Majorero, 192
  Manchego, 194
  San Simón da Costa, 192
  Torta del Casar, 195
  Zamorano, 192
Estados Unidos, 273-276
  American Cheddar, 273
  Brick, 273
  Cheddar, 273
  Colby, 274

Coupole, 274
dicas de viagem, 275
Dry Jack, 275
geral, 273
Jack, 274
Liederkranz, 274
Maytag Blue, 274
Monterey Dry Jack, 275
Monterey Jack, 274
Vermont Shepherd, 275
Estepe, 84
  aspectos legais, 85
  características, 85
  conservação, 86
  consumo, 86
  geral, 84
  origem do nome, 84
  produtores, 85
  regiões produtoras, 84
favoritos, 33
Finlândia, 267-268
  dicas de viagem, 268
  Finland Swiss, 267
  geral, 267
  Juustoleipa, 267
  Kutunjuusto, 267
  Leipäjuusto, 267
  Munajuusto, 268
  Turunmaa, 268
formas de consumo, 284
França, 151-177
  Beaufort, 154
  Brie de Meaux, 155
  Brie de Melun, 156
  cabra, 152
  Camembert de
    Normandie, 156
  Cantal ou Fourme de
    Cantal, 157
  Chaource, 158
  Comité, 159
  dicas de viagem, 174
  Époisses, 160
  Fourme d'Ambert, 161
  geral, 151
  Lingot de Causses, 161
  Livarot, 162
  lojas
    Lyon, 175
    Paris, 174
  Maroilles, 163
  Mont d'Or ou Vacherin
    du Haut-Doubs, 164
  Morbier, 165
  Munster, 166
  Ossau-Iraty, 167

ovelha, 152
Pont l'Évêque, 168
principais queijos, 151
produção, 153
Reblochon de Savoie, 169
Rocamadour, 170
Roquefort, 171
Saint Nectaire, 173
Sainte-Maure de
  Touraine, 172
vaca, 151
fresco, 288
fundido, 32
Grécia, 269-272
  Agráfon, 269
  dicas de viagem, 272
  Féta, 271
  Galotýri, 269
  geral, 269
  Graviéra Krítis, 270
  Graviére Náxous, 270
  Kasséri, 270
  Kefalograviéra, 270
  Kopanistí, 270
  Manoúri, 270
  Xynomyzíthra Krítis, 271
harmonização com vinhos, 289
Holanda, 231-239
  Boeren-Leidse met
    sleutels, 233
  Boerenkaas, 235
  Cablanca, 236
  Commissiekaas, 235
  dicas de viagem, 238
  Edam Holland, 234
  geral, 231
  Gouda Holland, 234
  Hollandse Geitenkaas, 234
  Kanterkaas, 233
  Kernhem, 235
  Leiden, 235
  Maasdam, 235
  Noord-Hollandse
    Edammer, 233
  Noord-Hollandse Gouda,
    233
  Prima Donna Fino, 237
  Proosdij Kaas, 236
  Schapenkaas, 236
Inglaterra, 245-252
  Beacon Fell Traditional, 246
  Blue Stilton, 248
  Chear, 249
  Cheshire, 246
  Cornish Blue, 247
  dicas de viagem, 250

Double Gloucester, 247
geral, 245
Lancashire, 246
Leicester, 247
Red Leicester, 247
Shropshire Blue, 248
Wensleydale, 246
White Stilton, 246
Yorkshire, 246
Itália, 179-189
Asiago, 181
Caciocavallo Silano, 181
dicas de viagem, 187
Fiore Sardo, 181
Fontina, 181, 182
geral, 179
Gorgonzola, 181, 183
Grana Padano, 181, 184
Mozzarella di Bufala
Campana, 181
Parmigiano-Reggiano, 185
Pecorino Romano, 181
Provolone Valpadano, 182
Robiola di Roccaverano, 182
Roma antiga, 179
Taleggio, 186
Kochkäse, 121
aspectos legais, 12
características, 123
consumo, 123
geral, 121
origem do nome, 122
região produtora, 122
lactose, 284
Marajó, 32
massas
azul, 25
filada, 30
fresca, 22
mole, 22, 23
prensada cozida ou dura, 22, 29
prensada não cozida ou semidura, 22, 26
processada ou fundida, 32
soro, 31
merendeiro, 54
Minas
Artesanal, 49
características, 63
conservação, 65
consumo, 65
culinária, 65
degustação, 65

entrepostos registrados, 50
processo, 64
regiões produtoras, 49
Frescal, 49
Padrão, 49
muito pronunciado, 289
muito suave, 288
Noruega, 259-262
Brunost, 259
dicas de viagem, 262
Gamalost Fra Vik, 260
geral, 259
Larlsberg, 260
Nokkelost, 260
Norvegia, 260
Ridder, 260
ordem de precedência, 288
origens, 39
padronização, 308
Parmesão Artesanal de Alagoa, 30
pasteurizado, 32
Portugal, 199-204
Azeitão, 200
Beira Baixo, 199
Cabra Transmontano, 199
dicas de viagem, 204
Évora, 200
geral, 199
São Jorge, 200
Serpa, 201
Serra da Estrela, 202
pouco pronunciado, 289
Prato, 78
aspectos legais, 80
características, 82
conservação, 84
consumo, 84
geral, 78
origem do nome, 79
processo, 82
regiões produtoras, 79
produção, 39, 305
pronunciado, 289
Serra do Salitre, 57
características, 58
demarcação, 57
dimensões, 58
história, 57
onde comprar, 58
Serro, 58
características, 59
demarcação, 58
destino, 59

dimensões, 59
história, 59
onde comprar, 60
produção, 59
turismo, 59
suave, 288
Suécia, 263-265
dicas de viagem, 264
geral, 263
Grevé, 254
Herrgard, 264
Hushallost, 263
Mesost, 264
Prast, 264
Svecia, 263
Väterbottenost, 264
Suíça, 205-215
Appenzell, 207
Berner Alpkäse, 206
Bloderkäse-Sauerkäse, 206
dicas de viagem, 213
Emmental, 208
Formaggio d'Alpe Ticinese, 206
geral, 205
Glarner Alpkäse, 206
Glarner Schabziger, 207
Gruyère, 209
L'Etivaz, 206
Obwaldner Bratkäse, 207
Raclette du Valais, 210
Sbrinz, 206
Tête de Moine ou Fromage de Bellelay, 211
Tilsit, 207
Tomme Vaudoise, 208
Vacherin Fribourgeois, 207
Vacherin Mont d'Or, 212
tábua, 285
temperatura, 281
tipo Parmesão Artesanal de Alagoa, 66
características, 69
geral, 66
regiões produtoras, 67
triângulo mineiro, 60
demarcação, 60
onde comprar, 61
valor nutritivo, 283
Quiche lorraine, receita, 299

R

Raclette du Valais, 26, 210
Raclette, receita, 300
Reblochon, 26, 169

Receitas, 294
   aligot, 294
   croque-monsieur, 295
   fondue neuchateloise, 295
   fonuta valdostana, 296
   molho mornay, 297
   pão de queijo, 298
   quiche lorraine, 299
   raclette, 300
   sopa de cebola gratinada, 301
   tartiflette savoyarde, 302
   tiramisú, 303
   welsh rarebit, 304
Red Leicester, 29, 247
Requeijão
   cremoso, 32
   do nordeste, 32
Ricotta
   di Bufala, 31
   Romana, 31
   Salata, 31
   Secca, 31
Ridder, 260
Robbiola di Roccaverano, 182
   Affinato, 24
   fresco, 23
Rocamadour, 170
Romadur, 24, 224
Romamadour, 24
Roquefort, 25, 171
Ry jack, 275

S
Sabor dos queijos, 288
Saint-Agur, 25
Saint-Albray, 27
Saint-Marcellin, 23
Saint-Nectaire, 27, 173
Saint-Paulin, 26
Sainte-Maure de Touraine, 24, 172
Salers, 29
Salga, 312
Samsoe, 28, 255
San Símon da Costa, 28, 192
São Jorge, 28, 200
Sbrinz, 30, 206
Scamorza, 31
Schapenkaas, 28, 236
Schlosskäse, 218
Selles-sur-Cher, 24
Serpa, 26, 201
Serra da Estrela, 26, 202
Serra do salitre, 57
   demarcação, 57
   história, 57

queijo
   características, 58
   dimensões, 58
   onde comprar, 58
Serro, 58
   demarcação, 58
   história, 59
queijo
   características, 59
   cura, 59
   destino, 59
   dimensões, 59
   gordura, 59
   onde comprar, 60
   produção, 59
   teor de sólidos totais, 59
   turismo, 59
Shropshire Blue, 25, 248
Sopa de cebola gratinada, receita, 301
Steinbuscherkäse, 27, 224
Steppenkäse, 27, 225
Suécia, queijos, 263-265
   dicas de viagem, 264
   geral, 263
   Grevé, 264
   Herrgard, 264
   Hushallost, 263
   Mesost, 264
   Präst, 264
   Svecia, 263
   Väterbottenost, 264
Suíça, queijos, 205-215
   Appenzell, 207
   Berner Alpkäse, 206
   Bloderkäse-Sauerkäse, 206
   dicas de viagem, 213
   Emmental, 208
   Formaggio D'alpe Ticinese, 206
   geral, 205
   Glarner Alpkäse, 206
   Glarner Schabziger, 207
   Gruyère, 209
   Letivaz, 206
   Obwaldner Bratkäse, 207
   Raclette du Valais, 206
   Raclette du Valais, 210
   Sbrinz, 206
   Tête de Moine, 211
   Tilsit, 207
   Tomme Vaudoise, 208
   Vacherin Fribourgeois, 207
   Vacherin Mont d'Or, 212
Svecia, 28, 263

T
Tábua de queijos, 285
Taleggio, 24, 186
Tartiflette savoyarde, receita, 302
Temperatura dos queijos, 281
Tête de Moine, 26, 211
Tilsit, 26, 207
Tilsiter, 26, 225
Tiramisú, receita, 303
Tiroler Almkäse, 29, 217
Tiroler Alpkäse, 29, 217
Tiroler Bergkäse, 29, 217
Tiroler Graukäse, 25, 218
Tomme de Savoie, 27
Tomme Vaudoise, 23, 208
Torta del Casar, 26, 195
Tourrée de l'Aubier, 24
Triângulo mineiro, 60
   demarcação, 60
   onde comprar, 61
Turunmaa, 268
Tybo, 28, 255

U
Urucum, 75

V
Vaca *Bos taurus*, 15
Vacherin du Haut-Doubs, 24
Vacherin Fribourgeois, 26, 207
Vacherin Mont d'Or, 24, 212
Valençay, 24
Valor nutritivo dos queijos, 283
Väterbottenost, 264
Vermont Shepherd, 28, 275
Vinho e queijo, 289
Vorarlberger Alpkäse, 29, 218
Vorarlberger Bergkäse, 29, 218

W
Weisslacker, 222
Welsh rarebit, receita, 304
Wensleydale, 29, 246
White Stilton, 24, 246

X
Xynomyzíthra Krítis, 31, 271

Y
Yorkshire, 246

Z
Zamorano, 28, 192

Agradecimentos

Esta obra só pôde atingir esta formatação final graças à imprescindível colaboração de:

Jair Jorge Leandro, mestre queijeiro com o qual aprendi muito sobre queijos lendo os seus ótimos livros, além de ter me enviado uma fotografia raríssima do nosso saudoso Port Salut da Luna;

Bruno Cabral, dono da Mercearia Mestre Queijeiro que me forneceu vários endereços de laticínios nacionais, além de permitir que fossem tiradas diversas fotografias de seus queijos artesanais;

Almir José Meireles, o amigo e ex-Presidente da ABLV – Associação Brasileira da Indústria de Leite Longa Vida, que me abriu as portas de alguns laticínios para que me fossem enviadas fotos de queijos;

Philippe Ormancey e André Vidal, dois recentes amigos que conseguiram intermediar, junto à Sopexa, a obtenção de diversas imagens de queijos franceses;

Maria Carolina Lousinha, amiga da Agência para o Investimento e Comércio Externo de Portugal, que gentilmente me facilitou o recebimento de imagens de queijos portugueses;

Monica Arruda e Danielle Arruda Gomes, minhas queridas primas, que me enviaram fotos tiradas de queijos de coalho e de manteiga;

Summus Editorial, que contratou o ilustrador Vanderlei Spiandorelo para desenhar os mapas das principais regiões queijeiras brasileiras, por mim desenvolvidos;

E todos aqueles abaixo mencionados nos créditos de imagens.

CRÉDITOS DE IMAGENS

Agrarmarkt Austria Marketing*; Association Fromage de Herve; Bergader Privatkäserei; Bongrain SA; British Cheese Board; Capricoop; Consejo Regulador Cabrales – Mediadvanced; Consejo Regulador Queso Manchego; Consejo Regulador Torta del Casar; Consorzio del Parmigiano-Reggiano*; Consorzio per la Tutela del Formaggio Gorgonzola; Consorzio Produttori e Tutela della Fontina; Cruzília; Danish Agriculture & Food Council; Delphine Atché – Cave Roquefort

Société; Ecom-Epub; Fernanda Caramello Alencar; Formaggio.it; Friesland Campina; Fromage AOP Cantal*; Fromage AOP Fourme d'Ambert; Fromage AOP Saint-Nectaire*; Gabriela Barbosa do Amarante; Gaec des Tourelles; Gioia; Henrique Barbosa Amarante; Herdade dos Coteis; Ibrahim Zouein; IRQUA-Normandie/Rougereau; Jair Jorge Leandro & Marcelo Hardt; Karalis Dairy Industry*; Kuuselan Juustopuoti*; Lacaune; Luigi Guffanti 1876 – Arona (NO); Maria Lúcia Amarante Andrade; Mauri; Miguel Couceiro da Costa – Ancose; Monica e Danielle Arruda; Mons Cheesemongers; Privatmolkerei Bauer; Queijo d'Alagoa MG; Quinta de Camarate; Regio VVV Hart van Noord-Holland; Reinaldo Mandacarú/Revista Gosto; Rita Santoni; Sítio do Coqueiro; Stilton Cheese Makers Association; Switzerland Cheese Marketing; Syndicat de Défense de l'Époisses; Syndicat de Défense du Beaufort; Syndicat des Producteurs de Rocamadour; Syndicat du Maroilles*; Syndicat Interprofessionnel du Mont d'Or; Tine SA; Tirolez; V. RIBAUT/Les Studios Associés/CNIEL; Vaalan Juustola Oy*; Vandersterre Groep.

Sobre o autor

José Osvaldo Albano do Amarante, 68 anos, engenheiro químico formado em 1971, é diretor técnico da Mistral Vinhos Importados. É membro do grupo de *experts* brasileiros na Organização Internacional da Vinha e do Vinho (OIV), na comissão de direito e economia. Escreve para as revistas *Gula*, *Revista do Vinho*, *Playboy* e *Gosto*, é palestrante e organiza viagens enogastronômicas pelo mundo.

Apaixonou-se por queijos quando morou por dois anos em Paris, nos anos 1960. Em 1974, comprou o livro *The complete encyclopedia of French cheese*, do grande *fromager* Pierre Androuët, que lhe permitiu aprofundar-se no assunto. Mais tarde, em diversas viagens à Europa, visitou laticínios e museus de queijo, além de queijarias e restaurantes especializados, momentos em que teve a oportunidade de degustar muitos dos ótimos queijos europeus. Em 1993, a partir do conhecimento adquirido, passou a ministrar palestras sobre a produção e o consumo de queijos e sua harmonização com vinhos.

Nos últimos anos, foi professor do curso superior de Gastronomia da Universidade Anhembi Morumbi, e também ministrou aulas em mais de 650 cursos sobre produção de queijos e harmonização de queijos e vinhos.

Escreveu quatro livros: *Os segredos do vinho para iniciantes e iniciados* (Mescla, 2005), *Vinhos e vinícolas do Brasil* (Summus, 1986), *Vinhos do Brasil e do mundo para conhecer e beber* (Summus, 1983) e *Vinhos do Brasil* (Sociedade Brasileira dos Amigos do Vinho, 1982). Também atuou como consultor do capítulo "Brazil" da sexta edição do livro *The world atlas of wine* (Mitchell Beazley, 2007), de Hugh Johnson e Jancis Robinson.

Este livro surgiu dos vários apontamentos do autor sobre o assunto que seriam publicados no site <www.amarante-vinhos.com.br>. Entretanto, como o material ficou muito rico, justificou-se colocá-lo em papel.

OPINIÃO SOBRE O AUTOR

"O Amarante é o meu sonho de consumo."
Saul Galvão, saudoso e genial jornalista gastronômico,
em seu programa semanal na Rádio Eldorado AM, em 7/8/2007

Nota: caso queira entrar em contato com o autor, acesse o site www.amarante-vinhos.com.br.

ANOTAÇÕES

ANOTAÇÕES

QUEIJOS DO BRASIL E DO MUNDO • **ANOTAÇÕES**

ANOTAÇÕES

QUEIJOS DO BRASIL E DO MUNDO • **ANOTAÇÕES**

ANOTAÇÕES